Dietrich Seibt / Helmut Weber
(Hrsg.)

PCs in der betrieblichen Datenverarbeitung

Dietrich Seibt/Helmut Weber (Hrsg.)

PCs in der betrieblichen Datenverarbeitung

Anwendung – Organisation – Technik

Beiträge des 3. deutschen PC-Kongresses 1985, durchgeführt von ASB, BIFOA, GMI

Friedr. Vieweg & Sohn Braunschweig/Wiesbaden

Das in diesem Buch enthaltene Programm-Material ist mit keiner Verpflichtung oder Garantie irgendeiner Art verbunden. Die Herausgeber und die Autoren übernehmen infolgedessen keine Verantwortung und werden keine daraus folgende oder sonstige Haftung übernehmen, die auf irgendeine Art aus der Benutzung dieses Programm-Materials oder Teilen davon entsteht.

1986

Softcover reprint of the hardcover 1st edition 1986

ISBN-13: 978-3-528-04459-6 e-ISBN-13: 978-3-322-86047-7
DOI: 10.1007/978-3-322-86047-7

Inhaltsverzeichnis

Referenten:

Albers, Felicitas, Dr., wissenschaftliche Mitarbeiterin am Seminar für allgemeine BWL und Organisationslehre der Universität zu Köln

Bockholt, Heinrich, Prof. Dipl.-Kfm., Institut für Finanzwirtschaft der Fachhochschule des Landes Rheinland-Pfalz, Koblenz

Brucksch, Norbert, Projektleiter Kloeckner-Moeller GmbH, Bonn

Burger, Wolfram, Dipl.-Ökonom, Dipl.-Ing., Böwe Maschinenfabrik GmbH, Augsburg

Burwick, Horst, Dr., Geschäftsführer, GMI, Aachen

Cohen, Jacques, Group Director of Administration, IBM Europe, Paris

Deja, Ralf Michael, Dipl.-Kfm., Geschäftsführer Apple Computer GmbH, München

Eckert, Walter, Betriebswirt (grad), START-Datentechnik für Reise- und Touristik-GmbH, Frankfurt

Gillner, Reinhard, Prof. Dr., Fachbereich Angewandte Informatik und Mathematik, Fachhochschule Fulda

Gruber, Thomas, Dipl.-Ing., Abteilungsleiter, GMI, Aachen

Höring, Klaus, Dipl.-Ing., Dipl.-Wirtsch.-Ing., Geschäftsführer BIFOA, Köln

Kantel, Michael, Dipl.-Päd., Dipl.-Wirtsch.-Ing., Entwicklungsingenieur, Festo Didactic GmbH, Esslingen

Kirchner, Wilhelm, Dr., Dipl.-Kfm., Abteilungsdirektor Provinzial-Versicherungsanstalten der Rheinprovinz, Düsseldorf

Klein, Ulrich, Dipl.-Kfm., Controller, Clouth Gummiwerke AG, Köln

Kuebler, F. D., Dipl.-Ing., Leiter der Entwicklung, GMI, Aachen

Lang, Günter, Dipl.-Kfm., Leiter der Organisation, Herberts GmbH, Wuppertal

Langen, Bernhard, Dipl.-Kfm., Bereichsleiter Telekommunikation, BIFOA, Köln

Minnemann, Joachim, Dr., Leiter Mathematische Beratung und Organisation/EDV-Controlling, Westdeutsche Landesbank, Düsseldorf

Mohr, Gunther, Dipl.-Ing., Bereichsleiter Planung und Kontrolle, Mergenthaler Linotype GmbH, Eschborn

Northe, Otto, Dipl.-Kfm., Industrial Planning Department, Klöckner-Humboldt-Deutz AG, Köln

Oberschelp, Walter, Prof. Dr., Rheinisch-Westfälische Technische Hochschule, Aachen

Rauch, Friedrich K., Mitglied des Vorstandes, Colonia Versicherungen AG, Köln

Schulte-Bahrenberg, Berthold, Dipl.-Kfm., Econ-Verlag, Düsseldorf

Schumacher, Ekkehard, Leiter Materialwirtschaft und EDV, Konrad Hornschuh AG, Weissbach

Seibt, Dietrich, Prof. Dr., Professor für Betriebswirtschaftslehre, insbesondere Betriebsinformatik, Universität Essen und BIFOA, Köln

Sohn, Karl-Heinz, Prof. Dr., Professor für internationale Unternehmensplanung, Geschäftsführender Gesellschafter der ECON Management Service GmbH, Essen

Teppe, Werner, Dipl.-Inf., START-Datentechnik für Reise- und Touristik-GmbH, Frankfurt

Tiemeyer, Ernst, Dipl.-Hdl., BIFOA, Köln

Trummel, Erwin, Leiter Organisation und Datenverarbeitung, Louis London, Sindelfingen

Weise, Karl-Theodor, Datenschutzbeauftragter, Volkswagen AG, Wolfsburg

Kongreßleitung:

Oppermann, H. H., Dr., ASB Management Seminare, Heidelberg

Seibt, Dietrich, Prof. Dr., Universität Essen und BIFOA, Köln

Weber, Helmut, Dipl.-Kfm., Geschäftsführer, GMI, Aachen

Vorwort

„Einsatz und Anwendung von Personal Computern" war das Thema des 3. deutschen PC-Kongresses, der vom ASB/Heidelberg, vom BIFOA/Köln und von der GMI/Aachen durchgeführt wurde und am 20. und 21. Mai 1985 in Frankfurt/Main stattgefunden hat. Hauptziel des Kongresses war, reale Probleme des PC-Einsatzes in der Praxis darzustellen, Maßnahmen und Hilfsmittel zu diskutieren, durch die die Bewältigung von realen Problemen unterstützt werden kann.

Referenten von Anwendern, Herstellern, Software-Häusern, Beratern und Forschungsinstitutionen zeichneten ein realistisches Bild des gegenwärtigen Standes und zukünftiger Tendenzen der PC-Anwendung. Im Mittelpunkt des Kongresses standen einerseits Berichte von Praktikern über Anwendungserfahrungen, andererseits Vorschläge, Konzepte und Empfehlungen, wie der PC-Einsatz erfolgreich gemacht und wie Fehler vermieden werden können.

In fünf parallelen Sektionen wurden an diesen beiden Tagen die folgenden Problembereiche behandelt:

(1) Organisatorische Konzepte: Strategische Planung des PC-Einsatzes für ein Großunternehmen; Aufgaben des betrieblichen PC-Beauftragten.

(2) Vernetzung und Rechnerverbund: Der PC im LAN; technische und organisatorische Lösungen bei der Verbindung von PCs und Großrechnern.

(3) Schulungskonzepte: PC-gestützte Technikausbildung; Schulungskonzepte für Endbenutzer.

(4) PC und Btx: Anwendung und Wirtschaftlichkeit des PC-Verbundes im Btx-System; integrierte Dialoganwendung mit intelligenten Btx-Endgeräten und externem Rechner.

(5) Datenschutz und Datensicherung: Risiken beim Einsatz von PCs; Problematik des Datenschutzes bei der Einbettung von PCs in ein organisatorisches Gesamtkonzept.

Diese fünf Sektionen fanden parallel am ersten Tag statt.

Am zweiten Tage wurden verschiedene Anwendungsgebiete parallel diskutiert.

(6) PC-Anwendungen I: Planungs- und Controlling-Konzept mit PCs; Projektplanung und -kontrolle mit PCs; industrielle Controlling-Anwendungen mit PCs.

(7) PC-Anwendungen II: Planung und Realisierung eines PC-Netzwerkes für die Materialwirtschaft; Zeitreihenanalyse für die Unternehmensplanung mit einem PC; dezentrale Auftragsabwicklung mit PCs.

(8) Business Graphics und Textverarbeitung: Textverarbeitung und -kommunikation mit PCs; graphikgestütztes Vorstandsinformationssystem; Textverarbeitung auf dem PC in Verbindung mit einem Bürosystem.

(9) PC-Anwendungen III: Finanzierungsrechnungen mit PCs; aggregierte Führungsinformationen durch PC/Mainframe-Kopplung; Planungsanwendungen von PCs in Versicherungen.

(10) Programmiersprachen und Datenbanken: Programmiersprachen für PCs; Datenbanken auf PCs; Vereinheitlichung von Daten- und Textstrukturen in der Programmiersprache LILLY.

Im Rahmen von fünf Plenumsreferaten wurden darüber hinaus Konzepte, Erfahrungen und Anregungen zu folgenden Problembereichen vorgetragen:

- Individuelle Datenverarbeitung im Netz technologiegestützter Anwendungssysteme
- Bürokommunikation gestern, heute und morgen
- Bandbreite des DV-Managements bei zunehmender Anzahl technologischer Alternativen
- Management und PCs? Vorbereitung, Zielsetzung, Betreuung
- Die zukünftige Rolle des PC aus Sicht eines PC-Herstellers.

Alle Referenten, die das Forum des 3. Kongresses erstmalig genutzt haben, um über ihre Erfahrungen zu berichten, wurden gebeten, ihre Beiträge in einer für die Veröffentlichung geeigneten schriftlichen Form zur Verfügung zu stellen.

Es ließ sich voraussehen, daß nicht alle Referenten die Zeit zur schriftlichen Überarbeitung finden würden.

Wir freuen uns, ca. zwei Drittel der Beiträge den interessierten Fachleuten vorlegen zu können.

Köln/Aachen im Dezember 1985

Dietrich Seibt
Helmut Weber

Konzepte, Strategien, Tendenzen

Individuelle Datenverarbeitung im Netz technologiegestützer Anwendungssysteme

Dietrich Seibt

Gliederung

1 Individuelle Datenverarbeitung - die Oberfläche des Phänomens -

Unter Individueller Datenverarbeitung (IDV) wird hier eine besondere Art der DV-Unterstützung verstanden, bei der auf die individuellen Wünsche und Bedürfnisse einzelner Benutzer bzw. Stellen bewußt und intensiv eingegangen wird. Charakteristisch für IDV-Lösungen ist, daß die Benutzer sie häufig selbst entwickeln oder zumindest am Entwicklungsprozeß maßgeblich beteiligt sind.

Synonym zum Begriff "IDV" werden die Begriffe "Personal Computing" und "Enbenutzer-Systeme" verwendet. Die IDV steht im Kontrast zur professionellen, organisationsweit tätigen, meist zentralen Datenverarbeitung. IDV-Lösungen sind häufig dezentrale Lösungen, die von einzelnen Stellen bzw. von einzelnen Mitarbeitern in den Fachabteilungen für den Eigenbedarf entwickelt werden. Die Entwickler von IDV-Lösungen erheben nicht den Anspruch, daß ihre Lösungen organisationsweit gültig sein sollen. Andererseits führen diese Entwickler auch keine systematischen Überlegungen zur Integration und Koordination der zu entwickelnden Systeme mit schon vorhandenen, von Professionals entwickelten Systemen durch.

Technologische Voraussetzungen für das Vordringen von IDV-Lösungen:

- Mikro-Computer-/PC-Einsatz
- Einsatz von Dialog-Terminals oder Multifunktionsstationen
- Einsatz von einfachen Entwicklungswerkzeugen und Endbenutzersprachen.

Organisatorische Voraussetzungen für das Vordringen von IDV-Lösungen:

- Existenz einer Menge von Informationsverarbeitungsaufgaben, für deren Erfüllung der einzelne Mitarbeiter oder die einzelne Stelle allein oder hauptsächlich verantwortlich ist, deren Abwicklung nicht mit erheblichen Abstimmungs- bzw. Koordinations-"Auflagen" verbunden ist.
- Bereitschaft in den Fachabteilungen, sich mit der Technologie auseinanderzusetzen und Kenntnisse zu erwerben, wie man sie wozu einsetzen kann.
- Bereitschaft und Budget, um entsprechende Hardware/Software zu beschaffen.

Potentieller Nutzen von IDV-Lösungen:

- Der Benutzer entscheidet selbst, was er haben möchte. Sein individuelles Zielbündel steht im Mittelpunkt seiner Entwicklungsaktivitäten. Er vermeidet den Aufwand, der immer dann entsteht, wenn auf globale Ziele übergeordneter Stellen Rücksicht genommen werden muß.

- Der Benutzer realisiert seine IDV-Lösung dann, wenn das Problem auftritt und nicht - wie das in der Praxis bei Systementwicklung durch professionelle DV-Abteilungen häufig der Fall ist - wenn die professionelle Datenverarbeitung Zeit und Kapazität für ihn hat.
- Der Benutzer bekommt tatsächlich was er will.
- Der Benutzer realisiert eine IDV-Lösung meist erheblich schneller als die professionelle Datenverarbeitung dies könnte. Er vermeidet den Kommunikationsaufwand, der zwangsläufig entsteht, wenn ein Systementwicklungsauftrag von professionellen Systementwicklern abgewickelt wird.
- Der Benutzer reduziert die Abhängigkeit von der professionellen Datenverarbeitung.
- Akzeptanzprobleme und Probleme der organisatorischen Einbettung neuer Systeme schrumpfen zusammen, weil nur das entwickelt wird, womit der zukünftige Benutzer sich identifiziert. Die Motivation des Benutzers steigt.
- IDV-Lösungen lassen sich schneller anpassen bzw. ändern. Sie besitzen eine höhere Flexibilität während ihrer gesamten Lebensdauer.

<u>IDV aus Sicht der Hersteller</u>

- Hersteller wollen Hardware und Software verkaufen.
- Viele Jahre lang war die professionelle Datenverarbeitung der einzige "Kunde" der Hersteller.
- Durch die neuen technologischen Voraussetzungen sehen die Hersteller die Chance, neue zusätzliche Kunden zu gewinnen, nämlich die Fachabteilungen bzw. die individuellen Benutzer in den Fachabteilungen.
- Als Marketing-Argumente verwenden die Hersteller konsequent alle Gesichtspunkte, die dem Benutzer nützlich erscheinen, selbst dann, wenn dadurch Konflikte mit der professionellen Datenverarbeitung hervorgerufen werden:

<u>Beispiel 1:</u> Durch Kauf eines PCs und der dazugehörenden Software soll der Benutzer die Fähigkeit erwerben, seine eigene IDV-Lösung zu schaffen, um nicht mehr von der zentralen Datenverarbeitung abhängig zu sein.

<u>Beispiel 2:</u> PC-Lösungen sollen viel einfacher und schneller zu realisieren und viel kostengünstiger als Lösungen der professionellen DV sein.

2 IDV-Systeme: Ein bestimmter Typ von Technologie-Anwendungssystemen

Der Begriff "Technologie-Anwendungssystem" trägt der Tatsache Rechnung, daß es nicht mehr nur um die Anwendung der Technologie der Automatisierten Datenverarbeitung geht. Technologie-Anwendungssysteme (TAS) sind Systeme, in denen verschiedene Technologien integriert zur Anwendung kommen können, gegenwärtig bereits die Datenverarbeitungs-Technologie, die Textverarbeitungs-Technologie und die Kommunikations-Technologie, demnächst auch die Technologien der digitalen Sprach- und Bildverarbeitung. TAS sind nie Selbstzweck, sondern Service- bzw. Unterstützungssysteme, die zur Erfüllung bestimmter betrieblicher Informations- und Kommunikationsaufgaben dienen. Sie erhöhen die Wirksamkeit und die Wirtschaftlichkeit der betrieblichen Aufgabenerfüllung.

Bei Anwendung der organisatorisch wichtigen Kriterien

- Gestaltungsspielraum für den zukünftigen Systemanwender
- Benutzungsspielraum für den zukünftigen Systemanwender

lassen sich unterschiedliche Arten von TAS abgrenzen:

A) Systeme, die dem zukünftigen Anwender weder Benutzungs- noch Gestaltungsspielraum bieten. Diese Systeme sollen nachfolgend als ODV-Systeme bezeichnet werden.

B) Systeme, die dem zukünftigen Anwender sowohl Gestaltungs- als auch Benutzungsspielraum bieten. Diese Systeme sollen nachfolgend als IDV-Systeme bezeichnet werden.

A/B) Systeme, die dem zukünftigen Anwender zwar Benutzungsspielraum, aber keinen Gestaltungsspielraum bieten. Diese Systeme sollen nachfolgend als Mischtyp bezeichnet werden.

Unter "Gestaltung" werden alle Aktivitäten der Entwicklung sowie der Wartung/Pflege eines Systems zusammengefaßt. Unter "Benutzung" werden alle Aktivitäten zum zielgerichteten Einsatz der Funktionen eines fertiggestellten Systems während seiner Betriebsdauer zusammengefaßt.

Der Gestaltungsspielraum des bzw. der zukünftigen Anwender eines Systems ist umso größer, je geringer der Abstimmungs-/Koordinationsbedarf mit anderen Stellen während des Systemgestaltungsproezsses ist, bzw. je geringer die Notwendigkeit zur Rücksichtnahme auf übergeordnete Ziele.

Der Benutzungsspielraum des bzw. der zukünftigen Anwender eines Systems ist um so größer, je geringer der Abstimmungs-/Koordinationsbedarf mit anderen bzw. übergeordneten Stellen während der Systembenutzung ist.

Reale Technologie-Anwendungssysteme werden selten exakt die oben abgegrenzten Arten A), B) oder A/B) treffen. Dem Anwender wird vielmehr meist "mehr oder weniger" Gestaltungsspielraum bzw. Benutzungsspielraum zur Verfügung stehen. Die drei oben abgegrenzten idealtypischen Ausprägungen werden hier verwendet, um eine größere Trennschärfe für bestimmte Trend-Aussagen zu erreichen.

Idealtypische Merkmale von ODV-Systemen:

ODV-Systeme werden dann geschaffen, wenn mehrere bis viele Personen/Stellen oder Abteilungen an der Erfüllung der von solchen Systemen unterstützten Aufgaben mitwirken und/oder wenn für die Erfüllung dieser Aufgaben eine einheitliche Daten- und/oder Funktionenbasis erforderlich ist. Jede Person/Stelle für sich hat keinen oder wenig Gestaltungs- und Benutzungsspielraum. Die Aufgabenerfüllung setzt insgesamt ein hohes Maß an Koordination/Abstimmung voraus. Zu diesem Zweck sind intern einheitliche Regelungen für die Systemgestaltung/-benutzung zu schaffen bzw. werden von außen vorgegeben (z.B. durch innerbetriebliche Regelungen und Vorschriften oder durch Gesetze und Verordnungen).

Idealtypische Merkmale von IDV-Systemen:

Die Person oder Stelle, für deren Aufgabenerfüllung ein neues System geschaffen wird, besitzt Gestaltungsspielraum. Aufgrund ihrer fachlichen und organisatorischen Kompetenz für bestimmte Aufgaben kann sie die Gestalt des zu entwickelnden IDV-Systems selbst bestimmen und bei Bedarf verändern. Zusätzlich kann sie selbst bestimmen, wann und wie sie das entwickelte IDV-System in welchem Umfang für die Aufgabenerfüllung benutzen will. Je autonomer ein Anwender bei der Erfüllung seiner Aufgaben ist und je weniger Rücksichten er auf andere Stellen nehmen muß, um so mehr kann ihm empfohlen werden, ein IDV-System zu entwickeln.

Grundsätzlich können in allen TAS-Arten die gleichen Hardware/Software-Komponenten vorkommen. Beispielsweise können PCs und entsprechende Software nicht nur in IDV-Systemen, sondern auch in ODV-Systemen verwendet werden. Andererseits gibt es schon seit vielen Jahren bestimmte Ausprägungen von IDV-Systemen, d.h. nicht erst seit dem verstärkten Auftreten der PCs in den Unternehmungen.

3 Globale und lokale Technologie-Anwendungssysteme

Mit dem Begriff "global" werden im wesentlichen zwei Attribute assoziiert:

- unternehmensweit
- infrastrukturell

Globale TAS stellen ihre Unterstützungswirkungen prinzipiell vielen, im Grenzfall allen betrieblichen Aufgabenträgern zur Verfügung. Sie sind im allgemeinen "offene" Systeme:

- Der Zugang ist offen.
- Die Systeme sind so beschaffen, daß sie funktional und/oder datenseitig flexibel erweitert werden können.

Gegenwärtige Beispiele für solche Systeme sind:

- Datenbanksysteme, in denen betriebliche Basisdaten für viele Stellen verfügbar gemacht werden,
- Methoden- und Werkzeug-Systeme zur Unterstützung der Systementwicklung,
- betriebliche Kommunikations-Systeme, z.B. Electronic Mailing-Systeme,
- Ablage- und Archivierungs-Systeme,
- etc.

Systeme dieses Typs haben den Charakter von Infrastruktur-Systemen, weil sie nicht auf bestimmte Arten von Problemlösungen festgelegt sind, sondern für unterschiedliche, auch wechselnde Aufgaben eingesetzt werden können.

Mit dem Begriff "lokal" werden die folgenden Attribute verknüpft:

- problem- und/oder funktionsspezifisch
- für die Bedürfnisse einzelner Stellen, Sparten, Regionen, Abteilungen Bereiche etc. geschaffen.

Zwei Arten von lokalen TAS haben in der betrieblichen Realität große Bedeutung gewonnen, nämlich die Abteilungssysteme und die Arbeitsplatzsysteme. Gegenwärtige Beispiele für Abteilungssysteme sind Systeme für das Rechnungswesen, für das Personalwesen oder für Vertrieb und Marketing. Die Unterstützungswirkungen solcher Systeme gehen häufig "in die Tiefe", d.h. bestimmte Datenverarbeitungsprozesse, z.B. von bestimmten Sachbearbeitergruppen, werden bis ins Detail unterstützt. Gegenwärtige Beispiele für Arbeitsplatzsysteme sind Systeme zur Unterstützung der Informationsverarbeitungsaufgaben eines Mitarbeiters an seinem Arbeitsplatz, wobei nicht so sehr einzelne Datenverarbeitungsprozesse, sondern die Gesamtheit der betrieblich bestimmten Informations- und Kommunikationsfunktionen eines Mitarbeiters im Mittelpunkt der Gestaltung solcher Arbeitsplatzssysteme stehen.

Das Ziel dieses Beitrags besteht darin, die Frage nach den besonderen Merkmalen und Eigenschaften von IDV-Systemen zu stellen und zu beantworten, wobei insbesondere auf die gestaltungsrelevanten Besonderheiten abgehoben wird. Die in diesem Abschnitt vorgenommene Abgrenzung und Beschreibung von

- Infrastruktursystemen
- Abteilungssystemen
- Arbeitsplatzsystemen

bildet ein Zwischenergebnis auf dem Wege zur Beantwortung dieser Frage.

4 IDV-Systeme auf globalen und lokalen Anwendungsebenen mit unterschiedlicher Systemlebensdauer

Auf den ersten Blick, insbesondere aber auch bei Berücksichtigung der werbewirksam herausgestellten Argumente mancher Hersteller von PCs und Endbenutzer-Werkzeugen, scheinen IDV-Systeme lediglich auf der Ebene der Arbeitsplatzsysteme ansiedelbar. Dies hängt mit dem Wunsch vieler Benutzer zusammen, am eigenen Arbeitsplatz eine für die Eigenbedürfnisse maßgeschneiderte, individuelle, leicht zu bedienende und auf Wunsch leicht änderbare Lösung zu erhalten. Leider kann diesen Wünschen der Mitarbeiter aber nicht immer entsprochen werden. In nicht wenigen Fällen gibt es wichtige innerbetriebliche Erfordernisse, Vorschriften oder Gesetze und andere externe Auflagen, die es notwendig machen, daß Arbeitsplatzsysteme nur in bestimmter, streng geregelter Weise gestaltet und benutzt werden können. Umgekehrt treten in der Realität Abteilungssysteme oder Infrastruktursysteme auf, die ihren Anwendern einen erheblichen Benutzungsspielraum, in einigen Fällen sogar Gestaltungsspielraum bzw. Spielraum zu individuellen Veränderungen während der Lebensdauer der Systeme einräumen.

Abb. 1 zeigt, daß auf allen Anwendungsebenen unterschiedliche Ausprägungen der Kriterien "Gestaltungs- und Benutzungsspielraum" auftreten können: Nicht jedes Arbeitsplatzsystem ist ein individuelles, persönliches System. Die Idealbedingungen einer IDV-Lösung sind nur im Falle 3C erfüllt. Beispiele für den Fall 3A, d.h. für organisatorisch verbindliche, der Revision unterworfene bzw. zu unterwerfende Systeme:

- PC-gestütztes System für den Arbeitsplatz eines Personalsachbearbeiters. Hier dominieren immer die strengen Bestimmungen des Datenschutzgesetzes sowie einer Vielzahl von arbeitsrechtlichen und sonstigen Vorschriften;
- PC-gestütztes System für den Arbeitsplatz eines Sachbearbeiters im Rechnungswesen. Hier dominieren die strengen Bestimmungen der ordnungsgemäßen Buchführung und der internen und externen Rechnungslegung.

Es besteht kein Zweifel, daß die Entwicklung der meisten Systeme für das Personalwesen und für das Rechnungswesen auch dann von der Revision kontrolliert werden muß, wenn sie auf dedizierten Mikrorechnern am Arbeitsplatz zur Anwendung kommen.

Individuelle/persönliche Systeme können andererseits nicht nur auf der Ebene der Mikrorechner-gestützten Arbeitsplatzsysteme, sondern auch auf der Ebene der Abteilungssysteme und auf der Ebene der globalen Infrastruktursysteme vorkommen (Fälle 1C, 2C und 3C in Abb. 1).

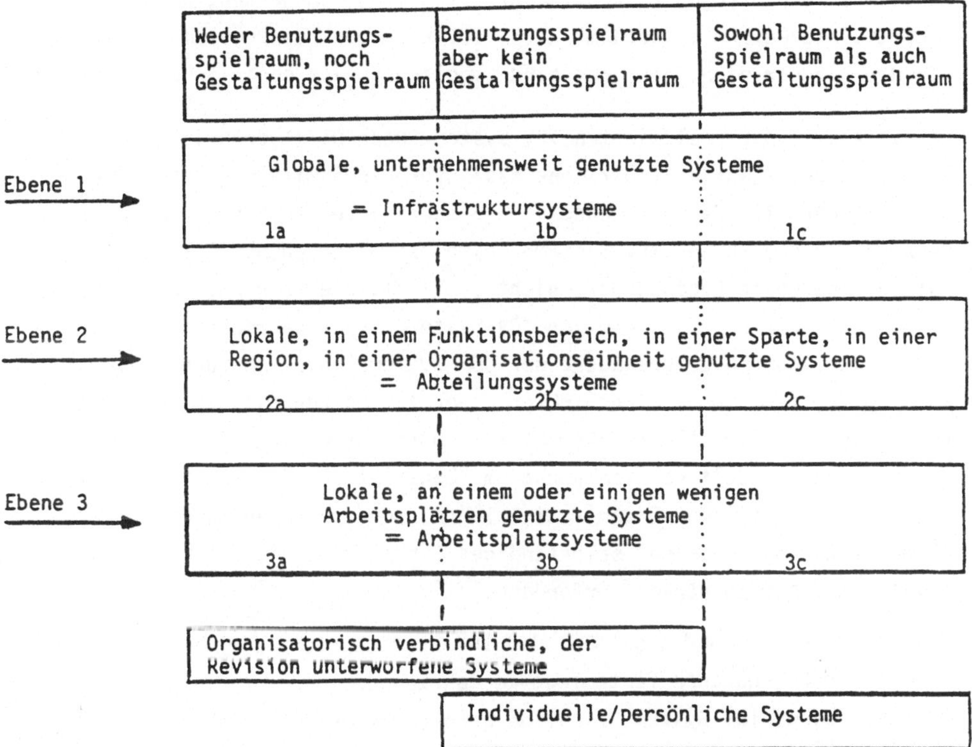

Abb. 1: Typen von betrieblichen Technologie-Anwendungssystemen

Beispiel für 1C:

Großrechnergestütztes System, das verschiedenen Stellen im Unternehmen den freien Zugriff auf die Daten einer zentralen Datenbank gestattet, wobei diese Stellen die Daten flexibel selektieren und mit eigenentwickelten Programmen "individuell", d.h. je nach Fragestellung unterschiedlich kombinieren und auswerten können. Dabei können evtl. auch neue, hoch aggregierte Daten erzeugt werden.

Die Anzahl der realisierten, in der Praxis eingesetzten IDV-Systeme ist noch nicht groß. Noch dominieren in der betrieblichen Realität die ODV-Systeme, von denen viele allerdings nur deshalb als ODV-Systeme angesehen werden, weil sie von der professionellen Datenverarbeitung entwickelt worden sind. Eine bewußte Prüfung der Kriterien "Gestaltungs- und Benutzungsspielraum für die Fachabteilung bzw. für den Endbenutzer" hat häufig gar nicht stattgefunden. Zweifellos muß das Bewußtsein, daß es sich hier um wichtige Entscheidungskriterien handelt, noch wachsen, bevor die Chancen für echte IDV-Lösungen konkret langfristig zunehmen werden, bevor andererseits die Gefahr ausgeräumt wird, IDV-Lösungen für Probleme zu finden, für die sie gar nicht geeignet sind, möglicherweise sogar Schaden stiften.

Da die Anzahl der realisierten IDV-Systeme noch nicht groß ist, fehlt auch eine zuverlässige empirische Basis für die Ermittlung einer durchschnittlichen IDV-Systemlebensdauer. Bisherige Beobachtungen lassen erkennen, daß die These, IDV-Systeme seien lediglich ad hoc-Systeme und hätten eine kurze Lebensdauer, nicht zutrifft. Vielmehr muß vermutet werden, daß die Lebensdauern von IDV-Systemen sich wahrscheinlich nicht wesentlich von den Lebensdauern der ODV-Systeme unterscheiden werden. Wichtig für den bzw. die Entwickler einer IDV-Lösung ist die Konstanz der individuell erfüllbaren, <u>nicht</u> auf Koordination angewiesenen Aufgaben. Dabei handelt es sich nicht um "Daueraufgaben" im Sinne der betriebswirtschaftlichen Organisationslehre, sondern um Aufgaben, die zu ihrer Erfüllung "dauernd" selbständiges Denken, Kreativität und Flexibilität der Aufgabenträger erfordern.

Als Fazit läßt sich festhalten, daß IDV-Systeme nicht auf eine bestimmte, z.B. kurze Lebensdauer festgelegt werden können. Der für die jeweiligen Benutzer eines IDV-Systems wichtige geforderte große Gestaltungs- und Benutzungsspielraum ist selbstverständlich kein Kriterium, das im Zeitablauf unveränderlich ist, das quasi unverrückbar bestimmt werden kann. Vielmehr verändert sich der Spielraum für den einzelnen Mitarbeiter, für die einzelne Abteilung, für den einzelnen Funktionsbereich laufend aufgrund übergeordneter betriebsinterner Entscheidungen oder aufgrund von Veränderungen in der betrieblichen Umwelt. Die Spielräume sind zeitabhängig, d.h. sie müssen laufend beobachtet, überprüft und angepaßt werden.

Aufgrund der enormen Bandbreite, die die Technologie-Entwicklung heute erreicht hat, treten nur noch selten Situationen auf, in denen es nicht mehrere Alternativen der Technologie-Unterstützung gibt. Unter diesen Umständen bestimmen die Veränderungen der Organisationsstrukturen bestimmte, unternehmenspolitische Vorentscheidungen und Umwelteinflüsse die Auswahl und den Einsatz der Technologie-Alternativen und auch die Geschwindigkeit, mit der nach neuen wirksamen Technologie-Alternativen gesucht werden muß.

5 Gegenwärtige und zukünftige Schwerpunkte der Gestaltung betrieblicher Technologie-Anwendungssysteme

Mit dem Vordringen der IDV ist eine Zunahme der Bedeutung der Endbenutzer als Systementwickler zu erwarten. Die Endbenutzer werden neben die professionellen Technologie-Spezialisten treten. Sie werden die Aktivitäten der DV-Systementwickler ergänzen. Für beide Gruppen von Systementwicklern werden unterschiedliche Hilfsmittel/Werkzeuge angeboten. Die professionellen Systementwickler werden für die Entwickler großer Anwendungsprogrammsysteme weiterhin klassische Programmiersprachen, insbesondere COBOL, einsetzen, weil sie diese Sprache gelernt haben und weil die gesamte Entwicklungsumgebung gegenwärtig noch auf die Benutzung dieser Sprache ausgerichtet ist. Daneben werden sie sowohl für die Aktivitäten des Systementwurfs als auch für die Aktivitäten des Testens, Dokumentierens usw. immer mehr automatische Werkzeuge einsetzen. Diese Werkzeuge werden zunehmend in voraussetzungsreichen Software-Engineering-Environment-Systems integriert. Die SEES selbst brauchen wiederum Meta-Werkzeuge, wie beispielsweise Data Dictionary-Systeme und Programm-Bibliotheksverwaltungssysteme, damit sie wirksam funktionieren können.

Neben der Eigenentwicklung von Anwendungssoftware wird zunehmend gekaufte, fremderstellte Anwendungssoftware zum Einsatz kommen, die allerdings meist in erheblichem Umfang an die individuellen Bedürfnisse angepaßt werden muß, bevor sie erfolgreich angewendet werden kann. Auch diese Anpassungsmaßnahmen können im allgemeinen nur von den professionellen Systementwicklern geleistet werden, weil nur diese die eigene vorhandene Anwendungssoftware-"Landschaft" genau kennen.

Die Endbenutzer in den Fachabteilungen sind keine DV-Professionals und sie wollen auch in Zukunft keine DV-Professionals werden. Für sie kommen daher nur einfache Entwicklungswerkzeuge in Betracht. Derartige Werkzeuge sind in den vergangenen fünf Jahren - häufig in enger Verzahnung mit dem Vordringen der PCs - geschaffen worden. Beispiele sind einzeln oder kombiniert einsetzbare

- Editierhilfen
- Berichtsgeneratoren
- Abfragesprachen bzw. Datenbanksprachen
- Endbenutzersprachen bzw. Planungssprachen

- Tabellen-Kalkulationswerkzeuge
- Systeme zur Erstellung von Geschäftsgraphiken.

Mehrere einfache Werkzeuge und Sprachen werden häufig integriert und unter einer einheitlichen Benutzeroberfläche als Verbundsysteme zur Verfügung gestellt. Man spricht in diesem Zusammenhang beispielsweise von den Hochsprachen der 4. Generation, wobei man sich noch nicht auf eine klare Bestimmung des Funktions- bzw. Leistungsumfang dieser Sprachen geeinigt hat. Vielmehr scheint es, daß gegenwärtig sehr unterschiedliche Sprachen unter diesem modischen Begriff subsumiert werden. Unabhängig vom Abgrenzungsproblem sind zwei Beobachtungen bemwerkenswert:

(1) Mit den einfachen Werkzeugen und Verbundsystemen werden bei vielen Anwendern anspruchsvolle Anwendungssysteme von Nicht-DV-Professionals entwickelt, wobei die Produktivität in diesen Entwicklungsprozessen bei gleichem Output erheblich höher liegt als in vergleichbaren professionellen Entwicklungsprozessen.

(2) Die professionellen Systementwickler sind beeindruckt von der höheren Produktivität, die mit den neuen einfachen Werkzeugen und Verbundesystemen erreicht werden kann und fangen an, diese Werkzeuge selbst ebenfalls einzusetzen.

Fazit: Auch aus Sicht des wirksamen und wirtschaftlichen Einsatzes verfügbarer Methoden, Sprachen, Werkzeuge und Systeme für die Systementwicklung erscheint es notwendig, eine erheblich differenziertere Analyse betrieblicher Technologie-Anwendungssysteme vorzunehmen. Durch entsprechende systematische Untersuchungen muß sorgfältig geprüft werden, ob zukünftig nicht nur IDV-Systeme, sondern auch viele ODV-Systeme unter Realisierung der Produktivitätsvorteile mit den neuen Hochsprachen und Werkzeuge geschaffen werden können.

6 Aufbau eines Netzes von betrieblichen Technologie-Anwendungssystemen (TAS)

Wenn heute von Netzen gesprochen wird, dann stehen meist die technischen Aspekte im Vordergrund. Man diskutiert intensiv über Hardware - Fragen und Software-Probleme der Rechner-Kopplung, insbes. über die Kopplung von Mainframes und PCs, über alternative Datenübertragungsnetze der Deutschen Bundespost, damit verbunden über Probleme nationaler oder internationaler Standards für Schnittstellen zwischen den verschiedenen DÜ-Ebenen, über die Besonderheiten der technischen Unterstützungssysteme für Local Area Networks und Wide Area Networks und über viele andere komplizierte technische Fragen. Zweifellos ist die Lösung der noch offenen technischen Probleme die nächstliegende Voraussetzung für den Aufbau von umfassenden Netzen betrieblicher TAS, in denen die verschiedenen Technologien integriert zur Anwendung kommen sollen. Es darf aber nicht vergessen werden, daß wichtige organisatorische Fragen beantwortet werden müssen, wenn Netze erfolgreich sein sollen. Organisatorisch wichtig ist der Tatbestand, daß Netze die Chance bieten, statt der bisher dominierenden Zentralisationskonzepte auch Dezentralisationskonzepte zu verfolgen. Die Entscheidung für eine bestimmte Organisationsstruktur wird von vielen Faktoren beeinflußt. In der Vergangenheit hat der Faktor Technologie aber vorwiegend die Zentralisation begünstigt. Demgegenüber sind Netze neutral und offen. Sie können an verschiedene Oorganisationsformen angepaßt werden. Netzstrukturen begünstigen prinzipiell Kooperationslösungen. Dies resultiert vorwiegend aus dem ausgeprägten Kommunikationspotential der Netze. In den meisten Netzen gibt es zwar spezialisierte Knoten, d.h. Stellen (Menschen und/oder Rechner), die Spezialaufgaben wahrnehmen. Netze können, müssen aber nicht hierarchisch strukturiert werden,d.h. auch Steuerungs- und Kontrollfunktionen können auf verschiedene Netzknoten verteilt sein.

Einige organisatorisch wichtige Vorteile von Netzlösungen sollen nachfolgend stichwortartig zusammengefaßt werden:

- In Netzen kann flexibel auf die individuellen Bedürfnissen von Benutzern (= Netzknoten) reagiert werden. Neue zusätzliche Benutzer können meist ohne Schwierigkeiten "eingeklinkt" werden.

- In Netzen kann flexibel auf Technologieveränderungen reagiert werden, d.h. Teile des Netzes können unter Umständen schon mit neuer Technologie arbeiten, während andere Teile des Netzes noch mit alter Technologie betrieben werden.

- Analoges gilt für die Veränderungsprozesse. Netze, in denen die Steuerungs-, Planungs- und Kontrollfunktionen verteilt sind, können partiell verändert werden. Sie müssen nicht in toto abgelöst werden. Das allein erleichtert schrittweisen Aufbau und Abbau und kommt der Tatsache entgegen, daß die in der Realität für Veränderungen verfügbaren Ressourcen stets limitiert - genauer: zu gering - sind.

Durch den PC-Einsatz entstehen Chancen zum Aufbau von echt verteilten Systemen, d.h. von Netzen, bei denen die überwiegende Anzahl der Netzknoten nicht nur Spezialfunktionen, sondern jeweils viele verschiedene Anwenderfunktionen wahrnehmen kann. Diese Entwicklung wird durch das vielschichtige Angebot an Anwendungssoftware für PC's unterstützt. Entscheidend wird sein, ob dieses erheblich verbreiterte Angebot an "Chancen für die IDV" auch wirksam - aus Sicht des Unternehmens - genutzt werden kann. Das wird nur geschehen, wenn zwei Bedingungen erfüllt sind:
(a) Dem Angebot müssen aktive und "mündige" Benutzer als Bedarfsträger für IDV-Lösungen gegenübertreten.
(b) Die aktiven Bedarfsträger müssen die IDV-Lösungen für geeignete Probleme einsetzen, d.h. solche Probleme, zu deren Bewältigung Gestaltungs- und/oder Benutzungsspielraum gegeben wird.
Beide Bedingungen sind nicht leicht erfüllbar. Bedingung (a) setzt voraus, daß die Bedarfsträger zumindest soweit geschult/ausgebildet worden sind, daß sie ihren Bedarf bewußt formulieren können. Noch besser wäre es, wenn die Schulung soweit ginge, daß sie den Bedarf auch selbst decken können. Bedingung (b) setzt voraus, daß entweder die Bedarfsträger selbst oder aber eine kompetente Stelle im Unternehmen "weiß", wo aus Sicht des Unternehmens Gestaltungs-/Benutzungsspielraum vorhanden ist und wo nicht! Hier zeichnen sich Schulungsaufgaben und Aufgaben für das Controlling sowie für die Organisatoren in einer enormen

Größenordnung ab. Dies ist in der Realität bisher häufig noch nicht wahrgenommen worden.

Der Aufbau von Netzen betrieblicher TAS wirft sowohl Architekturprobleme als auch Managementprobleme auf, die weit über das hinausgehen, was bisher vom klassischen DV-Management bewältigt worden ist. Man spricht von der Notwendigkeit eines Information Ressources Management (IRM) oder eines Information Management und meint damit den Aufbau einer Organisationseinheit, die für die gesamte Informationsversorgung eines Unternehmens zuständig sein soll. Zu den Hauptaufgaben dieser Organisationseinheit müßten dann zweifellos auch die Architektur und das Management der Netze gehören. PC's sind heute und auf absehbare Zukunft als wichtige elementare technische Netzbausteine zu betrachten. Damit bilden sie wichtige Bezugs- und Reibungspunkte für alle Stellen, die mit der Architektur und dem Management von Netzen befaßt sind. Auch hier begegnen wir wieder in aller Schärfe den Problemen des fehlenden Anwendungs- Know how. "Die" richtige Netzarchitektur und "das" richtige Netzwerkmanagement gibt es nicht. Jedes Unternehmen muß wahrscheinlich seinen Weg und seine individuell beste Lösung durch eigene Trial-error-Prozesse herausfinden. Dies unterstreicht die Notwendigkeit, den Planungs- und Kontrollprozessen größere Aufmerksamkeit zu schenken und auf diese Weise systematische Lernprozesse in Gang zu setzen.

7 Literatur

Berrang, T.: Management-Aufgaben beim PC-Einsatz. CSMI/TTP-Schriftenreihe 54/060, hrsg. von G. Maurer, München 1985

CW/CSE (Hrsg.): Der PC im Büro (Proceedings des 2. Europäischen Kongresses über Büro-Systeme & Informations-Management) CW-Edition, München 1984

CW/CSE (Hrsg.): Personal Computer optimal genutzt (Proceedings der Internationalen Fachtagung PC 85), CW-Edition München 1985

Geesink, J.: Büro-Systeme und Information-Management-Erfolgsfaktoren für eine effiziente Integration von Personen, Organisation und Technik. In: CW/CSE (Hrsg.), 1984, S. 7-36

Holland, R.H.: DBMS: Developing User Views. In: DATAMATION, Februar 1980, S. 141-144

Martin, J.: Application Development without Programmers. Savant Research Studies. Savant Institute 1981

Nastansky, L.: PC-Software für die Mainframe-Welt - Konzepte zur Dezentralisierung von Software-Funktionen. CSMI/TTP Schriftenreihe 53/030, hrsg. von G. Maurer, München 1985

Potzta, E.: Vom Umgang mit dem Endbenutzer: Akzeptanzstrategie beim Einsatz von PCs und Büroautomationsdiensten. In: CW/CSE (Hrsg.), 1985, S. 625-653

Rau, B.: PC-Netzwerke: Planung, Design, Realisierung, Wirtschaftlichkeit. In: CW/CSE (Hrsg.). 1985, S. 127-157

Raudszus: Verfahren für PC-Mainframe-Verbindungen - Technische Daten und wirtschaftliche Aspekte für die Bewertung der Alternativen. CSMI/TTP Schriftenreihe 51/060, hrsg. von G. Maurer, München 1985

Read, N.S.; Harmon, D.L.: Assuring MIS Success. In: DATAMATION, Februar 1981, S. 109-120

Reichwald, R.: Die Auswirkungen moderner Büro-Informationssysteme auf die Unternehmens-Organisation; Aufbau- und ablauforganisatorische Aspekte. In: CW/CSE (Hrsg.): 1984, S. 207-243

Roberts, A.M.: Integrating Personal Computers in the Corporate Environemnt. In: CW/CSE (Hrsg.). 1984, S. 95-153

Scheer, A.-W.: Strategien zur Rationalisierung zwischen Anspruch und Realität (1. Reil). In: Online, Heft 9/1982, S. 60-64

Seibt, D.: Stichwort "Anwendungssystem". In: Enzyklopädie der Deutschen Betriebswirtschaftslehre, hrsg. von E. Grochla, Verlag C.E. Poeschel, Stuttgart (im Druck)

Seibt, D.: Zur Gestaltungs- und Benutzungsproblematik technologiegestützter Informationssysteme. In: Angewandte Informatik, hrsg. von D. Seibt, N. Szyperski, U. Hasenkamp, Braunschweig/Wiesbaden 1985, S. 29-45

Spaniol, O.: Standardisierungskonzepte für lokale Netze, Netzkopplung, Gateway-Strukturen. CSMI/TTP-Schriftenreihe 31/040, hrsg. von G. Maurer, München 1983

Weber H. und H.H. Oppermann (Hrsg.): PC - Betriebliche Anwendung und Praxis (Beiträge des 2. Deutschen PC-Kongresses 1984), Verlag Friedr. Vieweg & Sohn, Braunschweig/Wiesbaden 1985

Management und Computer

Karl-Heinz Sohn

Gliederung

1 Die Angst des Managers vor dem Computer

2 Aufgaben des Managements

3 PCs auf den Chefetagen

4 Gründe für die Zurückhaltung des Managements

5 Voraussetzungen für den PC-Einsatz durch das Management

6 Nutzen des PC-Einsatzes

7 Zusammenfassung

MANAGEMENT und COMPUTER

1 In einer für dieses Thema recht ungewöhnlichen Zeitschrift erschien vor einiger Zeit ein Aufsatz über "Die Angst des Managers vor dem Computer.[1] Der Verfasser fragt nach den Gründen, die den normalen deutschen Manager davon abhalten, sich eines Personal Computers zu bedienen: Alter, Prestige, Herrschaftsanspruch, aber auch die geringe Bereitschaft, sich mit der Arbeit am Computer persönlich auseinanderzusetzen, sind zwar nicht alle, aber wohl die wichtigsten Ursachen. Offenbar fällt es den Managern schwer, ein intimes Verhältnis zum und mit dem Computer einzugehen. Sie widerlegen bisher offensichtlich als Gruppe die Position von Psychologen, wonach "das Verhältnis Mensch / Computer" "liebesartige" Formen annehmen könne.[2]

Ob bei Managern nicht auch die Sorge mitschwingt, der Computer könnte sie um ihre Kreativität bringen und ihre Fähig keit verringern, intuitiv richtige Entscheidungen zu fällen ? - Computerfreaks wirken oft verbissen. Das Rechnen und die Arbeit am Bildschirm werden zur Manie. Nicht selten sind sie im Umgang mit dem Personal Computer dessen Gefangener, statt sich seiner Möglichkeiten und denen der angebotenen Software zu bedienen, um den eigenen Freiheitsraum zu erweitern. Diese Sorge mag wohl auch einen Teil des Managements davon abhalten, sich selbst mit dem Computer zu beschäftigen. Man könnte in diesem Verhalten eine Parallele sehen zu der Kritik von Schriftstellern an der ästhetischen Verarmung von Computer-Sprachen.
Jens Schreiber veröffentlichte darüber unter dem Titel "Word Engineering" - Informationstechnologie und Dichtung - einen bemerkenswerten Essay[3]: "In dieser elektronischen Wüste arbeiten nur noch Maschinen und Programme, aber keine

1) Philipp Berger: Die Angst des Managers vor dem Computer - in: Expression, Heft 2/1985, S. 27

2) So Volker Ronge in: Der Mikrocomputer und seine "Opfer", in Marktforschung und -planung, Axel Springer-Verlag 1985.

3) In: Das schnelle Altern der neuesten Literatur, Düsseldorf, 1985.

Literaten und Literaturen". - Gerade weil die Gründe für die Abstinenz des Managements im persönlichen Gebrauch des Computers so vielfältig sind, ist eine Untersuchung der Verhaltensstrukturen umso wichtiger. Daran sollten nicht nur die Hersteller und Anbieter von Rechnern und Computer-Programmen interessiert sein, sondern letztlich auch die Angehörigen des Managements selbst. Erst wenn sie in einer umfassenden Analyse erkennen können, warum sie die Arbeit am Computer scheuen, werden sie bereit sein, ihr Verhalten zu überdenken und zu ändern.

2. Die Zeitschrift "International Management" veröffentlichte in ihrem Dezemberheft des Jahres 1984 die Ergebnisse der Befragung von führenden Managern aus 20 Ländern über die wichtigsten Unternehmensaufgaben und Entwicklungen der Zukunft. Der Aufsatz trägt die Überschrift: Todays thorniest management problem: new technology !

   Das aus meiner Sicht Überraschende am Ergebnis der Befragung: Zwar ist für 83 % "Keeping pace with now technologies" und für immerhin 70 % "Coping with automation & computerization" eine der wesentlichen Aufgaben und Entwicklungen, indessen sind sie von der positiven Wirkung auf die eigene Lebensqualität offenbar nicht sehr überzeugt: Auf die Frage nach den Wirkungen der Computer-Einführung und Büroautomation antworten die Befragten vielmehr: Verringerung des "Paperwork" gilt nur für 50 %, Stärkung der eigenen Autorität nur für 42 %, Verbesserung der eigenen Entscheidungsfähigkeit gar nur für 34 % und Erwartung einer Produktivitätssteigerung gilt nur für ganze 4 % von ihnen.

   Manager sehen m.W. im EDV-Einsatz keine unmittelbare Produktivitätssteigerung. Die Frage ist, worauf diese Ansicht sich stützt, welche Erfahrungen ihr zugrunde liegen und ob sich diese auch auf die Benutzung eines persönlichen Computers stützen.

Notwendig erscheint in diesem Zusammenhang, den gelegentlich zu allgemein verwendeten Begriff des Managements so zu präzisieren, daß deutlich wird, welche Gruppe von Entscheidungsträgern man im Auge hat.

Unter Management werden hier jene Funktionsträger in Unternehmen und Verwaltung verstanden, die (in Anlehnung an Dale[4])

für andere planen
auf andere delegieren
andere führen, sowie
die Arbeit anderer koordinieren.

Manager in diesem Sinne sind somit keine Personen, welche lediglich die Weisungen anderer ausführen, auch wenn sie hierbei nach Wirtschaftlichkeitsgesichtspunkten (Kosten / Leistungsverhältnis) vorgehen. Manager sind vielmehr Führungskräfte, die ihre Entscheidungen selbst treffen, sich dabei jedoch der Mitarbeit anderer - von Untergebenen wie von Kollegen - bedienen.

Entsprechend ihrer Stellung in der Hierarchie unterscheiden wir zwischen Spitzen- und mittlerem Management. Letzteres ist zu eigenen Entscheidungen nur im Rahmen der ihm von der Unternehmensleitung (Spitzenmanagement) erteilten Zuständigkeiten berechtigt

Beiden Gruppen des Managements ist gemeinsam, daß sie ihre Tätigkeit - wenngleich mit unterschiedlichem Gewicht - als Vorgesetzte von Mitarbeitern ausüben, mit denen zusammen sie ihre Entscheidungen vorbereiten.

Insofern können und sollten wir im Rahmen unserer Fragestellung diese Differenzierung vernachlässigen.

Die Frage ist, in welchem Umfang das Management heute zu solchen Aufgaben und Entscheidungen fähig ist oder aber durch andere Tätigkeiten von ihnen abgelenkt werden.

4) Ernest Dale: Management - Theorie und Praxis der modernen Unternehmensführung, Düsseldorf 1972.

Nach Untersuchungen amerikanischer und deutscher Marktforschungsinstitute verwendet das Management 90 % seiner Zeit für die Aufnahme von Informationen, und nur 4 % für konzeptionelle Überlegungen und Entscheidungen.

Es dürfte nur wenige schöpferische Berufe geben, in denen die Wirklichkeit so stark von den vorgegebenen Aufgaben abweicht. - Welches sind nun die Arbeiten, welche dem Management zugewiesen werden ?

Peter Drucker z.B. behauptet, daß "eine Arbeit, die auch jemand anderes machen kann, nicht in den Bereich der Unternehmensleitung (gehört)[5]:

Verkürzt ausgedrückt sind danach die eigentlichen Aufgaben des Managements:

. Durchdenken und Formulieren des eigentlichen Unternehmensauftrages und Festlegung der Unternehmensziele;

. Wahrnehmung der Gewissensfunktion, d.h. die ständige Überprüfung der Lücke zwischen den propagierten und den tatsächlichen Leistungen sowie die Beschäftigung mit den Ziel- und Wertvorstellungen in den Schlüsselbereichen;

. Verantwortung für den Aufbau und die Aufrechterhaltung der menschlichen Organisation. Ausbildung der menschlichen Ressourcen von morgen, insbesondere des Nachwuchses für das künftige Top-Management.

. das Durchdenken der Organisationsstruktur und ihrer Gestaltung;

. Pflege der Hauptbeziehungen mit Kunden, wichtigen Lieferanten, mit Industrieunternehmungen oder Banken, mit dem Staat oder anderen externen Organisationen;

. Wahrnehmung von Entwicklungen im sozialen Umfeld des Unternehmens, einschließlich des Arbeitsmarktes und der Gesetzgebung;

. Zeremonie-Funktionen aus Anlaß privater oder öffentlicher Anlässe.

5) Peter Drucker: Neue Management-Praxis, Band II, Methoden, Düsseldorf 1974, S. 322

Wir sehen, daß diese Funktionen einerseits grundsätzlicher Art sind, andererseits nicht ohne Kenntnis wichtiger Informationen sowohl der internen Unternehmenszahlen als auch der Daten über das Unternehmensumfeld wahrgenommen werden können.

Letztlich entscheidet der Manager selbst über die Qualität und über den Umfang der Unterrichtung, die er für seine eigentliche kreative Arbeit benötigt.

Die Gefahr besteht allerdings heute - zumindest in Großunternehmen - nicht so sehr in einem "zuwenig", sondern in einem "zuviel" an Zahlen und Berichten.

Für "Intuition und Visionelles" - den beiden von Walther Rathenau[6)] dem Unternehmer zugeschriebenen Haupteigenschaften - bleibt oft zu wenig Raum. Das Management erstickt in der Tagesarbeit und findet für strategische Überlegungen nur wenig Zeit. Teilweise liegt dies gewiß auch an den Managern selbst. Sie stellen - worauf James Martin in seinem Buch "Manifest" hinweist - häufig detaillierte Fragen, die in zusammengefaßten (globalen) Berichten nicht beantwortet werden können[7)].

Andererseits sind sie einer erdrückenden Informationslawine ausgesetzt, die ihre Entscheidungsfindung oft erschwert, statt sie zu erleichtern.

Wenn vor allem Topmanager zu viel von ihrer Zeit mit Informationen - deren Aufnahme und Verarbeitung - und zu wenig mit der Entwicklung von Konzeptionen, ihrer kritischen Reflexion sowie mit strategischen Entscheidungen befaßt werden, stellt sich für uns die Frage, ob sich durch die persönliche Arbeit mit einem Rechner daran etwas ändern ließe.

6) So Rathenau im Januar 1914 zu Robert Musil. Vgl. Robert Musil, rororo Bd. 480, Hbg. 1963, S. 66.

7) James Martin: Manifest für die Informationstechnologie von morgen, ECON-Verlag, Düsseldorf 1985.

3. In einer als Buch erschienenen Aufsatzreihe meint der Schweizer Unternehmensberater Egon P.S. Zehnder: "Computer und Bildschirme gehören nicht ins Büro des Chefs, sondern in das seiner Sachbearbeiter", um dann - nicht ganz verständlich - fortzufahren: "der Unternehmer braucht keine Software oder irgendwelche Fortran-Sprachen zu beherrschen, um den Computer zu benutzen. Dies ist nämlich die Aufgabe der EDV-Abteilungen des Unternehmens."[8] Dieser ablehnenden Meinung stehen Auffassungen entgegen, nach denen der persönliche Computer dem Manager die Arbeit erleichtert und ihm hilft, sich auf das Wesentliche zu konzentrieren[9].

Der Einsatz eines PC's auf den Chefetagen (und darunter) ist nicht danach zu beurteilen, ob dieser die Verarbeitung von noch mehr Informationen ermöglicht, sondern ob er dem Benutzer selbst die Freiheit gibt, sich jene Informationen zu verschaffen, die er für erforderlich hält und mit denen er selbst arbeiten will. Der PC sollte für den Manager weniger ein Rationalisierungs- als ein Entscheidungshilfeinstrument sein[10]. Auch die Anschaffung eines größeren Wagens dient im allgemeinen nicht dazu, noch mehr Kilometer zu fahren, sondern bequemer und sicherer zu reisen.

Offenbar zögern dennoch die Betroffenen, den PC als Entscheidungshilfeinstrument anzuerkennen und sich seiner für diese Zwecke zu bedienen. Dies ist wohl auch einer der Gründe für den relativ geringen Absatz kommerziell eingesetzter Personal-Computer (Anlage 1a und 1b).

8) In: Der Weg zur Spitze, Zürich 1984.

9) In wachsendem Maße geht dies sowohl in das Bewußtsein der Betroffenen als auch der Hersteller von Hard- und Software ein, wie gerade die Zahl von Seminaren über "Personal-Computer im Chefzimmer", EDV-Seminaren für Vorstandsmitglieder und die dem Spitzenmanagement inzwischen angebotenen Software-Produkte erkennen lassen.

10) Darauf weisen auch Peter Mertens und Eberhard Plattfaut in einem Beitrag über "Ansätze zur DV-Unterstützung der Strategischen Unternehmensplanung" hin, in: Die Betriebswirtschaft, Heft 1/1985, S. 20.

Statt der geplanten Viertelmillion wurden 1984 wenig mehr als 100 000 Personal Computer abgesetzt. Forscht man gar nach ihrem Einsatz in den Chefetagen, so ist das Ergebnis noch trostloser: Allenfalls jeder hundertste Spitzenmanager bedient sich für seine persönliche Entscheidung eines Mikro-Computers.

4. Die Gründe für diese Zurückhaltung des Managements liegen weitgehend im Psychologischen. Die EDV entwickelte sich in vielen Unternehmen nach eigenen Gesetzen. Anders als die eigene Leistungspalette wurde sie als Instrument extern entwickelt. Nicht selten kam der Druck für den Einsatz von außen. Die Gerätehersteller verstanden es, unter ihren Kunden eine EDV-Konkurrenz mit eigener Dynamik zu erzeugen: Man mußte eine möglichst große Anlage haben, um als "in" zu gelten. Die betriebsinterne Lobby der Hersteller tat ein übriges. Es gibt vermutlich kaum einen Investitionsbereich, in dem Unternehmen sich so schnell, so aufwendig, häufig aber auch so wenig rational engagierten. Nur selten war sich das Management der Tragweite seiner Entscheidungen bewußt, ob bei der Wahl des Rechnertyps oder bei der heim Kauf oder der Entwicklung der Programme. Erschwerend wirkte auch die schnelle Veränderung der Systeme, die in immer kürzeren Perioden eine Generation von Rechnern durch die jeweils nächste ablösen ließ.

Zwischen den EDV-Abteilungen und dem Spitzenmanagement herrschte schließlich oft keine allzu enge Kommunikation. Es fehlte die gemeinsame Sprache: Noch heute sind sich manche EDV-Fachleute nicht der Tatsache bewußt, daß das Daten-Chinesisch ihr Ansehen nicht etwa erhöht, sondern die Reserviertheit des Managements ihnen gegenüber verstärkt. Oft tragen sie auch wenig dazu bei, ihr Leistungsangebot gezielt auf die latenten Bedürfnisse des Managements abzustellen. Wie Dale richtig feststellt, "bestand (und besteht noch) zwischen dem Spitzenmanagement und den Fachleuten der EDV eine beträchtliche Verständigungslücke[11]. Es ist keine

11) Management, Düsseldorf 1972, S. 583.

Schmeichelei für ein Vorstandsmitglied zu hören, daß EDV-Programme so verständlich sein sollten, "daß sogar das Management solche Programme verstehen und lesen kann[12]." Hier wird offenbar die Fähigkeit des Managements, mit Computern umgehen und deren Gesetze verstehen zu können, öffentlich in Zweifel gezogen. Und doch sollen Computer zur Verbesserung der Organisation und der Effizienz des Unternehmens eingesetzt werden.Dies aber ist eine der zentralen Aufgaben des Managements. Selbst der Hinweis darauf, daß "Computern so leicht sein könne wie Autofahren", ist nicht unbedingt hilfreich. Es gibt nicht wenige - vor allem ältere - Manager, die seit Jahren nicht mehr selbst Auto gefahren sind und es vermutlich kaum noch können.

Wobei wir bei einem weiteren Hindernis sind. Es gibt in unserer Gesellschaft Dinge, die man nicht selbst tut, sondern in bestimmten Positionen tun läßt. Dazu gehören etwa die Bedienung einer Schreibmaschine, die Wahl eines Telefonpartners, das Fahren des Dienstwagens oder auch der Umgang mit einem Computer. Solch ein Gerät scheint überdies auch oft nicht zur Büroeinrichtung zu passen. Es erweckt vielmehr den Eindruck des Managers und seiner Besucher, als habe er es nötig, selbst Dinge zu tun, mit denen er besser Mitarbeiter beschäftigen sollte. Selbst eine Spitzensekretärin "läßt" vielfach schreiben.

Schließlich - und dies wäre ein weiterer Grund - konnte den meisten Managern bis heute nicht klar gemacht werden, was sie mit einem PC alles bewerkstelligen können. Ihnen ist nicht bewußt, daß er ihnen dazu verhelfen kann, sich einen Freiraum auch gegenüber ihren EDV-Fachleuten zu verschaffen. Von Norbert Wiener stammt der Satz: "Ein Computer ist immer nur so gut, wie der Verstand des Mannes, der ihn programmiert." Das gleiche kann man für Computerprogramme sagen. Sie sind so gut, wie der Verstand derjenigen, die sie entwerfen, wobei ich in unserem Falle nicht nur die Leistungs-

12) Angelika Burwick in: Höhere Programmiersprachen für Mainframe und PC, München 1984, S. 61.

fähigkeit der Software meine, sondern auch die Leichtigkeit, mit ihr arbeiten zu können.

In seinem Buch "Application Development without Programmers" weist James Martin vermutlich zu Recht darauf hin, daß die meisten der verkauften Endnutzer-Software-Produkte für die Masse der Anwender unmittelbar nicht geeignet seien. Man solle deshalb in einem Test prüfen, ob der Endnutzer in der Lage ist, mit dem Produkt zu arbeiten. Wenn nicht, sei das Produkt für ihn nicht geeignet[13)].

Ein deutsches Wirtschaftsmagazin schrieb vor kurzem, daß die EDV-Anwender "fast zwei Jahrzehnte nur als Bittsteller zu den Spezialisten kamen", und daß sie nunmehr - zumindest teilweise - versuchten, sich von der EDV-Abteilung unabhängiger zu machen[14)]. Auch das nämlich gehört zu den Dingen, die ein Manager nicht gern tut: Sich in die Schlange der Wartenden einzureihen, bis die EDV in der Lage ist, seine Wünsche zu erfüllen. Wie die Sloan School of Management herausfand, wird deshalb auch der überwiegende Teil dieser Wünsche nicht einmal formuliert an die EDV herangetragen.

Was liegt unter diesen Umständen näher, als sich durch die Benutzung eines Personal Computers den Freiraum zu verschaffen, den ihm die EDV-Fachleute offenbar nicht geben können ?

In ihrem Buch "Auf der Suche nach Spitzenleistungen" weisen Peters und Waterman auf die persönlichen Führungsqualitäten von Spitzenmanagern hin.

Das "rationale Modell" des Managements mit seiner analytischen Rechtfertigung aller Entscheidungen habe die Wirt-

13) James Martin: Application Development without Programmers, New Jersey 1982.

14) Wirtschaftswoche Nr. 13, vom 22.3.1985.

schaft auf einen bedenklichen Irrweg geführt[15]. Ähnlich sagt dies der Personalchef eines deutschen Unternehmens, wenn er darauf hinweist, daß "Führen kein objektiver Tatbestand (sei), sondern eine individuelle Deutungsleistung"[16].

Je komplexer die Verantwortung eines Managers ist, umso mehr treten persönliche Führungseigenschaften - gegenüber Fach-, Branchen- und Spezialkenntnissen - in den Vordergrund. Diese - nicht einmal besonders originellen - Feststellungen zeigen zugleich, daß ein Manager, der sich durch den Gebrauch seines PC's einen größeren Freiraum und eine sichere Grundlage für Entscheidungen zu schaffen sucht, deshalb nicht sein eigener EDV-Spezialist werden sollte. Vielmehr kann und sollte die Arbeit mit einem Rechner den Raum für den Einsatz der persönlichen Führungseigenschaften vergrößern.

Den EDV-Spezialisten im Unternehmen wiederum böte sich damit die Chance, über einen engeren Kontakt zu den Spitzenmanagern bei diesen mehr Verständnis auch für <u>ihre</u> Arbeit zu finden. Beratung verlangt auch der persönliche Umgang mit einem Computer.

5. Welches sind nun die Bedingungen, unter denen Manager vermutlich zur eigenen Arbeit an einem Computer bereit sein dürften ?

Zunächst sollten sie die Scheu vor den Rechnern verlieren. Diese sollten managerfreundlich sein. Der Macintosh von Apple mit seiner Fenstertechnik und der einfachen Menueführung mit Hilfe der Maus ist dafür sicherlich ein gutes Beispiel. Ein Manager hat im allgemeinen nicht gelernt, an einer Schreibmaschinentastatur zu arbeiten. Zwingt ihn die Arbeit mit einem PC aber doch dazu, sollte sich diese Arbeit auf ein Minimum beschränken. Insofern spricht manches für

15) Thomas J. Peters und Robert H. Waterman jun.: Auf der Suche nach Spitzenleistungen, 10. Auflage, Landsberg 1984, S. 53.

16) So in: Wirtschaftswoche Nr. 16, vom 10.4.1985, S. 50.

die Generierung sowohl des Betriebssystems als auch der verschiedenen Anwendungsprogramme auf einen Festspeicher. Möglicherweise ist es eine weitere Erleichterung, die verfügbaren, generierten Programme zu einem Menue zusammenzustellen.

Ferner sollte das Anwenderhandbuch so klar im Aufbau, so bildhaft in der Beschreibung der einzelnen Tätigkeiten und in einer solch einfachen Sprache geschrieben sein, daß der Benutzer die ersten Kenntnisse im Selbststudium erlernen könnte.

Nur wenige Handbücher sowohl für den Rechnergebrauch als auch für die entsprechenden Software-Produkte erfüllen diese Ansprüche. Sie sind meist wenig übersichtlich, didaktisch dilettantisch und ohne Charme geschrieben. Sie ähneln einem Irrgarten, aus dem man nur mit Geduld, Geschick und viel Glück herausfindet.

Als nützlich erweisen sich in wachsendem Maße gut gemachte Demo-Disketten, verbunden mit einem Überblick der Leistungsfähigkeit einer Software und ihrer Struktur. So etwa gibt es ein interessantes Beispiel in Form von Previous Paks im Sinne der Bündelung von Demonstrationsdisketten verschiedener Software-Produkte gleicher oder komplementärer Anwendungsart, das dem Interessenten die Möglichkeit einer praktischen Auswahl bietet.

Für den Manager ist es jedenfalls wichtig zu erfahren, welches der zahlreichen Software-Angebote ihm bei seiner Entscheidungsfindung tatsächlich helfen kann. Er sollte zu der Auffassung kommen, daß PC-Programme mindestens so nützlich sein können wie andere Hilfen, deren er sich laufend bedient; - erst dann wird er davon überzeugt und bereit sein, den PC unmittelbar - und nicht nur über Mitarbeiter - einzusetzen. Man sollte die psychologische Komponente dieses persönlichen Entscheidungsprozesses nicht unterschätzen.Die Überzeugung von der Zweckmäßigkeit im persönlichen Umgang mit einem PC allein genügt nicht. Selbst die Demonstration der besten Entscheidungshilfe-, Planungs-,

Graphik- und Strategischen Management-Programme reicht nicht aus, sich ihrer selbst zu bedienen, solange ihr der Benutzung die komplizierte Rechner- und Programmtechnik im Wege steht. Vor allem aber will man seinen Mitarbeitern gegenüber nicht als "Schüler" erscheinen, der mühsam lernt, mit der Apparatur umzugehen und dabei nicht immer den intelligentesten Eindruck macht. Deshalb dürfte wohl auch eine Einführung auf hohem Niveau - möglichst durch Hochschullehrer - und in kleinem, homogenen Kreis die wirksamste Methode sein, einen Spitzenmanager mit dem PC vertraut zu machen.

Weil Manager Personen sind, die ein gesundes Verhältnis zu Kosten - Leistungsrelationen (d.h. zur Wirtschaftlichkeit) haben, dürfte man sie wohl bald für den Personal Computer gewonnen haben, wenn ihnen die objektiven Vorteile des Einsatzes höher erscheinen als die eigene Lern- und Statushemmschwelle. Erschwerend wirkt hier allerdings nicht selten die eigene Erfahrung mit der zentralen EDV. Den steigenden EDV-Kosten steht oft keine entsprechende Verringerung der Personal- und Verwaltungskosten gegenüber. Es entstand der Eindruck, als verstünde sich die EDV nicht so sehr als Dienstleistungsbetrieb für die eigentlichen Aufgaben des Unternehmens, sondern als autonomer Bereich mit eigener Zielsetzung und Qualität.

Solche Entwicklungen sind wohl auch dadurch bedingt, daß die Fachleute der EDV oft keine eigene betriebswirtschaftliche und allgemeine Managementerfahrung besitzen. Sie waren lange Zeit "nützliche Idioten", die zwar viel von ihrem Fach, aber nur wenig von den zu lösenden Sachfragen verstanden und meist noch weniger von dem gesellschaftlichen Umfeld, in dem sie sich bewegten. Ich erinnere in diesem Zusammenhang an die Einführung der Personalinformationssysteme, die häufig zu nicht geringen Irritationen bei den Betroffenen führten[17)]. Dabei bietet sich gerade hier ein interessantes Einsatzgebiet für den persönlichen PC.

17) Vgl. im einzelnen Gerhard Reber: Personalinformationssysteme, Stuttgart 1976.

Schon die Auswahl von Informationen über Führungskräfte macht nicht selten Schwierigkeiten; noch mehr aber deren Benutzung für eine Beurteilung.[18] Es liegt deshalb nahe, Informationen über Führungskräfte tunlichst nicht in zentralen EDV-Anlagen zu speichern und auszuwerten. Der mögliche Mißbrauch wäre zu groß. Man riefe überdies den Widerstand der Betroffenen hervor, würde man ihre Daten dem möglichen Zugriff Dritter aussetzen. Im allgemeinen liegt die Zuständigkeit für Führungskräfte in Unternehmen beim Vorstandsvorsitzenden, gelegentlich auch bei dem zuständigen Personalvorstand. Dieser beurteilt in Kenntnis der Leistung und der Persönlichkeit des Betroffenen. Bei Neueinstellungen greift er auf das Urteil von Personalberatern oder auf Empfehlungen Dritter zurück.

Ein Personalinformationssystem für Führungskräfte sowie die sonstigen Möglichkeiten einer Beurteilung kann deshalb nur in unmittelbarer Nähe des Vorstandes angesiedelt werden. Gerade hierfür sind Personal Computer optimal geeignet, zumal für ihren Einsatz inzwischen ausgezeichnete Programme - teilweise amerikanischen Ursprungs - vorliegen. Wesentlich erscheint, daß die besondere Art der Entscheidung des Managements - will man überhaupt auf die EDV zurückgreifen - die Einschaltung einer zentralen EDV in diesen Fällen verbietet.

6. Für den allgemeinen und künftigen Einsatz von PC's zur Führungsunterstützung des Managements mag ein Blick auf die heutige und auf die künftige Struktur der EDV-Organisation in mittleren und in großen Unternehmen helfen.[19] Danach werden in wachsendem Umfange bisherige Benutzer von Terminals auf den persönlichen Rechner umsteigen (das "intelligente Terminal"), mit dem sie Daten abrufen, zugleich aber auch weiter bearbeiten, und unabhängig vom Großrechner

18) Vgl. auch Oswald Neuberger: Die Ermittlung personaler Eigenschaften von Führungskräften in: Gerhard Reber, a, a, O, S. 125 H

19) Vgl. Anlage 2a und 2b

Arbeiten der Entscheidungsvorbereitung, der Unternehmensplanung - in allen Bereichen - und der eigenen Termin- und Verhaltensdisposition vornehmen können.[20] (Vgl. Übersicht der Management-Software, die für den persönlichen Gebrauch geeignet ist - Anlage 3a, 3b und 3c).

Wie zweckmäßig dies sein kann, machen eigene Erfahrungen des Verfassers deutlich: Als Verantwortlicher für die Planung eines Großkonzerns mußte er in früheren Jahren die individuellen Planzahlen der Konzern-Tochtergesellschaften vorgeben, koordinieren und konsolidieren. Dies geschah in umständlicher Weise in einer Serie von Planungsbesprechungen. Vor allem die Konsolidierung bereitete in den verschiedenen Planungsphasen erhebliche Schwierigkeiten. Mit einem entsprechenden Software-Paket wäre ihm die Vorbereitung und Erstellung der Konzernplanung - einschließlich alternativer Rechnungen - sehr viel einfacher geworden. Ähnliche Erfahrungen gelten für die Einzelpläne der Konzernbereiche - Finanzen, Produktion, Vertrieb und Personal- sowie für das Berichtswesen.

Ähnliches gilt für die Entscheidungsunterstützung. Hier gibt es inzwischen Möglichkeiten, Entscheidungen - an denen mehrere Personen beteiligt sind - vorzubereiten und zu rationalisieren.[21] Selbst Software-Programme für Persönlichkeitstests bei Einstellungen oder aus Anlaß von Beurteilungen - wie sie inzwischen angeboten werden - können die Arbeit des Managements spürbar erleichtern. Andererseits müßte der einzelne Manager nicht mehr alle Informationen

20) Wie nützlich solche Methoden sein können, zeigt der Beitrag von Ulrich Fezer über "Aufbau eines Computergestützten Controllingsystems" in: Höhere Programmiersprache für Mainframe und PC; proceedings eines Workshops, veranstaltet von der GMI und der Fa. Böwe, a.a.O., München 1984

21) So etwa die Produkte des englischen Software-Herstellers Work Sciences Associates "Priority Decision System", "Budget Priorities" und "Work Priorities", die demnächst auch in deutscher Fassung - bei ECON MANAGEMENT SERVICE - erhältlich sind.

zur Kenntnis nehmen, die ihm zugemutet werden. Er könnte die ihm relevant erscheinenden Fakten selbst auswählen. Auch dies würde er mit einem PC tun können.

Decision Support-Systeme können die Entscheidungen sicherer machen, ohne allerdings die Risiken aufzuheben. Wichtig wäre nur, diese - die Lebensqualität steigernde - Wirkung im persönlichen Umgang mit einem Rechner dem Manager hinreichend klar zu machen. Er sollte seine Reserviertheit gegenüber dem Computer verlieren, den Umgang mit ihm gleichsam spielend erlernen können und es mit einer Hardware zu tun haben, die ihn nicht zum Spezialisten macht. Wenn ihm dann noch die Qualität der angebotenen Programme und deren leichte Benutzbarkeit einleuchten, sollte eigentlich der Dammbruch möglich werden und es nicht mehr lange dauern, bis auch Spitzenmanager in größerem Umfange zu Benutzern von PC's werden.

Bei aller Wertschätzung der EDV und des persönlichen PC-Gebrauchs durch das Management sollte man sich allerdings auch der Gefahren bewußt sein, die aus einer allgemeinen Computereuphorie entstehen können. Computer und Computer-Programme müssen zielorientiert sein und beherrschbar bleiben. Sie dürfen keiner Eigengesetzlichkeit folgen können. Darauf und auf mögliche fatale Folgen hat vor seinem Tod kein geringerer als Norbert Wiener hingewiesen: "Es ist mehr als wahrscheinlich, daß die (EDV-)Apparatur eine Politik formulieren wird, die nominell einen Sieg nach Punkten garantiert, auf Kosten jedes anderen Interesses, das uns am Herzen liegt, einschließlich des Überlebens der Nation."

Wir sollten alles tun, um die Qualität unseres Lebens zu verbessern, aber zugleich auch alles unterlassen, was sie zerstören könnte.

7. Zusammenfassung

1 Unter den Gründen, die das Management bisher vom intensiveren Gebrauch des Mikro-Computers abgehalten haben, stehen vermutlich psychologische Gründe an erster Stelle:

Hemmungen - auch gegenüber ihrer Umwelt - sich eingehend mit dem PC auseinanderzusetzen;

das mit der Führungsposition verbundene Prestige: Man läßt rechnen, rechnet jedoch nicht selbst; man läßt sich Informationen geben, beschafft sie sich indessen nicht selbst;

die Einbeziehung eines technischen, an eine Schreibmaschine erinnernden Geräts in die eigene, geschäftliche Wohnkultur;

die mangelnde Einsicht in den für den Rechnergebrauch notwendigen Übungs- und Lernaufwand (Prioritäten der Aufgaben !);

die Reserviertheit gegenüber der EDV im allgemeinen, auch wenn man deren Nutzen für das Unternehmen nicht bezweifeln will;

das Alter der meisten Manager, das viele vom Erlernen und vom Umgang mit einem neuen Medium abhält.

2 Hemmend wirkt ferner mangelndes Wissen über Arbeitserleichterungen und Entscheidungshilfen, die der Rechner vermitteln könnte; einschließlich der Unkenntnis vorhandener EDV-Programme;

3 Hinderlich sind auch die Unfreundlichkeit der meisten auf dem Markt angebotenen Hard- und Software gegenüber ungeübten Anwendern;

4 Auch steht der Organisations- und Führungsstil in zahlreichen Unternehmen:

geringe Zahl von Gruppenentscheidungen
strenge Hierarchie von unten nach oben
strenge Trennung der Ressortzuständigkeiten sowie
fachliche Enge mit der Folge einer schlechten horizontalen Zusammenarbeit

dem verstärkten Gebrauch der PC's entgegen;

5 Erschwerend wirken weiterhin die Kommunikationsschwierigkeiten zwischen der EDV-Abteilung und den Fachabteilungen;

6 Hinderlich ist auch ein latentes Mißtrauen in die Effizienz (Kostenbewußtheit) der EDV;

7 Auch hat das Management Sorge vor der Aufnahme und Verarbeitung von noch mehr Informationen:

8 Die Akzellation der Rechner- und Software-Entwicklung und die damit notwendige ständige Anpassung an die aktuelle Technik steht dem Einsatz ebenfalls im Wege;

9 Es gibt immer noch Hemmungen, die Anschaffung eines Rechners in das persönliche Budget aufzunehmen;

10 Mens agitat molem ! Der gesunde Menschenverstand und der unternehmerische Instinkt werden höher eingeschätzt als die Unterstützung der Entscheidungen durch einen Mikro-Rechner !

Anlage 1a

Potentialermittlung des kommerziellen PC-Marktes

	Betriebsgröße nach Beschäftigten					Gesamt
	1-9	10-49	50-99	100-499	>=500	
Betriebsstätten in Tausend	1.610	282	40	35	8,5	1.975,5
Ø - PC/MC-Einsatz je Betrieb	1,0	1,5	3,5	20	100	1,9
theoretisches Marktpotential ohne PC/MC-Intensitäten in Tsd.	1.610	423	140	700	850	3.723
theoretisches Marktpotential incl. PC/MC-Intensitäten in Tsd.	1.949	521	173	864	1041	4.548
korrigierter Ø-PC/MC-Bedarf je Betrieb	1,2	1,8	4,3	24,7	122,5	2,3

1) Aus einer im Auftrage der ECON-MANAGEMENT-SERVICE GMBH (ESSEN) von der Fa. R.BERGER erstellten Studie

Anlage 2a

Heutige EDV-Struktur
Terminals
PC's
Terminals
PC's
Terminals
PC's
Single
PC
Meplatzsysteme
Netze
MDT
GR
Betriebsgrößen (Beschäftigte)
1–9
10–49
50–499
> = 500
= Markt für PC-Software

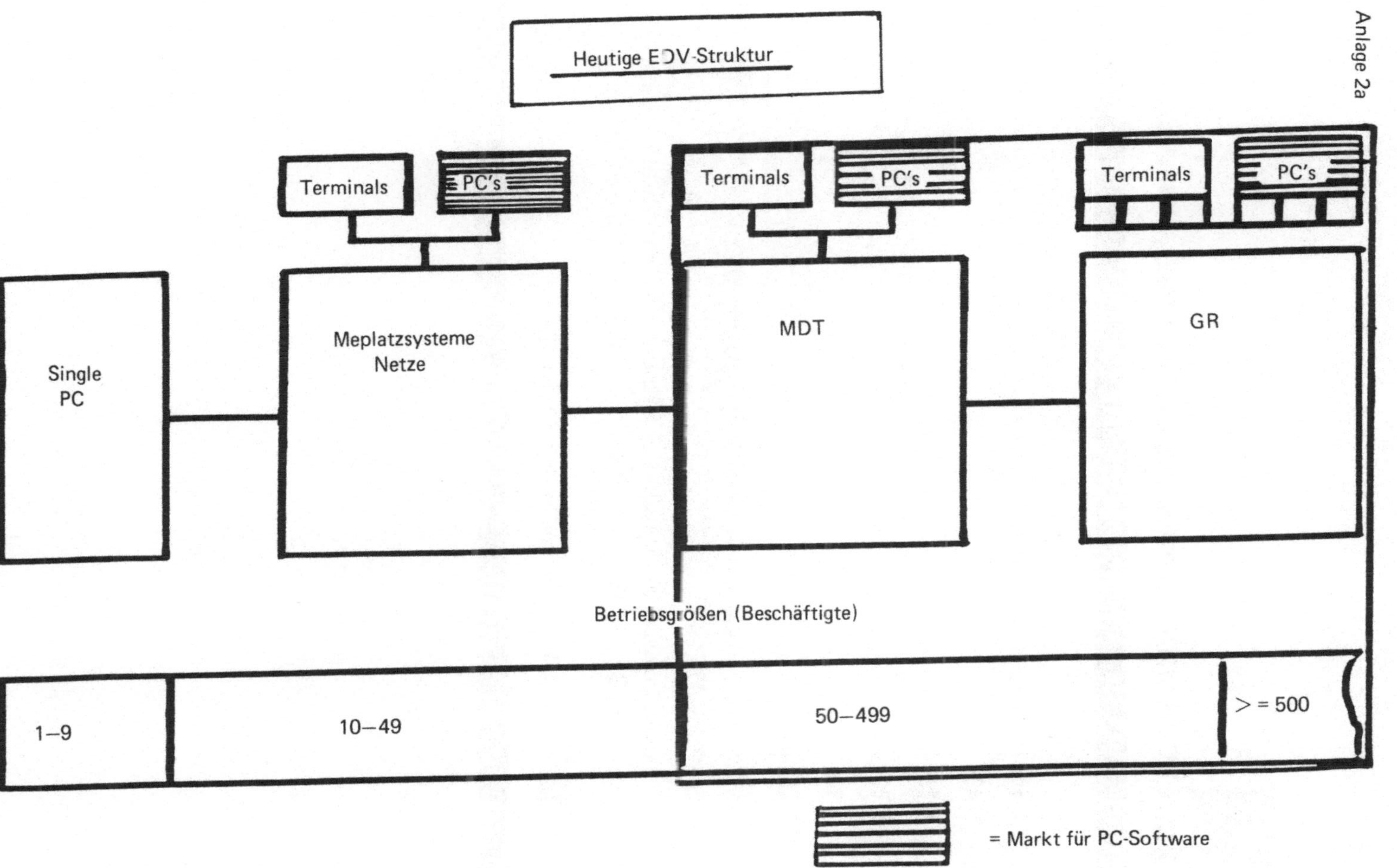

Anlage 1 b

ECON
Management
Service

ECON MANAGEMENT SERVICE
G01
Prognose der Absatzzahlen
G01
1.600
1.400
1.200
1.000
800
600
400
200
0
1983
1984
1985
1986
1987
1988
Absatz an Micro- Computern in der BRD

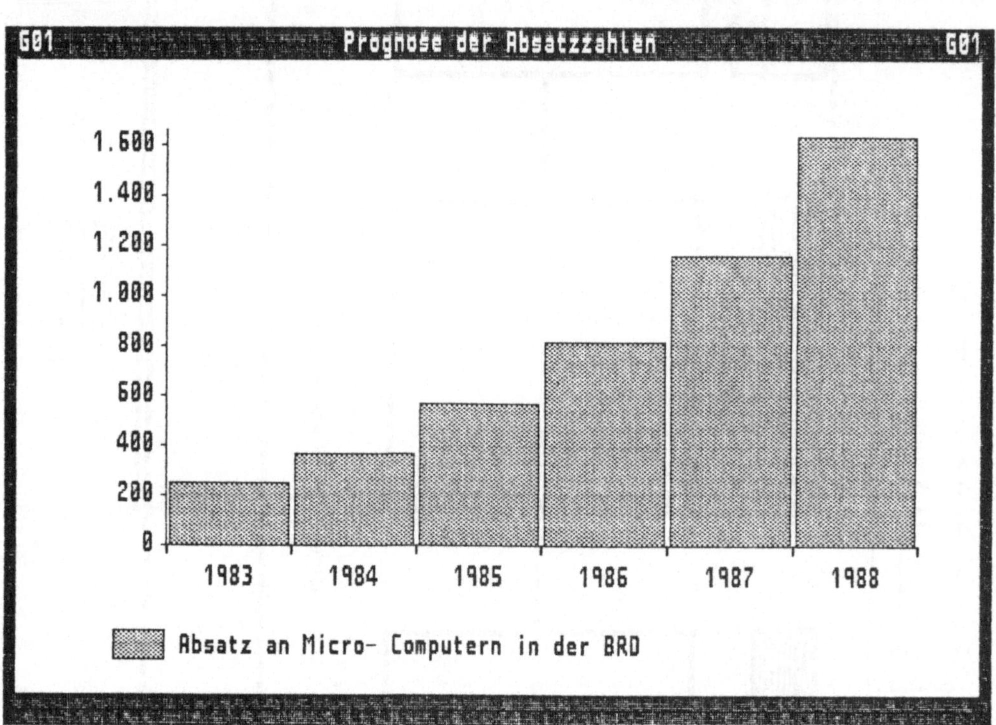

Anlage 2b

Zukünftige EDV-Struktur
PC
Terminal
PC's/Workstations
GR
PC
Mepla Netz
MDT
Basis: PC + Net
1–499
>= 500
zunehmende Dezentralisierung
Terminals nur noch für Ein-Funktions-Arb.Plätze
= Markt für PC-Software

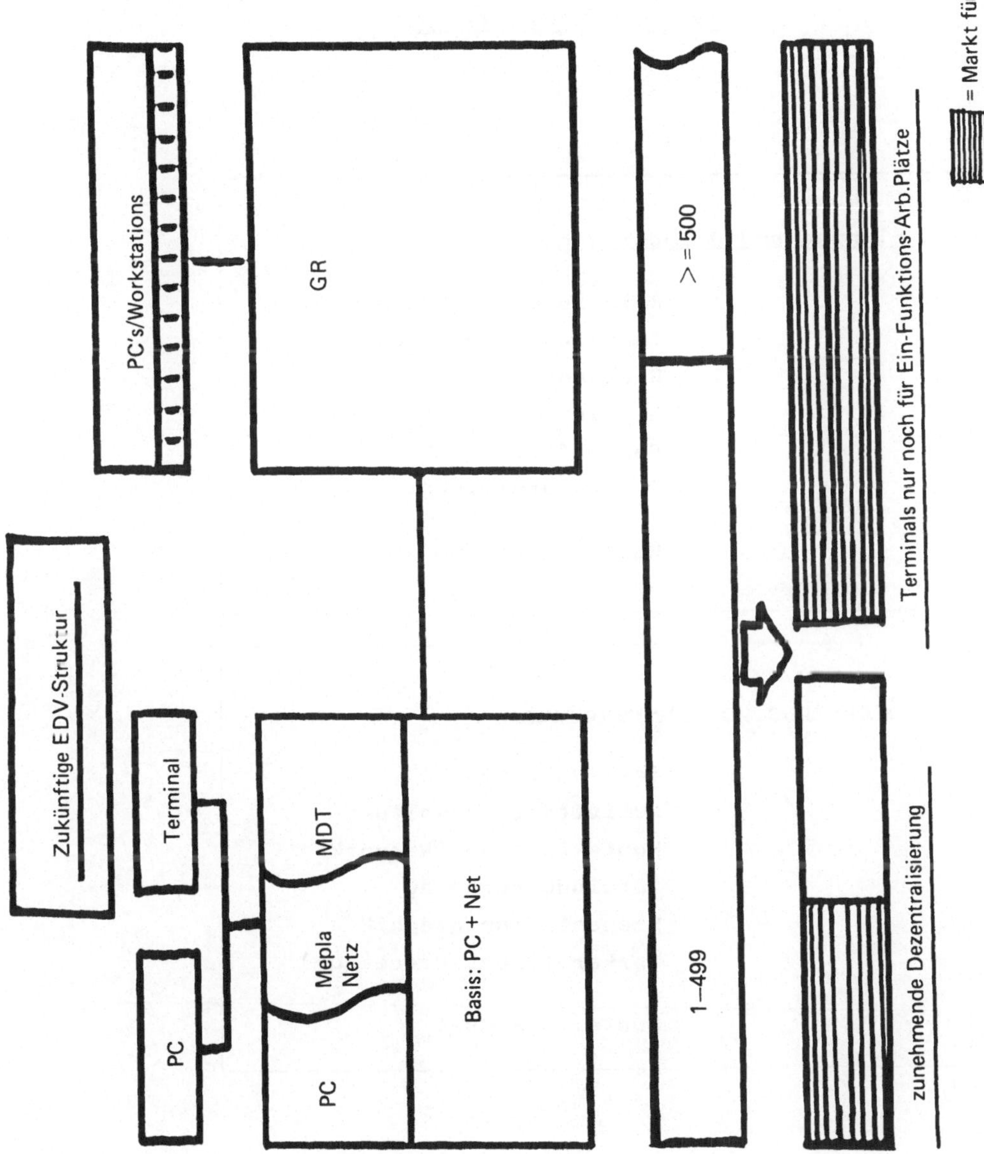

Anlage 3a

SOFTWARE ZUR PRODUKTIVITÄTSSTEIGERUNG

Planung und Disposition:

Relationale Datenbank
Tabellenkalkulation
Gleichungssysteme
Statistik und Prognosen
Geschäftsgraphik
Textverarbeitung

Muster - Module

Steuerung und Überwachung:

Text-Datenbank
Aktivitätenverwaltung
Kontaktlisten (Network)
Terminüberwachung
Präsentationsgraphik
Marker (Ideas Processor)

Muster - Module

Anlage 3b

SOFTWARE ZUR FÜHRUNGSUNTERSTÜTZUNG

Angewandte Psychologie (Psychomaterie):

Verkauf, Verhandlung, Mitarbeitergespräch, Projekt/Delegations-Leitung, Ehe-und Familienprobleme, Gesundheitsfragen u.s.w.

Verhaltenstraining (Konditionierung):

neue betriebliche/gesellschaftliche Rolle, Presse/Fernseh-Auftritt, Rede- und Argumentationstechnik, Lobbying, Kultursprung u.s.w.

Expertise (Regelwerke aus Spezialgebieten):

Versicherungen, Steuern, allgemeine Rechtsfragen, Personal- und Sozialwesen, Datenschutz, Kartellrecht u.s.w.

Bild-Dateien (graphischer Thesaurus):

Organigramme wichtiger Einrichtungen (z.B.: Ministerien, Ausschüsse), Ablaufregeln, Wirtschaftsindikatoren, Länderberichte u.s.w.

Anlage 3c

SOFTWARE ZUR
WEITERBILDUNG UND ORIENTIERUNG

Weiterbildung:

Fallspiele, Unternehmens- und Wirtschaftsspiele, Intelligenztraining, programmierte Unterweisungen u.s.w.

Anschluß an Informations-Netze:

eigene Datenbanken (Zentralrechner, Datenbank-Maschinen), öffentliche Datenbanken, öffentliche Enzyklopädien, Computer-Konferenz-Netze

Demo-Disketten:

Übersicht der bekanntesten Management-Software für PC's

Die zukünftige Rolle des PC

Ralph M. Deja

Gliederung

1 Welche Rolle spielt der PC heute?

Persönlicher Computer (PC) oder Micro-Computer (MC)

An der Wiege des PC stand die Vision der Apple-Gründer Jobs und Wozniak, Computerleistung den Menschen persönlich zum Arbeiten und Lernen verfügbar zu machen. Das war möglich durch die preiswerte Herstellung von Micro-Prozessoren. PC kennzeichnet also die Art der Nutzung, MC mehr die Technologie.

PC als Werkzeug oder Assistent

Der PC ist ein undefiniertes Werkzeug zum Denken, ein "Denkzeug". So wie ein Antriebsmotor durch verschiedene Vorschaltgeräte zum Bohrer, zum Schleifer oder zur Säge wird, so wird der PC erst durch die Anwender-Software zu einem definierbaren Gerät. 85 % aller PC werden kommerziell genutzt, und nur 10 % aller Anwender programmieren zumindest teilweise selbst.

Individuelle Anwendungen

Die "Klassiker"
Textverarbeitung, Rechenblatt, Datenbank

Die "Neulinge"
Graphik, Kommunikation (DFÜ) und die Integrierten wie Lotus 1-2-3, JAZZ, Open Access, EXCEL

Arbeitsgruppen

Moderne Führungskonzepte fördern die Teamleistung und die Arbeitsgruppe (5 bis 25 Personen). Daher müssen die Mitglieder der Gruppe von PC zu PC kommunizieren können, auch wenn sie Geräte verschiedener Marken und Systeme benutzen. Der Kommunikation in der Gruppe dient das "Lokale Netzwerk", der Kommunikation über weite Strecken das Modem und die Telefonleitung.

Klein-EDV

Obwohl es nicht der Ur-Vision vom PC entspricht, wurde und wird in vielen Bereichen der PC zur ganz gewöhnlichen Datenverarbeitung genutzt. Vor allem dort, wo eine EDV klassischer Prägung zu teuer wäre, z.B. im Handwerk, bei Freiberuflern. Daher gibt es für den PC auch ablauforientierte Software, wie Fibu, Lohn, Fakt.

Ausbildung

Nie zuvor haben deutsche Schulen und Hochschulen soviel in die Ausstattung mit PC investiert wie in 1985. Leider wird die Jugend immer noch zu sehr mit dem Erlernen von Unsinn wie Basic desorientiert, anstatt zu lernen, wie man Computer nutzen kann. Um so rationeller und angenehmer Englisch oder Mathematik zu lernen oder ein Studium zu bewältigen.

2 Zustand der PC-Industrie 1985

Atempause oder Rezession

Weltweit ist die PC-Industrie gekennzeichnet von einem Rückgang der Wachstumsraten. In Deutschland rechnet Diebold für 1985 mit ca. 10 % Zuwachs über 1984. Grund: Verunsicherung der Anwender führt zu Kaufstau. Die Investitionen für leistungsfähige Systeme liegen bei ca. DM 20.000.

Ausleseprozeß geht weiter

Mittelfristig können nur etwa 15 der z.Zt. über 200 Anbieter überleben. APPLE und IBM verkaufen mehr PC als alle anderen zusammen. Marktanteile in den Klassen II, III, IV

IBM 27 %
APPLE 23 %
Olivetti 10 %
Commodore 8 %
Hewlett-Packard 5 %
95 weitere Hersteller 27 %

Technologische Konsolidierung

CPUs schließen zum Standard des APPLE Macintosh oder des PC-AT von IBM auf. Hauptstoßrichtung der Entwicklung geht in die Peripherie und in die Software. Anwender warten auf die praktische Einlösung der vielen Versprechungen. Die PC-Industrie muß weg vom Ankündigungs-Marketing der Mainframe-Branche.

3 Technologie 1986-87

CPUs konsolidieren sich auf Basis der Micro-Prozessoren Motorola 68000/ 68020 (32 bit, z.B. Macintosh) oder Intel 80286 (16 bit, z.B. PC-AT). Diese Prozessoren finden auch Eingang in neue Peripherie-Produkte wie Netzwerk-Server oder Laserdrucker der höheren Leistungsstufen.

256 KB RAM Chips werden Standard

Profi-Geräte werden schon bald mit Arbeitsspeichern von 1 MB als Standardausstattung angeboten. Bei dieser Großenordnung stoßen selbst 16 bit Prozessoren an ihre technischen Grenzen.

Netzwerk-Server

Das sind Produkte, die innerhalb des lokalen Netzes allen Teilnehmern zur Verfügung stehen. Von diesen geht wohl die dramatischste Veränderung für die zukünftige Rolle des PC aus. Netze: Corvus, 3Com, Sytek PC Net, Starlan, AppleTalkServer: 3Com 3Server, Britton-Lee Ethernet-Anschluß, Banyan Systems, Apple LaserWriter, Apple FileServer.

3,5 Zoll Floppy wird Standard.

Die sogenannte Micro-Diskette verdrängt beim PC die bisher übliche 5,25 Zoll Diskette. Grund: Handlicheres Format, paßt in die Hemdtasche. Besser geschützt durch Spritzguß-Umhüllung und Metallbügel. Höhere Laufpräzision durch Metallführung. Größere Datenkapazität, 400 KB einseitig, 800 KB doppelseitig.

Festplatten und CD-Platten

Schon in 1986 werden 20 MB Festplatten
zum Preis der heutigen 10 MB Platten angeboten werden. Die 40 MB Platte

wird schon bald zum Büro-Standard. Eine besondere Rolle werden die Compact-Disk (CD) Platten spielen, speziell in der Ausbildung und im Katalog- und Versandwesen. Eine CD-Platte speichert ca. 550 MB.

Bessere Drucker

Matrix-Drucker werden noch in 1985 Briefqualität erreichen (Epson, Apple). Farbige Druckausgabe über Tintenstrahldrucker wird an Bedeutung gewinnen (HP InkJet). Laserdrucker auf Basis der Canon-Maschine werden eine neue Stufe der Ausgabequalität markieren. (HP LaserJet, Apple LaserWriter). Damit wird in normalen Büros Satz und Graphik wie "gedruckt" erstellt.

Modems und Datenbanken

Durch die restriktive Politik der Post ist die Kommunikation per PC bei uns in Deutschland unterentwickelt. Entsprechend rar und teuer sind auch allgemein zugängliche Datenbanken. Doch es gibt Hoffnung. Die Freigabe des schnurlosen Telefons war ein Signal. Dann wird jedes Telefon in Verbindung mit einem Modem und einem PC zum Kommunikations-Terminal.

Hochauflösende Monitore

Mit dem Macintosh von Apple wurde für die nächsten Jahre der Standard für Benutzerkomfort und graphische Präsentation gesetzt. In dem Maße, wie immer mehr Hersteller diesem Standard folgen, wird der Bedarf für hochauflösende Monitore ansteigen. Der nächste Entwicklungsschritt wird zu Farbmonitoren in Bit-Map Technik führen.

4 Software-Entwicklung

Betriebssysteme

System-Software wird in Zukunft bei allen PC im Preis enthalten sein. Dabei orientieren sich fast alle bei der Gestaltung der Oberfläche am neuen Standart des Apple Macintosh, z.B. Topview von IBM (allerdings ohne Graphik), GEM von DRI (besser als Topview, aber in den Grenzen von MS-DOS) und UNIX.

Programmiersprachen

Zur Programmierung durch den Anwender selbst wird Basic durch Pascal oder Pascal-ähnliche Sprachen abgelöst. Hauptauslöser ist Borland in USA mit einem Turbo-Pascal für usdlr. 50. Dabei bereitet Borland mit Modula-2 schon den nächsten Schritt vor.

Anwender-Software

Natürlich kommt auch noch die 142. verbesserte Textverarbeitung oder Datenbank. Weit interessanter sind ganz neue Anwendungskonzepte. PC als Zettelkasten (Thinktank, MaxThink)
PC als Stratege (Human Edge Serie)
PC als Statistiker (StatPro)
PC als Entscheider (Expert Choice)
PC als Projektleiter (MacProject)

5 Die zukünftige Rolle des PC

Universelles Arbeitsmittel im Büro

Für alle, die bei ihrer beruflichen Tätigkeit denken, planen, kommunizieren, präsentieren, berichten und entscheiden müssen, wird der PC so wichtig und alltäglich wie das Telefon. Neben der technischen Leistung wird vom PC der Zukunft leichte Erlernung und graphische Benutzerführung erwartet.

Unentbehrliches Werkzeug in der Ausbildung (Lernzeug), auch an den Hochschulen.

Die Möglichkeiten des PC zur Vermittlung von Wissen und als Übungsmedium sind erst in Ansätzen realisiert. Schon in 3 Jahren kann der Bildungsmarkt für den PC so groß sein wie der kommerzielle Markt. Dazu reichen jedoch die Spenden der Industrie nicht aus. Die Bildungspolitiker müssen investieren.

Leistungsfähige Klein-EDV

Der PC als Datenverarbeitung des kleinen Mannes wird sich weiter entwickeln. Es wird jedoch noch 2 Jahre dauern, bis sich diese ablauforientierten Programme dem neuen Benutzerkomfort angepaßt haben. Erst nächsten Monat wird es das erste Paket dieser Art in Deutschland für den Macintosh geben, also 18 Monate nach der Einführung.

Netzwerke für moderne Führung

Moderne Netzwerke (einfach zu installieren, kostengünstig) ermöglichen die gemeinsame Nutzung leistungsfähiger Peripherie und die elektronische Kommunikation (E-Mail) untereinander und nach au ßen. Stichworte: Verteilte Intelligenz, Arbeitsgruppe, kooperative Führung. Werden Mainframes zur Peripherie? "PC-Arbeitsplätze mit Zugang zu weiteren Ressourcen wie Server auf der Basis schneller, integrierbarer Bus-Netze sind der Weg der Zukunft." William F. Zachmann, VP IDC 15.5.85. Das stellt nicht nur die bisherigen Mehrplatzcomputer in Frage. Dieses Konzept macht den Mainframe in Teilbereichen zur Peripherie des PC, z.B. als Datenserver.

Datenbanken auf Personal-Computern (PCs)

Reinhard Gillner

Gliederung

1 Datenbanken auf Großrechnern und PSc – ein Vergleich –

2 Leistungsmerkmale und Einsatzformen von Datenbank-Management-Systemen (DBMS) für PCs

2.1 Entwicklungsvoraussetzungen

2.2 Grundkonzepte

2.3 Systemtypen

3 Implementierungskonzepte von DBMS auf PCs

3.1 Dezentralisierte Datenbanken – Eine Möglichkeit zum Abbau des Anwendungsstaus?

3.2 Ausblick auf moderne Einsatzformen

1 Datenbanken auf Großrechnern und PC`s - Ein Vergleich

Datenbanken auf Arbeitsplatzrechnern (PC`s)! - Eine noch vor wenigen Jahren kaum vorstellbare Möglichkeit!

Datenbanken waren in der Vergangenheit stets mit dem Einsatz eines umfangreichen Hardware-Systems, der Nutzung komplexer Betriebssysteme und der Implementierung mächtiger Transaktionssteuerungssysteme verbunden. Ihre betriebliche Anwendung setzte darüber hinaus die Existenz eines qualifizierten Teams von Anwendungsprogrammierern, System-/Kommunikationsprogrammierern und eines Datenbankadministratoren voraus. Diese Anforderungen konnten i.d.R. nur von großen DV-Anwendern erfüllt werden.

Seit Beginn der 80er Jahre sind Datenbanken jedoch auch auf PC`s implementiert. In diesem Beitrag soll versucht werden, die wesentlichen Unterschiede, die Leistungsmerkmale und Einsatzformen von Datenbank-Management-Systemen (DBMS) auf PC's und mögliche Implementierungskonzepte zu erörtern.

Sollen Datenbanken auf Großrechnern und Datenbanken auf PC`s verglichen werden, so können hierzu verschiedene Kriterien herangezogen werden.

In diesem Beitrag sollen als Kriterien Datenmodelle, Sprachen, Datensicherung und Datenschutz, die Benutzer, die Einsatzziele und der Leistungsumfang als wesentliche Unterscheidungsmerkmale herangezogen werden.

Untersucht man die Entwicklung und den Einsatz von DBMS auf Großrechnern unter dem Aspekt der jeweils unterlegten Datenmodelle, so kann sowohl in der Praxis, als auch in der Theorie fast von einem Glaubenskrieg zwischen den Anhängern verschiedener Datenmodelle gesprochen werden. Ausgehend von DBMS, die auf hierarchischen Datenmodellen basierten, wurden in der Vergangenheit Systeme entwickelt, die netzwerkorientierte Datenmodelle unterstellten. Auf der Basis dieser in der Praxis geschaffenen Prämissen wurde zu Beginn der 70er Jahre eine Vereinheitlichung und Standardisierung von DBMS versucht. Federführend war hier die Data-Base-Task-Group des CODASYL. Ergebnis war das Data-Base-Task-Group-Modell, das die Grundlage der Entwicklung verschiedener DBMS in der Praxis bildete. Über den Ansatz des Entity-Relation-Modell kam es dann zur Entwicklung des Relationenmodells, das heute als vorherrschendes Modell moderner Systeme unterlegt wird.

Bei der Entwicklung von DBMS für PC`s fand dieser Glaubenskrieg nicht statt. Vielmehr wurden hier von Beginn an pragmatische Lösungen entwickelt, die weitgehend auf dem Relationenmodell basierten. Darüber hinaus sind auch einige DBMS für PC`s bekannt geworden, die von einem Netzwerk-Datenmodell ausgehen.

Auch hinsichtlich der Sprachen sind graduelle Unterschiede zwischen DBMS für Großrechner und DBMS für PC`s festzustellen. Die Entwicklung von DBMS für Großrechner ist durch verschiedene Sprachformen gekennzeichnet. Ausgehend von DBMS, die mit erweiterten Programmiersprachen arbeiteten (Host-Language-Systems), wurden DBMS entwickelt, die mit eigenen Sprachen arbeiteten (Own-Language-Systems). Diese Systeme verfügten in der Regel über eine eigenständige Datenbeschreibungssprache, eine speziell auf das DBMS abgestimmte Datenmanipulationssprache und eine Abfragesprache für die Benutzer in den Fachabteilungen. Außerdem weisen diese Systeme in der Regel Schnittstellen zu den höheren Programmiersprachen auf.

Bei der Entwicklung von DBMS für PC`s ist eine ähnliche Entwicklung wie bei den DBMS für Großrechner zu erkennen. So sind auf dem Markt ebenfalls DBMS verfügbar, die mit einer Erweiterung einer Programmiersprache (meistens Basic) die Kommunikation zwischen Datenbank und Anwendungsprogrammen ermöglichen. Dieser Systemtyp wird von DBMS abgelöst, der - analog zu den DBMS auf Großrechnern - ebenfalls über eine Datenbanksprache verfügt, mit denen die Datenbeschreibungsfunktion, die Datenmanipulationsfunktion und die Abfragefunktion wahrgenommen werden kann. Schließlich sind heute DBMS für PC`s verfügbar, die im wesentlichen mit einer umfassenden Spezialsprache arbeiten, die sowohl zur Datenbankeinrichtung als auch zur Datenbanknutzung Verwendung findet.

Weist die Entwicklung von DBMS unter dem Sprachaspekt zumindest noch gewisse Ähnlichkeiten auf, so ergeben sich unter dem Gesichtspunkt Datensicherung und Datenschutz wesentliche Unterschiede. DBMS für Großrechner sind in der Regel durch umfangreiche Hardware- und Software-Einrichtungen gekennzeichnet, mit denen die Datensicherung und der Datenschutz realisiert werden kann. DBMS für PC`s hingegen haben häufig nur eine geringe Unterstützung durch Hardware- und Software-Maßnahmen zur Datensicherung und zum Datenschutz. Dies wird dadurch verständlich, daß DBMS für PC`s weitgehend als

Einzelplatzsysteme konzipiert wurden, wobei für die Implementierung davon ausgegangen wurde, daß der Benutzer selbst durch geeignete programmtechnische und organisatorische Maßnahmen für eine ausreichende Datensicherung und den erforderlichen Datenschutz sorgt. Mit der Entwicklung von DBMS für PC`s, die auch als Mehrplatzsystem genutzt werden können, reichen die vom Hersteller zur Verfügung gestellten Sicherungsmaßnahmen jedoch in der Regel nicht aus, um befriedigende Lösungen für kommerzielle Anwendungen zu realisieren. Hier liegt sicherlich ein großer Nachholbedarf, der in der Zukunft von den Herstellern für DBMS für PC`s befriedigt werden muß.

Untersucht man das Vergleichskriterium Benutzer der Datenbank, so muß bei DBMS für Großsysteme davon ausgegangen werden, daß die Einsatzumgebung durch eine große Anzahl von Programmierern, Systemprogrammierern und zumindest von einem Administrator gekennzeichnet ist. Darüber hinaus werden mit der zu implementierenden Datenbank noch eine Vielzahl von Endbenutzern direkt mit der Datenbank kommunizieren. Bei DBMS für PC`s wird häufig nur ein Endbenutzer angenommen oder bei Mehrplatzsystemen - mehrere Endbenutzer -, die jedoch nicht gleichzeitig mit der Datenbank arbeiten. Die Anzahl der potentiellen Anwender für DBMS von Großrechnern und DBMS von PC`s unterscheidet sich ebenfalls wesentlich und muß zumindest mit einem Unterschiedsfaktor von 10^3 bis 10^4 angesetzt werden.

Auch hinsichtlich der mit dem DBMS-Einsatz verbundenen Ziele können wesentliche Unterschiede zwischen den DBMS auf PC`s und Großrechnern erkannt werden. DBMS auf Großrechnern sind mit den Einsatzzielen der Erhöhung der Transparenz, der Vergrößerung bzw. Schaffung der Datenintegration und der Datenintegrität und der Verminderung des Pflegaufwands bei Daten und Programmen verbunden.

DBMS für PC`s sind primär auf den Endbenutzer ausgelegt. Sie sollten die Funktion der Datenverwaltung und der Datenbereitstellung am Arbeitsplatz gewährleisten. Das damit gleichzeitig eine Datenintegration und Datenintegrität - bezogen auf die gespeicherten Daten eines Arbeitsplatzes - erreicht werden kann und dies auch gegebenenfalls zu einer Reduzierung des Pflegeaufwands und zu einer Erhöhung der Transparenz führt, soll nicht grundsätzlich in Abrede gestellt werden. Jedoch sind dies nicht die primären Einsatzziele von DBMS auf PC`s.

Da sich die Preise für DBMS auf Großrechnern und PC`s ebenfalls wesentlich unterscheiden, so kann mit Recht erwartet werden, daß auch der Leistungsumfang unterschiedlich ist. DBMS für Großrechner sind als Mehrbenutzersysteme ausgelegt, die in Kombination mit einem entsprechenden Transaktions-Management-System die Datenverwaltung und Datenbereitstellung für Anwendungsprogramme und für Endbenutzer übernehmen. Zusätzlich verfügen sie über einige nützliche "Utilities", wie z.B. Report- und Maskengeneratoren zur Vereinfachung der Datenausgabe und ggf. auch über integrierte Data-Dictionary-Systeme, die die Datenverwaltung erleichtern.

Die DBMS für PC`s verfügen in den meisten Fällen nicht über derartige Komponenten. Vielmehr realisieren sie nur die Datenverwaltung und Datenbereitstellung in Verbindung mit einem bereits transaktionsorientierten Betriebssystem für den Endbenutzer. Einige der auf dem Markt vorhandenen DBMS für PC`s weisen außerdem mangelnde Schnittstellen zu höheren Programmiersprachen auf. Sie sind aber sehr häufig in integrierten Software-Paketen realisiert, die neben der Datenverwaltung und Datenbereitstellung auch gewisse Datenauswertungen (Tabellenkalkulation), Darstellungen (insbesondere graphische Darstellungen) und eine Verbindung zu einem integrierten Textverarbeitungssystem wahrnehmen. Bei den Großsystemen in der Regel enthaltenen "Utilities" können teilweise als Zusatzprodukte zu den PC`s erworben werden.

Eine tabellarische Übersicht der Unterschiede gibt Abb. 1 wieder.

Anlagen / Kriterien	Großrechner	PC`s
Datenmodelle	Glaubenskrieg: - Hierarchisches Datenmodell - Netzwerk-Datenmodell - Entity-Relation-Modell - DBTG-Modell - Relationen-Modell	Pragmatische Lösungen auf tabellarischer Grundlage (einzelne Netzwerk-Datenmodelle)
Sprachen	- DDL - DMS - QL - Schnittstellen zu höheren Programmiersprachen	2 Konzepte: - Analog zu GR - Spezialsprachen
Datensicherung Datenschutz	umfangreiche Hardware- und Softwareeinrichtungen	nur geringe Unterstützung durch Hard- und Software (Einzelplatzsysteme)
Benutzer	- Systemprogrammierer - DB- Administrator - Programmierer - Endbenutzer - Anwender = X.000	- Endbenutzer - Anwender = X00.000
Einsatzziele	- Datenintegration - Reduzierung des Pflegaufwands (Redundanz) - Datenintegrität - Transparenz	- Datenverwaltung für den Endbenutzer. - Datenverwaltung und Bereitstellung am AP
Leistungsumfang	- DBMS - Reportgenerator - Utilities - Daten-Dictionary-Systeme - Mehrbenutzersystem - Transaktonsmanagement	- DBMS Schnittstellenprobleme - Integrierte Softwarepakete - Teilweise Zusatzprodukte
Preis	X0.000 DM	X 00 DM

Abb. 1 Datenbanken auf Großrechnern und PC`s - Ein Vergleich -

2 Leistungsmerkmale von Datenbank-Management-Systemen (DBMS) auf PC`s.

2.1 Entwicklungsvoraussetzungen

Die Leistungssteigerung und der Preisverfall bei den Prozessoren und bei der Peripherie - insbesondere die Vermarktung der Winchester-Technologie und die Verfügbarkeit von preisgünstigen Disketten-Laufwerken - machen einen umfassenden Einsatz von PC`s auch für solche Anwender möglich, die die Aufwendungen für Großrechner nicht vertreten können. Dies ist eine Prämisse, die als eine wesentliche Entwicklungsvoraussetzung für Datenbanken auf PC`s angesprochen werden kann.

Die Existenz von Quasi-Standards für PC`s stellt eine weitere wesentliche Bedingung dar, die die Verbreitung und den Einsatz von PC`s begünstigt. Diese Standardisierung erfolgt einerseits durch Produkte. Hier sind vor allem Hardware-Produkte zu nennen, da die PC`s in der Regel auf gleichartigen Prozessoren, die nur von wenigen Herstellern auf den Markt gebracht werden, aufbauen. Eine weitere Standardisierungs-Komponente stellen die Betriebssysteme dar. So ist die Betriebssystem-Vielfalt für PC`s ebenfalls sehr stark eingeschränkt, wodurch die Entwicklung kompatibler DBMS wesentlich erleichtert wird. Schließlich ist als dritte Komponente der "Produkt-Standardisierung" das Angebot von integrierten Software-Paketen zu nennen. Diese integrierten Software-Pakete machten es möglich, die Entwicklungskosten für DBMS auf eine große Anzahl von Produkten umzulegen und so faktisch eine Standardisierung beim Einsatz der DBMS zu erreichen.

Als ein weiterer "Vorteil" kann die Nichtexistenz von Normungsgremien für DBMS auf PC`s genannt werden. Forderten die Normungsgremien für DBMS von Großrechnern Hersteller zu einem Widerspruch und zu unterschiedlichen Entwicklungen auf, so sind die Entwickler von DBMS für PC`s aufgrund der faktischen Normung durch Produkte gezwungen, sich diesen Anforderungen anzupassen, wenn sie mit ihrem DBMS einen Zugang zu einem großen Markt von DV-Anwendern haben wollen.

Schließlich muß auch noch die Entwicklung von leistungsfähigen Platten-Controllern als eine wesentliche Entwicklungserleichterung genannt werden. Darüber hinaus ist es möglich, durch die große Anzahl potentieller Anwender von Datenbanken auf PC`s die Preisgrenze für DV-Einsteiger wesentlich zu senken, wodurch wiederum der Verbreitungsgrad von DBMS auf PC`s erweitert wird.

2.2 Grundkonzepte von DBMS und Einsatzformen

DBMS auf PC`s werden heute in drei wesentlichen Einsatzformen genutzt. Die erste Einsatzform ist die Datenbank auf PC`s als Ersatz des Karteikastens. Dabei kann die Datenbank auf dem PC als ein "elektronischer Karteikasten" interpretiert werden. Im Vergleich zu einem traditionellen Karteikasten ergeben sich jedoch hierbei erweiterte Nutzungsformen, höhere Zugriffsgeschwindigkeiten und eine flexiblere Nutzung des gespeicherten Datenbestandes. So ist beispielsweise daran zu denken, diesen Datenbestand am Arbeitsplatz durch Standard-Programme auswerten zu lassen. Ebenfalls werden heute im verstärkten Maße am Arbeitsplatz integrierte Software-Pakete, wie z.B. Tabellenkalkulation, Business-Graphik und Textverarbeitung genutzt, die ebenfalls auf diesen Datenbestand zugreifen, bzw. die Ergebnisse ihrer Anwendung in der Datenbank abspeichern.

Eine weitere Nutzungsform eines DBMS auf PC`s ist der Einsatz dieses Software-Pakets als ein erweitertes Dateiverwaltungs-System. Durch die Bereitstellung von Mehrfach-Indices ist es möglich, den Datenbestand nach verschiedenen Gesichtspunkten auszuwerten. Außerdem bieten die DBMS auf PC`s verschiedene Dialog- und Helpfunktionen an, die es dem Endbenutzer gestatten, den am Arbeitsplatz verfügbaren Datenbestand für verschiedene Entscheidungssituationen zu nutzen. Es muß jedoch darauf hingewiesen werden, daß beim Einsatz mehrere Datenverwaltungssysteme auf PC`s das Ziel der Datenintegration nur mit großen Schwierigkeiten erreicht werden kann, da die Datenbestände in der Regel nicht miteinander verbunden sind.

Schließlich können DBMS auf PC`s auch als echte Datenbanken genutzt werden. Hierbei wird besonders die Datenverwaltung und die Datenbereitstellung für Anwendungsprogramme unterstützt. Dies setzt jedoch voraus, daß das DBMS eine Schnittstelle zu der normalerweise verwendeten höheren Programmiersprache enthält. Diese Einsatzform hat sich bei DV-Anwendungen von Klein- und Mittelbetrieben in der jüngsten Zeit wesentlich verstärkt. Die Ursache hierfür ist darin zu sehen, daß Software-Häuser, die sich auf den Markt für Klein- und Mittelbetriebe spezialisiert haben, mehr und mehr dazu übergehen, Standard-Anwendungsprogramme zu entwickeln und zu vertreiben, die auf einer Datenbank basieren. Hierdurch wird einerseits für die Programmpflege (durch das Software-Haus) eine wesentliche Erleichterung erzielt. Andererseits hat auch der Anwender dieser Standardprogramme die Vorteile des Einsatzes von Datenbanken bei der Datenverwaltung und Datenbereitstellung. Schließlich wird bei dieser Einsatzform von Datenbanken auf PC`s die einfache Benutzeroberfläche für den Endbenutzer als wesentliches Leistungsmerkmal hervorgehoben, mit dem Ad-hoc-Anfragen an die Datenbank ermöglicht werden.

Weiterhin spielen bei dieser Nutzungsform eines DBMS auf PC`s auch integrierte Software-Pakete eine bedeutende Rolle, da mit ihrer Hilfe Datenbankauswertungen wesentlich erleichtert werden. Als Schwachpunkte müssen bei diesen Anwendungen in der Regel die unzureichende Unterstützung bei der Datensicherung und beim Datenschutz, eine häufig unzureichende Einführungsunterstützung und eine in der Regel nicht ausreichende Dokumentation des DBMS genannt werden. Häufig ist diese Nutzungsform auch noch dadurch eingeschränkt, daß weitere Schnittstellen zu höheren Programmiersprachen nicht vorhanden sind.

2.3 Systemtypen

Bei den heute auf dem Markt verfügbaren DBMS für PC`s sind drei Systemtypen zu unterscheiden. Sie sind in Abb. 2, 3 und 4 wiedergegeben.

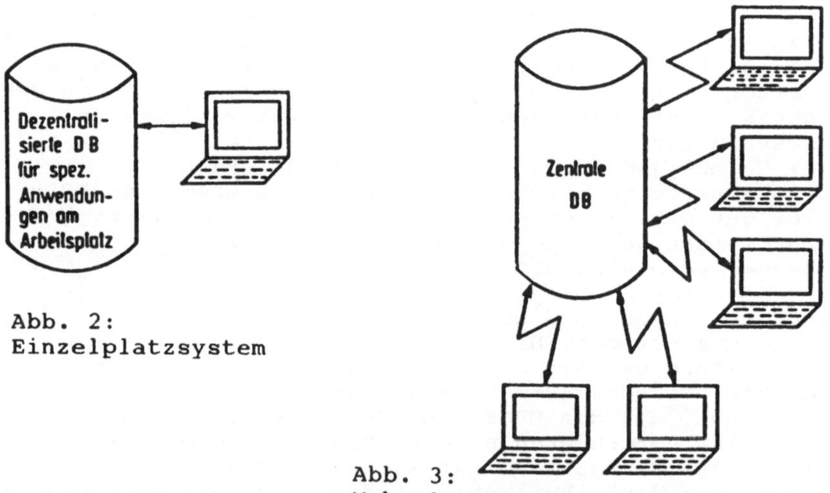

Abb. 2:
Einzelplatzsystem

Abb. 3:
Mehrplatzsystem (traditionell)

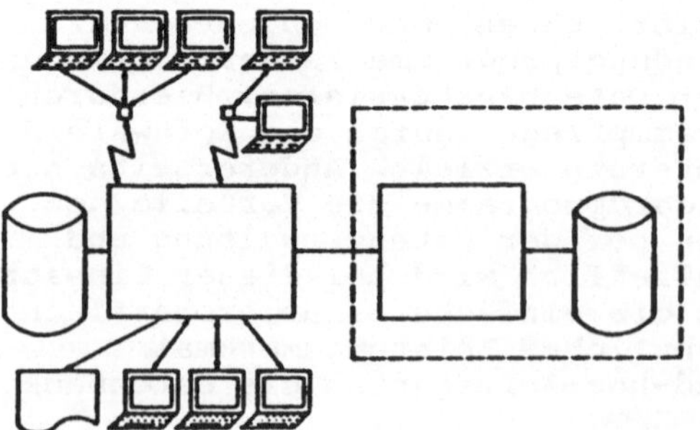

Abb. 4:
(Datenbankmaschine)

Die ursprüngliche Form des Einsatzes von DBMS auf PC`s ist das Einzelplatz-System. Dieser Systemtyp ist für Anwendungen mit dezentralen Datenbankanwendungen konzipiert. Das bedeutet, daß die Datenhaltung am Arbeitsplatz vollzogen werden kann und die in der Datenbank gespeicherten Daten für den Benutzer am Arbeitsplatz zur Verfügung stehen.

Eine Weiterentwicklung der DBMS auf PC`s ist das Mehrplatz-System. Bei der Nutzung der DBMS auf PC`s als Mehrplatz-System sind zwei unterschiedliche Systemtypen denkbar. Der erste ist das traditionelle Mehrplatzsystem. Das bedeutet, die Datenbank wird zentral für mehrere Benutzer eingerichtet und verwaltet. Auf diese Datenbank kann dann von mehreren PC`s, d.h. also von mehreren Arbeitsplätzen und damit von verschiedenen Benutzern zugegriffen werden. Diese Einsatzform ist weitgehend mit der Nutzung von DBMS auf Großrechnern identisch. Der wesentliche Unterschied besteht darin, daß die Anzahl der Nutzer im Vergleich zu DBMS auf Großrechnern in der Regel auf 2 - 8 Benutzer eingeschränkt ist.

Ein zweiter Systemtyp des Mehrplatz-Systems ist eine Datenbankmaschine. Datenbankmaschinen auf PC`s befinden sich heute jedoch erst in der Entwicklung. Bei diesem Systemtyp und dieser Einsatzumgebung übergibt ein zentraler Universalrechner die Benutzeraufträge für die Datenbank an einen gesonderten Rechner - die Datenbankmaschine. Dieser Rechner steuert die Operationsabläufe in der Spezial-Hardware, die durchaus in Form eines PC`s realisiert sein kann. Auf dem zentralen Universalrechner laufen - wie bereits in der Vergangenheit - alle DV Anwendungen. Die Datenbank ist jedoch aus dem Universalrechner ausgelagert und befindet sich ausschließlich auf der Datenbankmaschine. Dadurch kommt eine Entlasung des Hauptrechners zustande. Diese wird um so größer sein, je mehr der Hauptrechner bisher mit Datenbankaktivitäten belastet war. Wenn die Datenbankaktivität einen relativ großen Teil an der Gesamtlast ausgemacht hat, so wird die Datenbankmaschine, die als

Spezialrechner innerhalb des Rechnernetzes zu sehen ist, hier eine große Zukunft haben. Sie resultiert einerseits daraus, daß die Datenbankzugriffe jetzt wesentlich schneller und häufig auch inhaltsorientiert, d.h. mit Hilfe von Assoziativspeichertechniken, ausgeführt werden können. Wünschenswert wäre es, wenn diese Spezialrechner auch die Möglichkeit hätten, einfache Datenbankzugriffe, z.B. über einen Schlüssel nichtassoziativ sondern nach den traditionellen linearen Methoden des Universalrechners durchzuführen.

Ein weiterer Vorteil eines derartigen Anwendungssystems dürfte die höhere System- und Datensicherheit sein. Diese Sicherheit resultiert schon daraus, daß die Datenbankmaschine nicht durch die Anwendungsprogramme belastet wird und umfangreiche Sekundärdatenbestände (Indices, Tabellen, Pointer u.ä.) entfallen können. Außerdem wird auch der Hauptrechner von den Datenbankzugriffen und der Verwaltung umfangreicher Hilfsdatenbestände entlastet. Dieser Vorteil kann jedoch dadurch eingeschränkt werden, daß der Kommunikationsaufwand zwischen dem Großrechner und der Datenbankmaschine sehr hoch wird. Um diesen Nachteil zu umgehen, können auf der Benutzerseite mächtige Datenbankbefehle zur Verfügung stehen, die erst auf der Seite der Datenbankmaschine zu einer Folge von Datenbankzugriffen transformiert werden. Dadurch wird der Kommunikationsaufwand zwischen dem zentralen Universalrechner und der Datenbankmaschine minimiert. Außerdem wird dadurch eine höhere Benutzerfreundlichkeit gegenüber dem bisherigen Datenbanksystem zu erreichen sein, die sich u.a. in einer leichteren Formulierbarkeit von Anfragen an die Datenbank konkretisierten wird.

3 Implementierungskonzepte von DBMS auf PC`s

3.1 Dezentralisierte Datenbanken - eine Möglichkeit zum Abbau des Anwendungsstaus?

Verfolgt man die Entwicklung auf dem Gebiet der DV-Anwendungen, so wird deutlich, daß im vermehrten Maße Hilfsmittel eingesetzt werden, um den Anwendungsstau vor der DV-Abteilung, der sich durch den relativ hohen Pflegeaufwand bei bestehenden Programmen und die Notwendigkeit der Entwicklung neuer Anwendungssysteme kennzeichnet, abzubauen. Ein Ansatz, um diesen Anwendungsstau zu reduzieren, sind Programmiersprachen der 4. Generation, mit denen der Benutzer selbst seine Anwendungsprogramme formulieren und implementieren können soll. Eine andere Möglichkeit könnte sich daraus ergeben, daß Datenbanken dezentralisiert an den Arbeitsplätzen gehalten und verwaltet werden. Dabei wird von der Hypothese ausgegangen, daß PC`s mit integrierten Software-Paketen und einer einfachen Benutzeroberfläche ihre Anwendungen selbst finden. Ob diese Hypothese sich in der Praxis bewahrheiten wird, d.h. daß die "Maus-" und die "Window-"Technik die Nutzung der PC`s so vereinfacht, daß eine Hilfe durch Programmierer in der Regel nicht mehr notwendig wird, dürfte sich erst in der Zukunft erweisen. Es sei hier jedoch nicht verschwiegen, daß mit einer derartigen Entwicklung auch wesentliche Gefahren verbunden sind. Eine dieser Gefahren ist die Daten-Desintegration. Das bedeutet, daß die Daten jeweils an den Arbeitsplätzen gehalten, verwaltet und auch für die Nutzung an diesem Arbeitsplatz bereitgestellt werden. Dabei läßt sich jedoch nicht vermeiden, daß eine Datenredundanz, wie sie bereits bei der Nutzung traditioneller Dateien üblich war, in der Zukunft wieder eintreten wird. Dies liegt besonders daran, daß eine sinnvolle Daten-Dekomposition ohne Datenredundanz häufig nicht erreicht werden kann. Eine mangelnde Datenintegration führt aber automatisch zur Verletzung der Forderung nach Datenintegrität, da notwendige Änderungen nicht gleichzeitig in allen Datenbeständen durchgeführt werden. Damit kommt ein unterschiedlicher Aktualitätsgrad der Daten zustande. Ebenfalls dürfte dies zu einem Verlust der durch den Datenbankeneinsatz erreichten Transparenz führen. Außerdem ist es fraglich, ob die Anforderungen, die eine derartige Vorgehensweise an die Benutzer in den Fachabteilungen stellt, tatsächlich von ihnen bewältigt werden können, da jeder Benutzer sowohl für die Verwaltung als auch für die Nutzung seiner Daten allein verantwortlich ist. Deshalb muß gefordert werden, daß bei einer solchen Vorgehensweise auf keinen Fall Insellösungen geschaffen werden, sondern daß auch bei dem Einsatz von Datenbanken auf PC`s die erreichte Transparenz, Datenintegration und Datenintegrität auch in der Zukunft nicht verlorengeht.

Als weiterer Schwachpunkt bei der Nutzung von DBMS auf PC`s ist die heute noch mangelhafte System-Unterstützung bei der Datensicherung und dem Datenschutz zu nennen. Dies wirkt sich immer dann besonders negativ aus, wenn DBMS als Mehrplatzsysteme eingesetzt werden. Checkpoint- und Restart-Routinen, komplexe Plausibilitätsprüfungen und leistungsfähige Utilities fehlen heute noch bei den meisten DBMS auf PC`s. Außerdem dürfte der Anwender am Arbeitsplatz mit dem durch das DBMS auf PC`s zur Verfügung gestellte Werkzeug besonders dann überfordert sein, wenn er keine umfangreiche Einführungs- und Umstellungsunterstützung erhält, wenn die Dokumentation - wie heute leider sehr häufig üblich - unzureichend ist und die Sicherungsmaßnahmen vom Benutzer selbst entwickelt und implementiert werden müssen.

3.2 Ausblick auf moderne Einsatzformen

Die heute auf dem Markt angebotenen leistungsfähigen PC`s werden in der Regel auch mit einem Netzwerksystem (LAN) versehen. Dadurch ist es möglich, die Datenbestandsverwaltung, zumindest für einen geschlossenen Nutzerkreis (an das Netz angeschlossene PC`s) zu zentralisieren. Diese Anwendungsform wird sich jedoch nur realisieren lassen, wenn die Datensicherung für DBMS auf PC`s wesentlich verbessert wird. So müssen z.B. konkurrierende Zugriffe und ggf. dadurch entstehende Dead-Lock-Situationen verhindert, bzw. durch entsprechende System-Mechanismen behoben werden.

Schließlich ist es denkbar, PC`s und Datenbanken auch in einem verteilten Datenbanksystem zu sehen. Jedoch muß hierzu heute festgestellt werden, daß das Problem der optimalen Datendekomposition, d.h. der Zuordnung der Daten zu spezifischen PC`s, noch nicht befriedigend gelöst ist. Ebenfalls ergeben sich noch Probleme bei der Schemaverwaltung und der Zugriffssicherung. Die sich in der Entwicklung befindenden Ansätze lassen jedoch hoffen, daß verteilte Datenbanken in der Zukunft nicht nur Themen auf wissenschaftlichen Symposien sind, sondern auch in der Praxis ihre Realisierung finden.

Der PC im Local Area Network (LAN)

Klaus Höring

Gliederung

1 Warum Vernetzung?

2 Was ist ein Local Area Network (LAN)?

3 Welche LAN kommen in die Auswahl?

4 Unter welchen Gesichtspunkten ist eine PC-Vernetzung mit LAN einer anderen Lösung vorzuziehen?

1 Warum Vernetzung?

Einige wichtige Gründe für die Vernetzung von Personal Computer am Arbeitsplatz:

- Büroarbeit ist im Wesentlichen mit Kommunikation verbunden. Es besteht also ein natürlicher Bedarf, von einem Arbeitsplatz-System aus mit anderen Personen zu kommunizieren, wobei dem Austausch von Texten, Bildern und Grafiken eine erhebliche und permanent steigende Bedeutung zukommt.

- Zugriffe auf Datenbanken und Archive sind von fast allen Arbeitsplätzen notwendig. Ein PC, der nur seinen eigenen Externspeicher (als Floppy oder Platte) hat, ist von den betrieblichen daten abgeschnitten, wenn man vom Austausch über Disketten absieht.

- Resource Sharing und Funktionsverbund sind ein kostengünstiger Weg, zahlreiche Funktionen an den Arbeitsplatz zu bringen, ohne daß sie vielfach beschafft werden müßten:

  - File server (z. B. "Elektronischer Aktenschrank")
  - Datenbank-Maschine (mit z.B. relationaler Datenbank)
  - Archiv für Massendaten und back-up
  - Print server (diverse Drucker unterschiedlicher Qualität z.B. einfache Matrixdrucker, Laserdrucker, farbige Plotter)
  - Communication server als Gateway zu anderen Netzen und Fernmeldediensten
  - Electronic Mailbox
  - Zentrale Rechner und Hosts für spezielle Anwendungen, z.B. wissenschaftliche Berechnungen oder transaktionsorientierte Sachbearbeitung.

Die herkömmliche Vernetzung von Arbeitsplatzsystemen besteht aus der Verbindung eines jeden Endgerätes mit einem (zentralen) Rechner. Dieses in der Regel sternförmige Netz ist relativ aufwendig, wenn z.B. hunderte von Kabeln in einem Haus zu einem zentralen Punkt geführt werden müssen. Zumeist reichen die Kabelschächte nicht aus, die vielen Leitungen aufzunehmen. Der Aufwand für jede Änderung ist relativ groß.

Um die Verkabelung zu vereinfachen und kostengünstig zu gestalten sowie die oben genannten Zwecke zu erfüllen, bietet sich heute die Vernetzung von Endgeräten durch ein Local Area Network (LAN) an. Alternativ kann eine digitale Nebenstellenanlage, die in Zukunft ISDN-Merkmale besitzt, zur Vermittlung eingesetzt werden, wobei die bestehende Telefon-Verkabelung für die Datenkommunikation verwendet werden kann. Als alternative und "kleine Lösung" auf begrenztem Raum lassen sich Personal-Computer mit einfachen Terminals zu einem Cluster zusammenschließen.

LAN haben sich als einfaches und kostengünstiges Medium besonders für die Vernetzung von PC's bewährt. In zunehmendem Maße werden deswegen spezielle LAN-Lösungen für PC's angeboten. Die folgenden Ausführungen sind besonders diesem Vernetzungs-Ansatz gewidmet.

2 Was ist ein Local Area Network (LAN) ?

Definition

Local Area Networks lassen sich wie folgt beschreiben und definieren:[1]

Ein "Local Area Network" ist ein Datenkommunikationssystem, das die Kommunikation zwischen mehreren unabhängigen Geräten ermöglicht. Ein LAN unterscheidet sich von anderen Arten von Datennetzen dadurch, daß die Kommunikation üblicherweise auf ein in der Ausdehnung begrenztes geographisches Gebiet wie ein Bürogebäude, ein Lagerhaus oder ein Campus-Gelände beschränkt ist. Das Netz stützt sich auf einen Kommunikations - kanal mittlerer oder hoher Datenrate, welcher eine durchweg niedrige Fehlerrate besitzt. Das Netz befindet sich im Besitz und Gebrauch einer einzelnen Organisation. Dies steht im Gegensatz zu Fernnetzen (Wide Area Networks), die Einrichtungen in verschiedenen Teilen eines Landes miteinander verbinden oder als öffentliche Kommunikationsmittel benutzt werden.

Einige wichtige Aspekte verdienen eine besondere Erläuterung. Die Endgeräte, die an ein LAN angeschlossen werden, sind in der Regel selbständige DV-Anlagen, Mini-Computer, Personal-Computer, Textautomaten, Computer-Terminals, Arbeitsplatzssysteme, Print-Server, File-Server und andere kommunikationsfähige Endgeräte. Jede an ein LAN

[1] Die Ausführungen dieses Kapitels erfolgen in Anlehnung an: Klaus Höring, Knut Bahr, Bruno Struif, Christina Tiedemann: Interne Netzwerke für die Bürokommunikation. Technik und Anwendungen digitaler Nebenstellenanlagen und von Local Area Networks (LAN). 2., überarbeitete Auflage, Heidelberg: R.v. Decker's Verlag, G. Schenk, 1985

angeschlossene Station kann mit jeder anderen kommunizieren, wenn beide Partner für die jeweilige Kommunikations-Anwendung vorgesehen sind. Die Steuerung der Kommunikation erfolgt durch verteilte "Intelligenzen" im Netz.

An die meisten LAN können Endgeräte verschiedener Hersteller angeschlossen sein. Dabei gilt es jedoch zu beachten, daß die Systeme in der Regel einen "geschlossenen Kommunikationskreis" bilden. Endgeräte desselben Herstellers oder desselben Kommunikationskreises, können miteinander kommunizieren, wohingegen eine Kommunikation zwischen Endgeräten anderer Kreise oft an dem unterschiedlichen Kommunikationsverhalten (Protokollen) scheitert. Nur wenn dieselben Anwendungen und Kommunikations-Protokolle unterstützt werden, sei es durch Emulation, sei es durch die Verwendung standardisierter Protokolle, sind die Voraussetzungen für die Kommunikation mit Geräten verschiedener Hersteller gegeben.

Bausteine von LAN.

Die erste Abbildung zeigt in einem prinzipiellen Struktur-Modell die Bausteine eines LAN. Eine Netz-Steuer-Einheit wurde nicht eingezeichnet, weil sie nicht in jedem Fall vorkommt, und wenn sie benötigt wird, kann sie funktionell in die Netz-Zugangslogik integriert sein. Die Einfachheit des Struktur-Modells darf nicht über die Vielfalt der Varianten und Merkmale von LAN hinwegtäuschen. Um diese Vielfalt zu umreißen, wird im folgenden ein kurzer Überblick über einige LAN-Merkmale gegeben.

Übertragungsmedium

Für die Informationsübertragung werden als Medium verdrillte Kupferkabel, Koaxialkabel oder Lichtwellenleiter eingesetzt (s. Abbildung).

Struktur und Bausteine von LAN

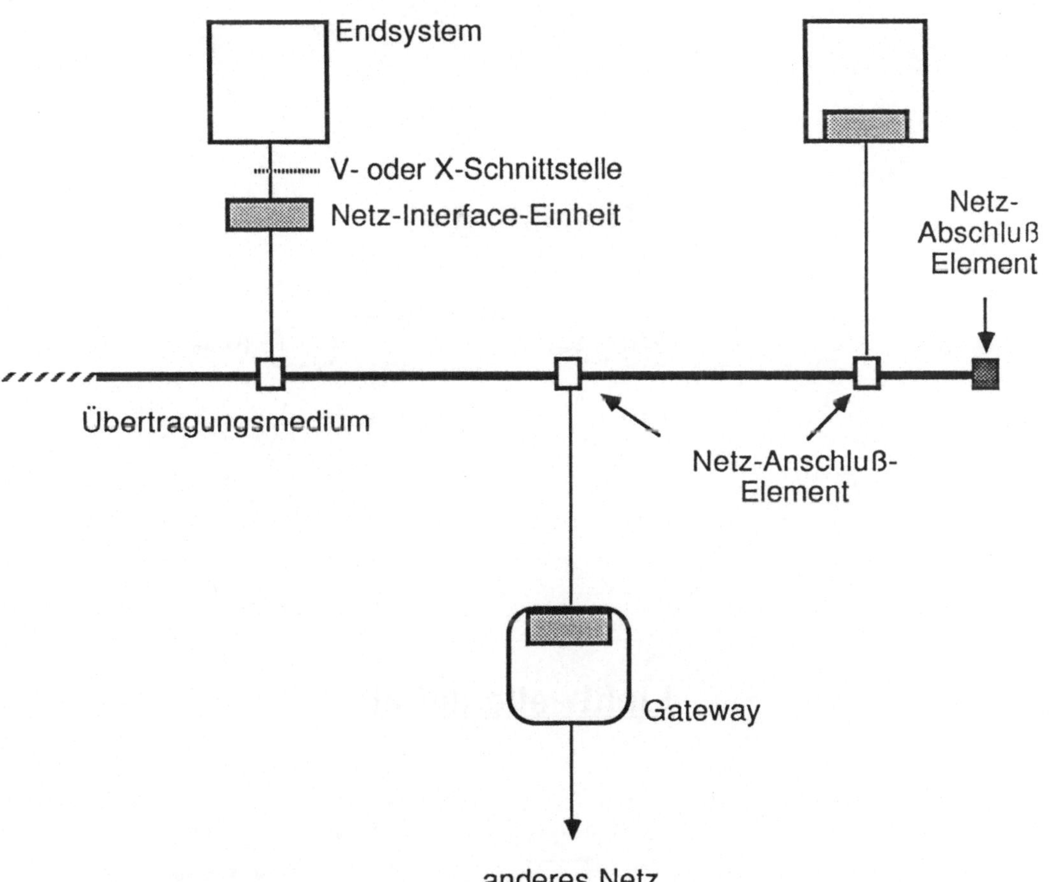

Verdrilltes Kupferkabel

Koaxialkabel

Lichtwellenleiter

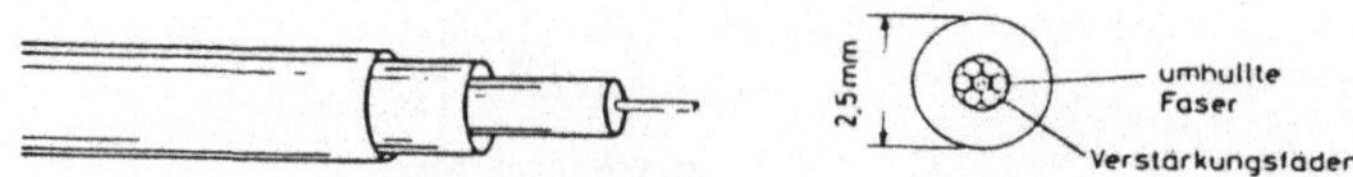

Netz-Topologie

Bei LAN treten verschiedene Topologien auf: Stern-Strukturen, Ring-oder Baumstrukturen (s. Abbildung). Die Linien-Struktur kann als Sonderfall der Baum-Struktur (Baum mit nur einem Segment) aufgefaßt werden.

Basisband- und Breitband-Technik.

Basisband- und Breitband-Technik stellen unterschiedliche Nutzungsformen des Über-tragungs-Mediums dar. Während bei Basisband-Systemen nur ein Informationskanal den angeschlosssenen Endsystemen zur Verfügung steht und von diesen anteilig genutzt wird, zeichnet sich die Breitband-Technik durch die Bereitstellung verschiedener koexistenter Kanäle mittels Teilung des Frequenzbandes in separate Frequenz-Bereiche aus (s. Abbildung).

Zugangsverfahren

Zugangsverfahren regeln den Verkehr auf dem Medium, also die koordinierte Nutzung eines jeweiligen Kanals. Die in der Praxis eingesetzten Verfahren lassen sich in die beiden Gruppen "statistische Zugangsverfahren" und "deterministische Zugangsverfahren" gliedern.

Sternstruktur

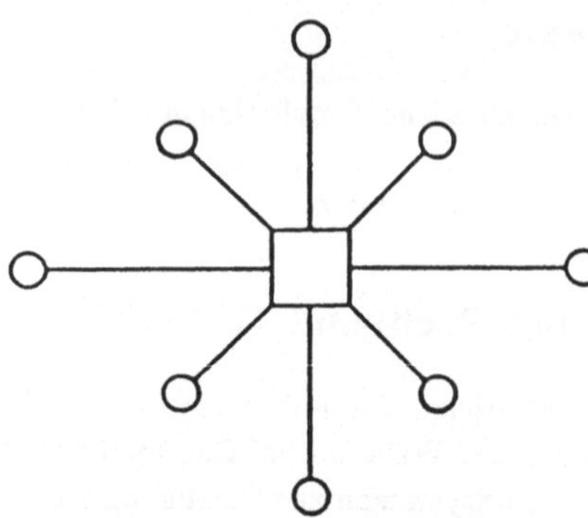

Ring-Struktur

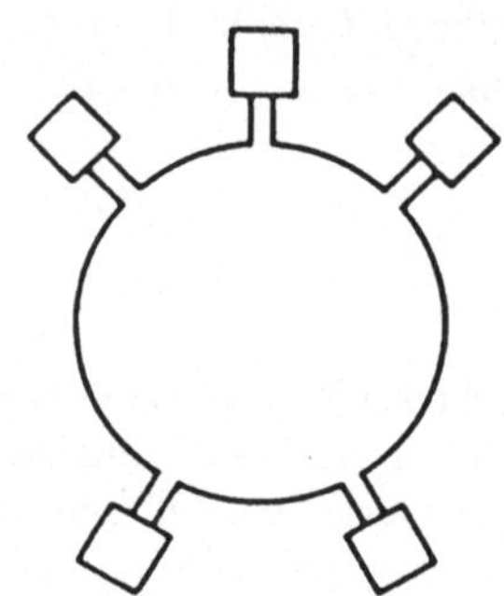

Linien-Struktur

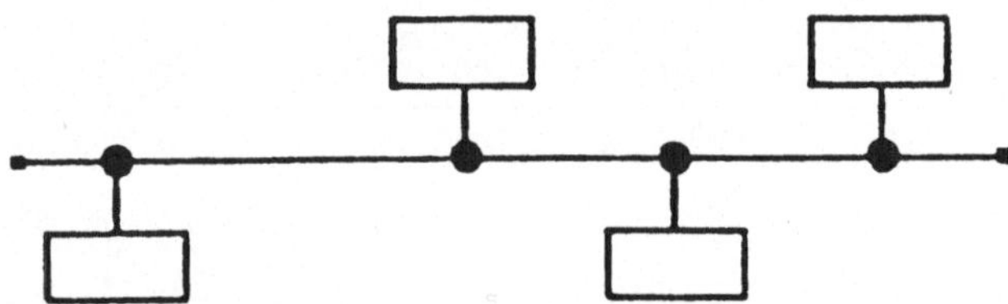

Baum- oder Bus-Struktur

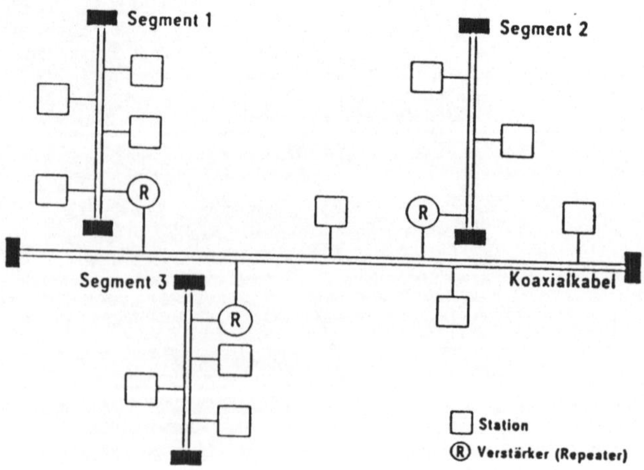

Basisband

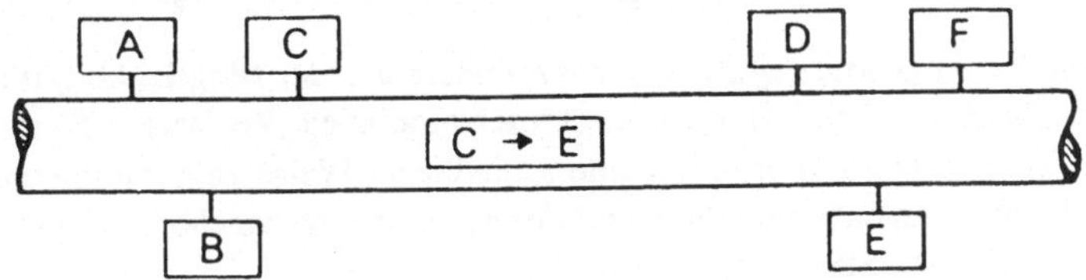

Breitband

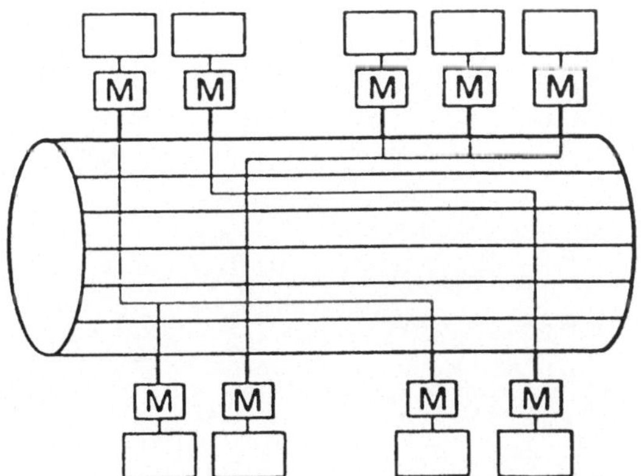

3 Welche LAN kommen in die Auswahl?

Die nachfolgende Tabelle vermittelt einen Überblick über das gegenwärtige Marktangebot. Aufgrund der permanenten Zugänge und Abgänge am Markt kann diese Übersicht nicht voll - ständig sein. Die Auswahl berücksichtigt insbesondere das Marktangebot in Deutschland.

Die Vielzahl der Angebote ergibt sich insbesondere aus der Möglichkeit, die technischen Alternativen (Medium, Band, Übertragungsgeschwindigkeit, Verfahren, Topologie etc.) mit ihren verschiedenen Ausprägungen in unterschiedlicher Weise zu kombinieren. Dabei kann jede Realisierungsform aufgrund ihres spezifischen Leistungsangebotes und ihres Preises auf einem Segment des Marktes erfolgreich sein.

LAN - Marktübersicht (ausgewählte Systeme)

Produkt	Hersteller	Band	Medium	MB/sec	Verfahren	Topolog	Typ	PC
Apple-Talk	Apple Comp.	Basis	VK	0,23	CSMA/CA	Bus	A	*
ARC-Net	Datapoint	Basis	KX	2,5	Token	Bus	A	
CODENET	CODENOLL	Basis	LWL	10	CSMA/CD	Bus	T	
CODEX 4000 LAN	CODEX (Motorola)	Basis	KX	10	CSMA/CD	Bus	T	
CODEX 4000 LAN	CODEX (Motorola)	Breit	KX	6*5	FDM,CSMA/CD	Ring	T	
DIKOS	ANT	Basis	LWL	10	TDM	Lin/St	T	
DOMAIN	Apollo Computer	Basis	KX	12	Token	Ring	A	*
EtherLink	3COM	Basis	KX	10	CSMA/CD	Bus	A	*
Ethernet/BS 5800	Siemens	Basis	KX	10	CSMA/CD	Bus	A	
Ethernet/DECNet	DEC	Basis	KX	10	CSMA/CD	Bus	A/T	
HYPERBUS	Network Systems	Basis	KX	10	Token	Bus	T	
HYPERCHANNEL	Network Systems	Basis	KX	50	CSMA/CA	Bus	T	
IBM-PC-NET	IBM/Sytek	Breit	KX	2	FDM,CSMA/CD	Baum	A	*
Interactive Systems	3M	Breit	KX	2,5	FDM, Token	Baum	T	
LIBSY	Informatik-Ber.G.	Basis	LWL	1	Token	Ring	A/T	
LOCALNET	Sytek/XMIT	Breit	KX	0,13	FDM,CSMA/CD	Baum	T	
NBN	Sytek/Nixdorf	Breit	KX		FDM,CSMA/CD	Baum	A	
NET/ONE	Ungermann/Bass	Basis	KX	10	CSMA/CD	Bus	T	
NET/ONE	Ungermann/Bass	Breit	KX	5	FDM, CSMA	Baum	T	
NET/PLUS	Interlan/Stemmer	Basis	KX	10	CSMA/CD	Bus	T	
Netware / S	Novell	Basis	VK	0,5	direkt	Stern	A	*
Netware / X	Novell	Breit	KX	1,43	FDM,CSMA/CD	Bus	A	*
NS 8000	Xerox	Basis	KX	10	CSMA/CD	Bus	A	
OMNILINK	Northern Telecom	Basis	KX	40	Token	Ring	A	
OMNINET	Corvus	Basis	VK	1	CSMA/CA	Bus	A	*
PLAN 2000-4000	Nestar	Basis	KX	2,5	Token	Bus	A	*
PLANET	Racal-Milgo	Basis	KX	10	Token	Ring	T	
PRIMENET	Prime-Computer	Basis	KX	8	Token	Ring	A	
SILK-Ring	Hasler	Basis	KX	16,8	TDM	Ring	T	
SOPHO-LAN	Philips	Breit	KX	5	FDM, Token	Baum	T	
UniLINK	Applitek	Breit	KX/LWL	10	CSMA/CD+Tok	Ring	T	
WANGNet	Wang	Breit	KX	12	FDM, CSMA/CD	Baum	A/T	
XODIAK Network	Data General	Basis	KX	2	Token	Bus	A	
Z-NET	ZILOG	Basis	KX	8,8	CSMA/CD	Bus	A	

ABKÜRZUNGEN:

MEDIUM :	Koaxialkabel	KX
	Lichtwellenleiter	LWL
	Verdrilltes Kupferkabel	VK
TYP:	Transportorientiertes Produkt	T
	Anwendungsorientiertes Produkt	A
PC:	Auf PC ausgelegtes Produkt	*

Für die Auswahl eines LAN ist es wichtig, einerseits die genannten technischen Leistungsmerkmale, und andererseits dasjenige Netzwerk-Produkt-Konzept zu kennen und zu berücksichtigen, das auf die jeweilige Anwendungssituation paßt. Man unterscheidet insbesondere zwei Netzwerk-Konzepte (s. auch nachfolgende Abbildung):

- Vermittlungs- oder transportorientierte LAN haben die Aufgabe, die bisherige Verkabelung durch ein einfaches und flexibles System abzulösen
- Anwendungsorientierte LAN sind in ein komplettes Anwendungssystem eingebettet: PC's am Arbeitsplatz werden über ein LAN mit File-Server, Print-Server und Kommunikations-Server verbunden.

Während in einem anwendungsorientierten Netz alle höheren Protokolle des OSI-Modells vorhanden sein müssen, dienen transportorientierte Netze der Vermittlung zwischen Endgeräten, die in der Regel nur auf den unteren Protokollebenen harmonisieren. Aufwendigere transportorientierte Netze besitzen Software-Werkzeuge zur Anpassung der Protokolle auf höheren Ebenen.

In der Tabelle "LAN-Marktübersicht" wurde in der Spalte "Typ" angegeben, zu welchem Netzwerk-Produkt-Konzept die einzelnen LAN zu rechnen sind.

In den nachfolgenden beiden Abbildungen wird je ein anschauliches Beispiel für ein anwendungsorientiertes und ein transportorientiertes LAN vermittelt.

Netzwerk-Produkt-Konzepte

Netz-Typ / Kriterium	Vermittlungs- oder transport-orientiertes Netz	Anwendungs-orientiertes Netz
Aufgabe	Ablösung der bisherigen Verkabelung durch einfaches und flexibles System	Fertige Anwendungs-Lösung auf der Basis verteilter Intelligenz
Vermittlung	Im Vgl. zu DV-Netzen dynamische Zuordnung der Geräte	Dynamisches Ressource Sharing
Kompatibilität	Software-Werkzeuge zur gegenseitigen Anpassung	Anwendungs-systeme enthalten höhere Protokoll-ebenen

Anwendungsorientiertes LAN (Beispiel)

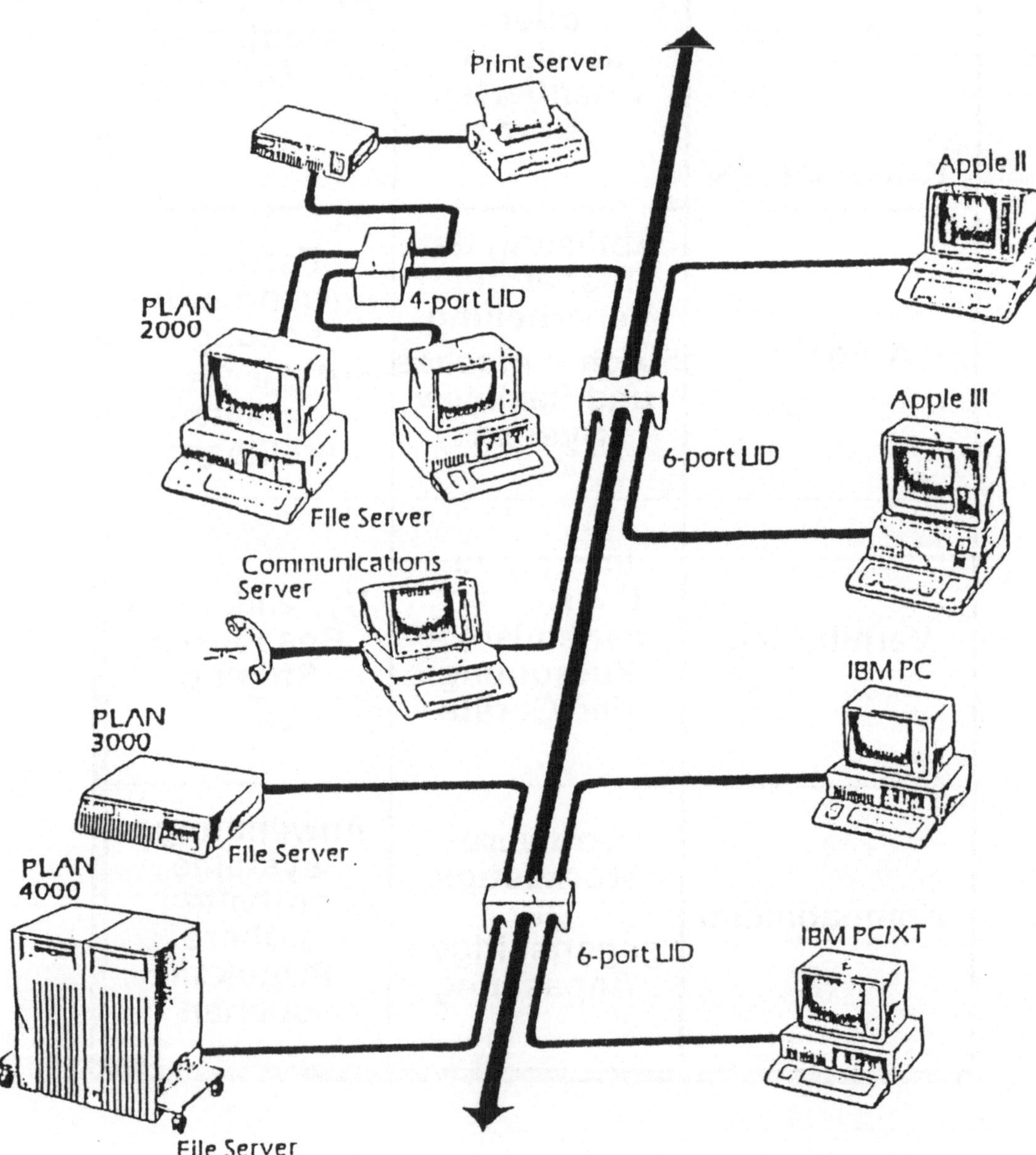

Transportorientiertes LAN

zur Vermittlung zwischen unterschiedlichen Endgeräten (Beispiel)

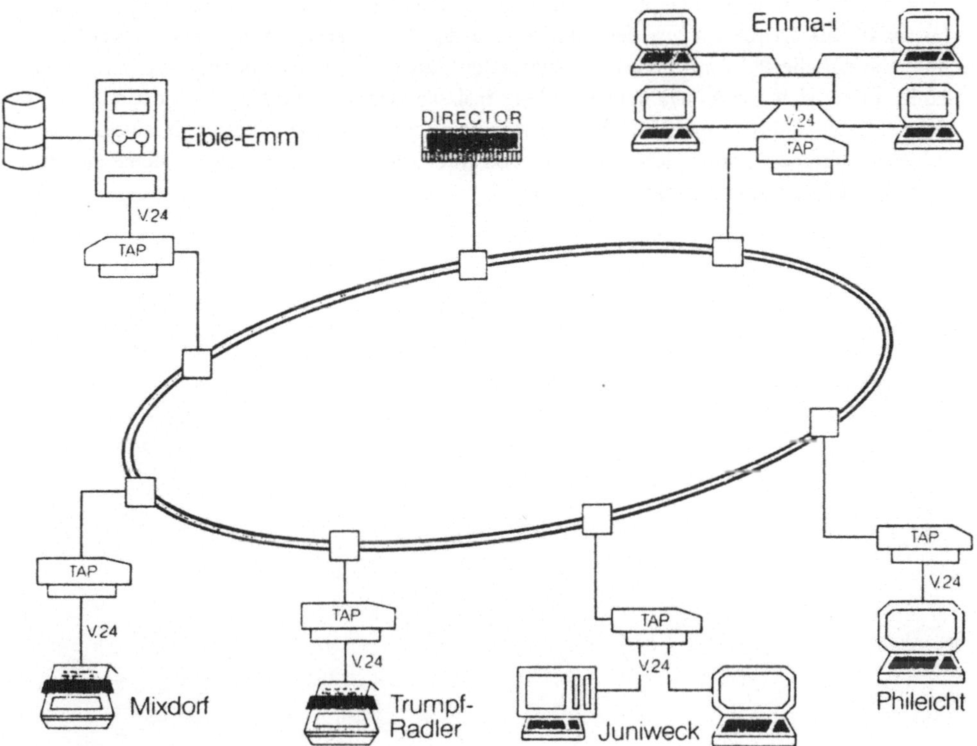

Eine weitere wichtige Unterscheidung ergibt sich aus der Tatsache, daß einige LAN für die Vernetzung großer Systeme ausgelegt sind, wohingegen andere speziell für eine kleinere Anzahl von Endgeräten oder für "Low-Cost-Systeme" geeignet sind. Dies kann natürlich nur eine Tendenz-Aussage sein, denn die Übergänge sind fließend. Dennoch lassen sich die meisten LAN relativ gut in eine Vier-Felder-Matrix einordnen, in der das Netzwerk-Produkt-Konzept der Größenordnung gegenübergestellt wird (s. nachfolgende Abbildung).

Anhand dieser Systematik läßt sich eingrenzen, welche LAN für die Vernetzung von Personal-Computer in Betracht kommen. Als wichtigstes Kriterium ist zu prüfen, ob mit der Vernetzung eine komplette Infrastruktur mit Speichern, Druckern und Gateways geschaffen werden soll. In diesem Fall dominiert in der Regel die Qualität der Software und der Server-Hardware als Kriterium vor den Merkmalen des Netzwerkes. Wenn andererseits sehr unterschiedliche PC's mit bereits existierenden Anwendungen verbunden werden sollen, konzentriert sich die Auswahlentscheidung insbesondere auf die Frage, ob die adäquaten Schnittstellen und Netzwerk-Leistungsmerkmale gefunden werden können. In zweiter Linie gilt es abzugrenzen, mit welchem finanziellen Aufwand die anstehenden Probleme zu lösen sind. Darauf wird später zurückgekommen.

Einsatzfelder von LAN

Mit Beispielen

Netz-Typ / Größenordnung	Vermittlungs- oder transport-orientierte LAN	Anwendungs-orientierte LAN
Große Systeme	Rechner-verbund *Ethernet/DEC* *Hyperchannel* *LocalNet* *Net/One* *Silk-Ring*	Bürosysteme *ARCNet* *BS5800* *NS8000* *Omnilink* *Xodiak* *WangNet*
Kleine Systeme oder Low-Cost-Anwendungen	Verbund beliebiger Endgeräte *LocalNet* *Planet* *Unilink*	PC-Verbund *AppleTalk* *Domain* *Etherlink* *IBM-PC-Net* *Netware* *Omninet* *Plan 2-4000*

4 Unter welchen Gesichtspunkten ist eine PC-Vernetzung mit LAN einer anderen Lösung vorzuziehen?

Abschließend soll unter einigen Gesichtspunkten untersucht werden, ob eine Vernetzung von PC, oder ob eine herkömmliche Konfigurierung von Arbeitsplatzsystemen als Endgeräte an einem Multi-User-System (Minirechner) zweckmäßiger ist. Anhand dieser Fragestellung lassen sich zugleich typische Anwendungsfälle für PC im LAN darlegen.

Traditionell überwiegen Multi-User-Systeme, die vorzugsweise dann eingesetzt werden, wenn mehrere oder viele Personen dieselbe Datenbank, dieselben Programme oder einen besonders leistungsfähigen Rechner benutzen müssen. Typische Beispiele sind:

- Transaktionsorientierte Datenverarbeitung
- Datenbank-Updating und -Abfrage
- Wissenschaftliche Berechnungungen
- Electronic Mail

Im Gegensatz dazu werden Personal-Computer besonders dann verwendet, wenn im Sinne einer "individuellen Datenverarbeitung" persönliche Ablagen dominieren und die Programme zum Teil individuell gestaltet sind, was sich mit herkömmlichen und höheren Programmiersprachen, Tabellenrechen-Programmen und anderen Tools bewerkstelligen läßt. Der Rechenaufwand muß dabei nicht unbedingt gering sein (z.B. bei der Erstellung von Grafiken), und die interaktive Benutzung des Systems erfordert eine sehr kurze Response-Zeit.

Typische Anwendungen sind beispielsweise:

- Textverarbeitung
- Tabellen-Rechnen (Spreadsheet)
- Persönliche Ablagen (für individuelle Dokumente)
- Bürografik für Statistiken und freies Zeichnen
- Individuelles Programmieren.

Für diese Anwendungen ist in der Regel ein Personal-Computer alleine nicht ausreichend, auch wenn er mit einer Festplatte ausgestattet wurde:

- Der Speicherplatz wird früher oder später nicht ausreichen,
- es wird der Bedarf nach mehreren Druckern bestehen: Laser-Drucker, Typenrad-Drucker,Matrix-Drucker und farbige Plotter,
- für die interne und externe Kommunikation werden Kommunikations-Server und Mailbox-Systeme benötigt.

Wenn Personal-Computer nicht an einem isolierten Arbeitsplatz oder primär als komfortables Terminal an einem Großrechner eingesetzt werden, dann wird erst eine Vernetzung der PC's die umfangreichen Anwendungsmöglichkeiten erschließen.

Für die Entscheidung zwischen einem Multi-User-System und einer Konfiguration mit vernetzten PC's sind zahlreiche Kriterien relevant. Die nachfolgende Tabelle enthält einige wichtige Gesichtspunkte, die insbesondere zu berücksichtigen sind.

Kriterium	Multi-user	PCs im LAN
Ausbau-Strat.	Innerhalb Grenzen geringe Erweiterungskosten	einfacher Einstieg, Flexibilität für Ausbau
Einführung u. Service	aus 1 Hand	selten aus 1 Hand, schwierigere Auswahl
Benutzerinterface	einheitlich (hoffentlich!)	möglw. verschieden
Homogenität	groß	dringend zu prüfen
Datensicherung	auf zentralen Dateien einfach	Vorsicht bei dezentralen Dateien

Vielfach wird vermutet, daß die Entscheidung zwischen einem Multi-User-System und vernetzten PC's auf der Basis weit differierender Kosten gefällt wird. Eine exakte Beurteilung dieser Frage läßt sich nur bei Kenntnis konkreter Angebote vornehmen. Grundsätzlich darf jedoch nicht von vornherein eine große Kosten-Differenz erwartet werden. Eine beispielhafte Berechnung mag dies veranschaulichen (s. nachfolgende Abbildung).

Unter der Annahme durchschnittlicher Preise für die verglichenen Systeme muß bei dieser Betrachtung berücksichtigt werden, daß ein Multi-User-System aufgrund des zentralen Rechners einen Fixkosten-Block aufweist, der jeweils über eine besitmmte Anzahl von Endgeräten aufgeteilt wird. Bei der Vernetzung von Personal-Computer dominieren dagegen die mit der Anzahl PC variablen Kosten. In der Regel kann angenommen werden, daß sich die Kostenverläufe beider Varianten über der Anzahl Endgeräte mehrfach schneiden. Je nach der Anzahl Endgeräte ist also das Multi-User-System oder die Vernetzung von PC's kostengünstiger.

Wird ein Unternehmensbereich im Laufe der Zeit zunehmend mit Arbeitsplatz-Systemen ausgestattet, so kann der Kostenvorteil zwischen den beiden Alternativen wechseln. Bei ungewissem Endausbau kann also das Kostenkriterium nicht eindeutig herangezogen werden.

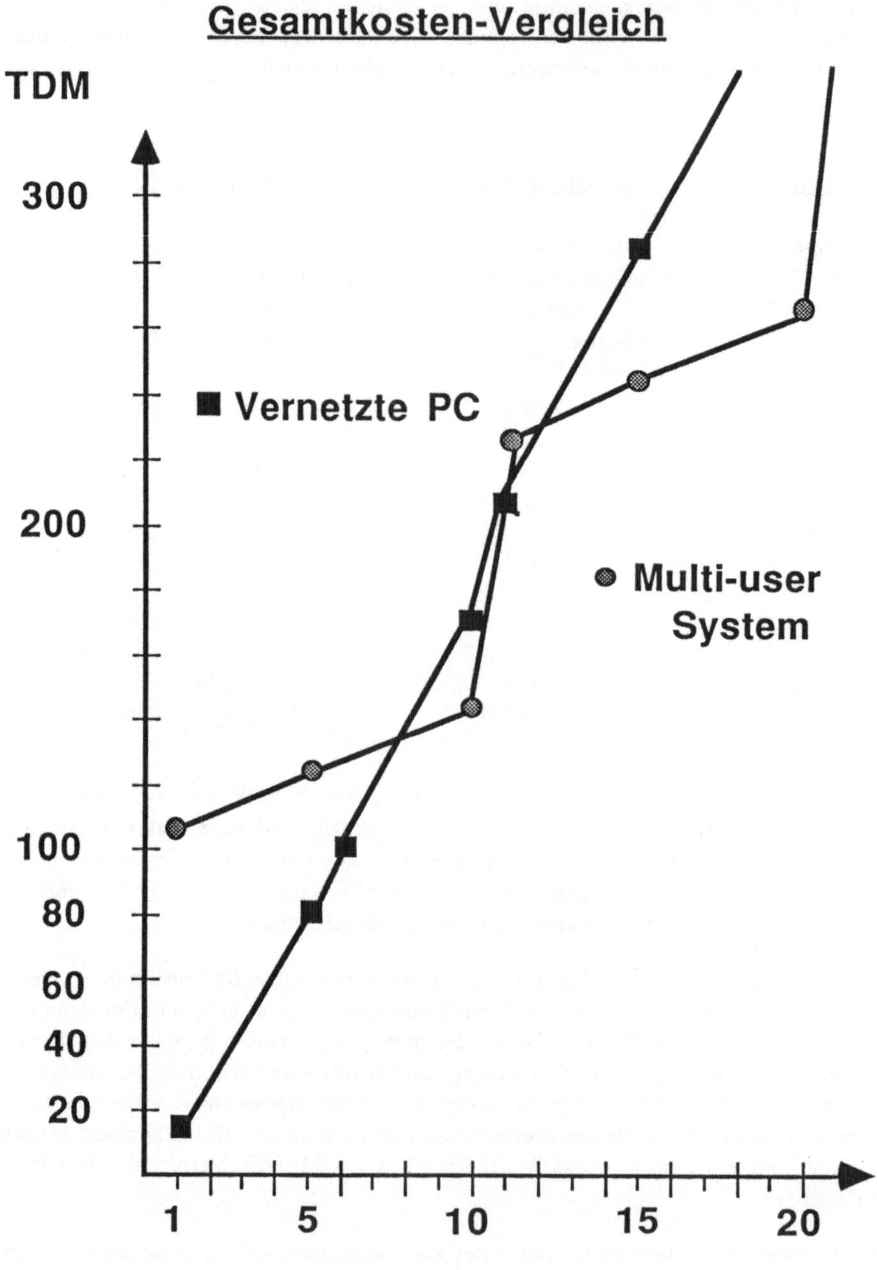
Gesamtkosten-Vergleich
TDM
300
200
100
80
60
40
20
Vernetzte PC
Multi-user System
1
5
10
15
20
Anzahl Endgeräte

Der vorgenannte Vergleich bezog sich auf zwei Varianten relativ kleiner und "sparsamer" Lösungen. Bei der Ausstattung größerer Unternehmungen oder Bereiche mit Bürosystemen stellt sich in der Regel heraus, daß der Bedarf an "Server" und leistungsfähigen Endgeräten wächst (z.B. für Datenbanken, Laser-Drucker etc.). Dabei hat sich ergeben, daß die durchschnittlichen Kosten je Arbeitsplatz unter anteiliger Berücksichtigung der Server im Durchschnitt weit über den Kosten für normale PC's und für einfache Multi-.User-Systeme liegen. Je nach Bedarf und Ausstattung schwanken die Kosten beträchtlich. Es erscheint daher zweckmäßig, auch für die hier angestellten Überlegungen die oben aufgeführte Unterscheidung in "große Systeme" und "Low-Cost-Systeme" aufzugreifen. Die nachfolgende Grafik zeigt tendenziell die Größenordnungen, in denen die arbeitsplatzbezogenen Gesamtkosten zu erwarten sind (s. Abbildung).

Mit Personal-Computer lassen sich somit relativ kostengünstige Lösungen realisieren, die in ihrem Leistungsvermögen naturgemäß unter den umfangreicheren und aufwendigeren Ansätzen für integrierte Bürosysteme mit leistungsfähigen Server liegen.

Arbeitsplatz-Kosten im Vergleich

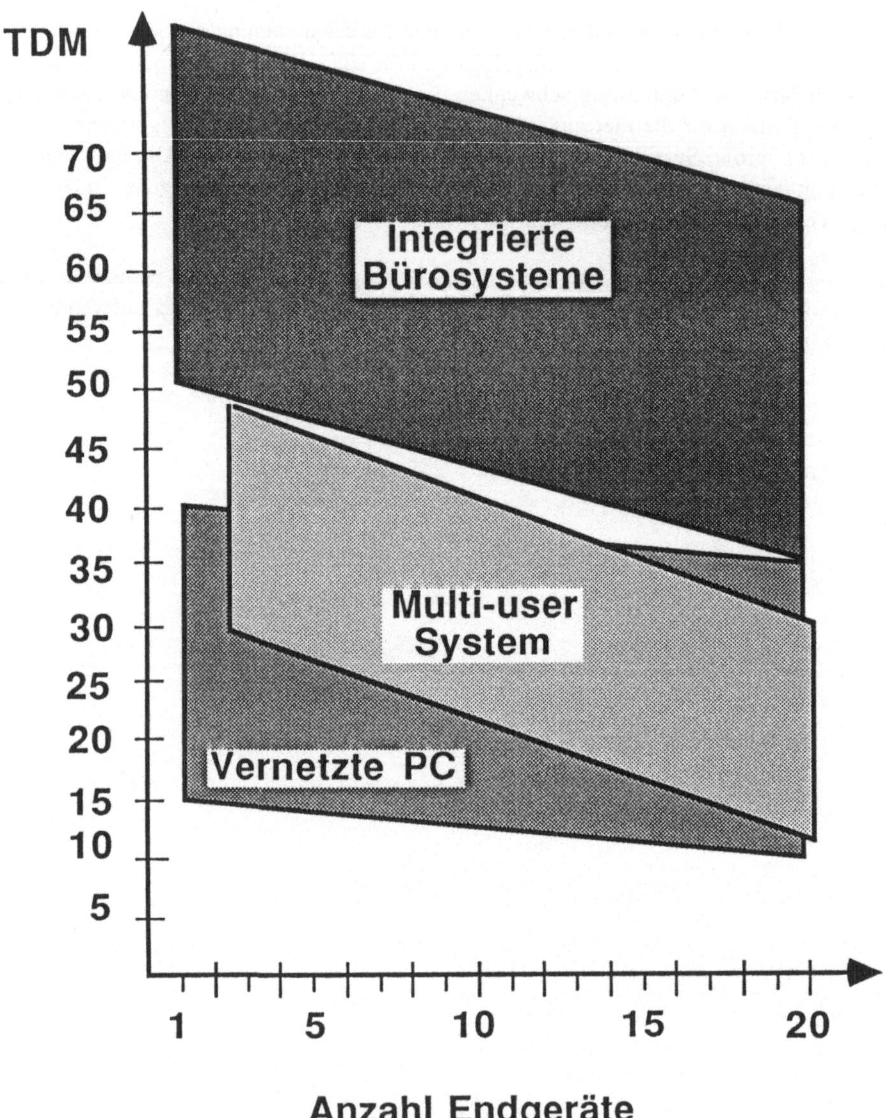

Anwendungen

Projektplanung und -kontrolle mit PCs

Norbert Brucksch

Gliederung

0 Vorstellung und Einleitung

1 Erfahrungs-Grundsätze aus der Praxis

2 Das Hilfsmittel Personal Computer
Praxis Beispiele

3 Fazit

Vorstellung

Zum Punkt Vorstellung möchte ich kurz anmerken, daß meine berufliche Heimat das Bonner Familienunternehmen Klöckner-Moeller ist. Ein Spezialunternehmen für Niederspannungsschaltanlagen mit rund 7000 Beschäftigten weltweit und einem Umsatz-Volumen von ca. 800 Million DM/a. Ich darf mich Ihnen hier der Terminologie der Tagung entsprechend als Endbenutzer einer Fachabteilung vorstellen. Die Erkenntnisse und Beispiele, die ich Ihnen im Rahmen meines Beitrages "Projektplanung und Kontrolle mit PC" vorstellen möchte, stammen aus der Alltagsmühle eines Entwicklungsprojekts. Die Notwendigkeit eines PC-Einsatzes im Projekt-Management möchten wir aus der Situation, in der sich heute die Neuentwicklung befindet, ableiten.

EINLEITUNG

Wir möchten kurz anmerken, daß dem eigentlichen Thema "Projektmanagement und Kontrolle mit PC's" ein Vorspann "Erfahrungsgrundsätze aus der Praxis" vorgeschaltet ist. Dieser Vorspann enthält die wesentlichen Merkmale des Projektmanagements, die uns sozusagen zwangsläufig zum PC-Einsatz hinführten. Der Sinn und Zweck dieses Vorspanns ist es, Ihnen die Möglichkeit zu geben, sich mit den Problemen Ihrer betrieblichen Praxis in diesen Erfahrungsgrundsätzen wiederzufinden. Der "Rote Faden" dieses Beitrages ist durch die Überschriften mit kurzen Untertiteln herausgehoben.

I Erfahrungs-Grundsätze aus der Praxis

Situation

Der Lösungsspielraum für heutige Neuentwicklungen wird durch den Druck der Restriktion zur Gratwanderung

---

Kurz zur Situation: Wir müssen uns heute mit unseren Produkten auf einem Käufermarkt behaupten. In dem daraus resultierenden harten Wettbewerb möchten wir uns einen Vorsprung durch massive Anstrengungen in der Produktentwicklung sichern.

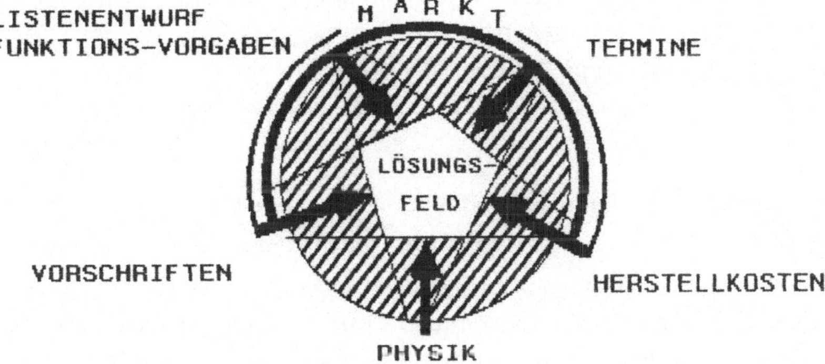

Betrachten wir einmal das Lösungsfeld, das sich beim ersten "Brain-Storming" noch optimistisch groß darstellt und legen als Begrenzung die fünf wichtigsten Restriktionen darüber, dann scheidet bereits ein Großteil der möglichen Lösungen aus.

Ausweg: Das Projektmanagement

Das Zusammenziehen von differenziertem Spezialwissen und das überlappende Arbeiten fordert den Einsatz des Projektmanagements

---

Das Suchen von Lösungen auf dem so eingeengten Raum erfordert Zeit. Der Markt aber drückt auf die Termine. Was bleibt, ist das parallele Arbeiten, also die Projektgruppe.

Die Zwangssituation im Lösungsfeld zeigt aber auch, daß die Projektgruppe mit Spezialisten aus verschiedenen Fachabteilungen verstärkt werden muß, wenn man nicht das Herantasten an die Grenzen der Restriktion durch ständiges Ändern teuer bezahlen will. Diese Zusammenarbeit läuft aber nicht von selbst, hier muß geplant, organisiert und gesteuert werden. Damit ist das Aufgabengebiet "Projektmanagement" umrissen.

Kernproblem "Selektive Transparenz"

Das Kernproblem des Projektmanagements heißt selektive Transparenz. Sie zwingt zur praxisnahen Projektstrukturierung in Breite und Tiefe

Das Projektmanagement spült eine Vielzahl von Problemen an die Oberfläche. Sie ergeben sich im wesentlichen aus der Anzahl der eingesetzten Mitarbeiter multipliziert mit dem Innovationsgrad der Aufgabe. Nun liegt es in der Natur der Probleme, daß sie mit einem sogenannten Kernproblem in Verbindung stehen. Löst man das Kernproblem richtig, so erledigen sich auch gleich eine Reihe anderer Probleme automatisch mit. Das potentielle Kernproblem im Projektmanagement möchten wir mit "Selektive Transparenz" bezeichnen. Wir verstehen darunter die Schwierigkeit, den großen Brocken Projekt so klein zu hacken, daß die einzelnen Teilstücke "verdaubar" sind und erkennbar ist, welche Wechselwirkungen zu den Teilstücken rechts und links und zum gesamten Projekt bestehen. Wir haben erkannt, daß diese "Selektive Transparenz" für die Projektarbeit von zentraler Bedeutung ist.

Die hieraus abgeleitete Aufgabenstellung lautet: Praxisnahe Projektstrukturierung in Breite und Tiefe.

Strukturierung in der Breite

Der erste wichtige Schritt für die Transparenz im Projekt ist die Strukturierung des terminlichen Ablaufs der Sachzusammenhänge und der Kosten

Die Strukturierung oder besser Gliederung eines Projekts in der Breite wird in der Regel schon mit der Zielsetzung vorgegeben. Es sind Termine, Sach-Zusammenhänge oder Funktionen und Kosten. Lassen wir diese drei Begriffe zunächst einmal als Überschrift im Raum stehen.

Im zweiten Teil sind Beispiele vorbereitet, mit denen wir die Bedeutung dieser Gliederung erläutern wollen.

Strukturierung in der Tiefe

Die Gesamtproblematik muß bis zu einfachen, leicht diskutierbaren Teilproblemen aufgezoomt werden.

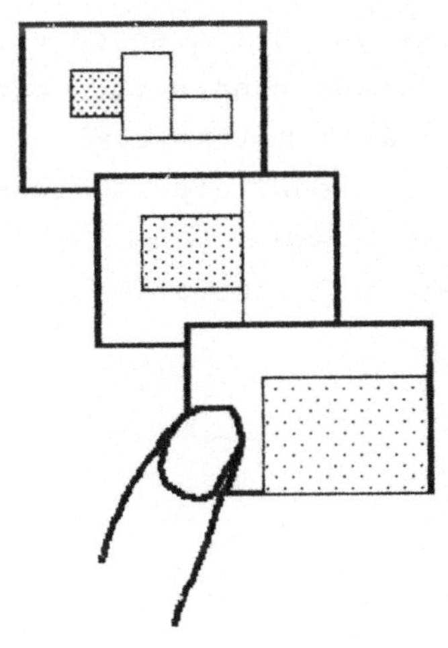

Unter Projektstrukturierung in der Tiefe verstehen wir Informationen so aufzubereiten, daß man "mit dem Finger darauf tippen kann". Nur so ist die zwingend notwendige Klarheit sicherzustellen. Hier entscheidet sich, ob ein Projekt systematisch nach vorne geführt werden kann oder ob Verständigungschwierigkeiten und Mißverständnisse das Team in endlose Diskussionen verstricken bzw. in Vorwärts-, Rückwärtsaktivitäten frustrieren.

Organisierter Einsatz von Hilfsmitteln

Je mehr Schnittstellen zu überwinden sind und je mehr Unbekannte geklärt werden müssen, um so größer ist der Aufwand für Transparenz, um so notwendiger sind Hilfsmittel

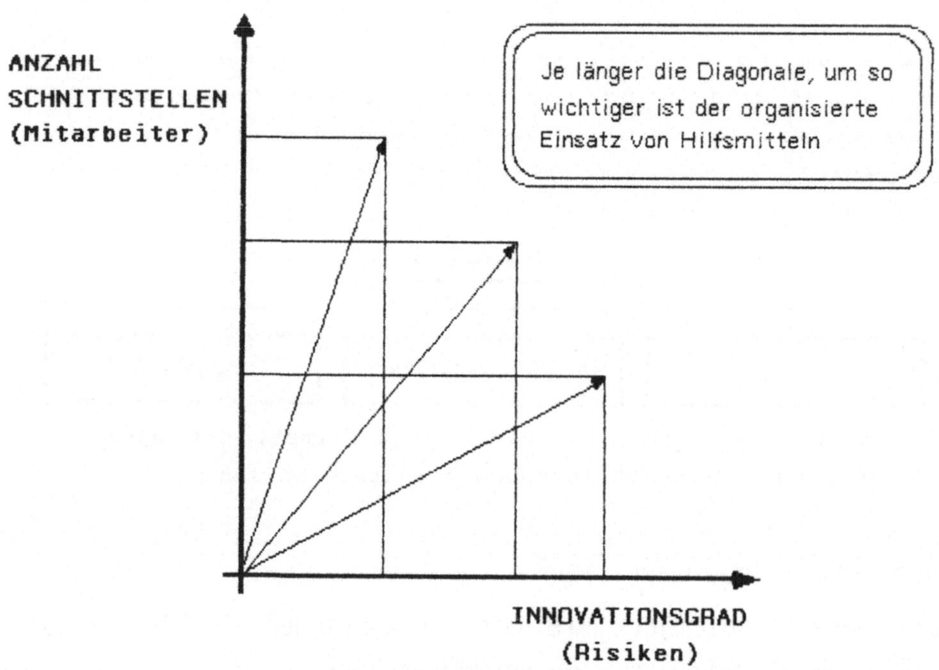

Es ist immer wieder zu beobachten, daß Ansätze auf diesem Gebiet gerade des Aufwandes wegen steckenbleiben. Meist geschieht das in der heißen Realisierungsphase und gerade dann werden die folgenschwersten Fehler gemacht. Es sind also Hilfsmittel erforderlich, die diesen Aufwand deutlich reduzieren. Diese Hilfsmittel sind um so wichtiger, je mehr Schnittstellen im Projekt zu überwinden sind und je höher der Innovationsgrad oder je mehr Unbekannte zu klären sind.

II Das Hilfsmittel Personal Computer
Praxis Beispiele

PC-Schlüsselrolle

Für die im Projekt geforderte Transparenz nimmt der PC eine Schlüsselrolle ein. Als integriertes Hilfsmittel ermöglicht er die rationelle Erstellung und Aktualisierung der Unterlagen

Wir behaupten heute, wenn es nicht gelingt, in einem komplexen Projekt rationell für die notwendige Transparenz zu sorgen, wird das Projekt hoffnungslos baden gehen. Aus diesem Grund haben wir uns von der Führungsseite her intensiv mit dieser Forderung auseinandergesetzt. Da es sich hier um Informationsverarbeitung handelt, war es naheliegend, sich im EDV-Bereich umzusehen. Dem allgemeinen Trend in der EDV folgend, konzentrierten wir uns auf den PC.

Das Bürosystem "LISA" von Apple

Einfache Bedienung durch "Maustechnik" und umfangreiche Anwendungsunterstützung aus 6 Standardprogrammen erlauben eine problemlose Integration des Bürosystems in die Arbeit der Projektgruppe

Seit ca. 1 1/2 Jahren ist als PC das Bürosystem "LISA" (heute Macintosh XL) von Apple bei uns im Einsatz. Aus der anfänglichen Stand-Alone-Situation ist inzwischen ein vollausgelasteter Arbeitsplatz geworden und mit der gleichen Selbstverständlichkeit im Einsatz wie Zeichenbrett und Schreibtisch. Die schnelle Integration des Systems ist sicherlich auf die sehr einfache Befehlseingabe zurückzuführen. Handhabungsfreundlich kann man mit dem kleinen Kästchen (Maus) den Cursor auf dem Bildschirm bewegen und die Befehle eingeben.

Nutzungsverteilung und Anwendungs-Beispiele

Den größten Vorteil bringt uns der Einsatz der Programme:
o Draw (für Strukturpläne und Prinzipskizzen)
o Projekt (für Netzpläne)
o List (für Stücklisten und Übersichtslisten)

Anwendung des Zeichenprogramms:

Den größten Anwendungs-Anteil mit mehr als 60% hält bei uns das Zeichenprogrmm "Draw" nach dem Grundsatz:
"Ein Bild sagt mehr als 1000 Worte". Wir bemühen uns, wo immer es geht, Informationen zu visualisieren. Mit Hilfe der vorhandenen Symbole ist schnell eine Prinzip-Skizze zusammengestellt. Ist noch die eine oder andere Variante erforderlich - kein Problem! Ein Klick mit der Maus und schon ist die Kopie für die Änderung bereit. Mit diesen Darstellungen ist jede Diskussion zügig zu führen, das heißt: Zeitgewinn für die Projektgruppe. Das gilt besonders für die Darstellung von komplexen Wirkzusammenhängen! Und noch ein Vorteil: Ohne die Mithilfe eines Software-Spezialisten können Formularblöcke angelegt werden, ständig wiederkehrende Informationen werden so zu Standards. ein kurzes Klicken mit der Maus und vom Formularblock ist ein Arbeitsblatt abgerissen (siehe Anlagen).

Anwendung des Netzplanprogramms:

Ein weiterer wichtiger Punkt ist wie erwähnt die Terminplanung. Besonders beeindruckt uns die Möglichkeit des Lisa-Standardprogramms, Netzpläne schrittweise aufzubauen.

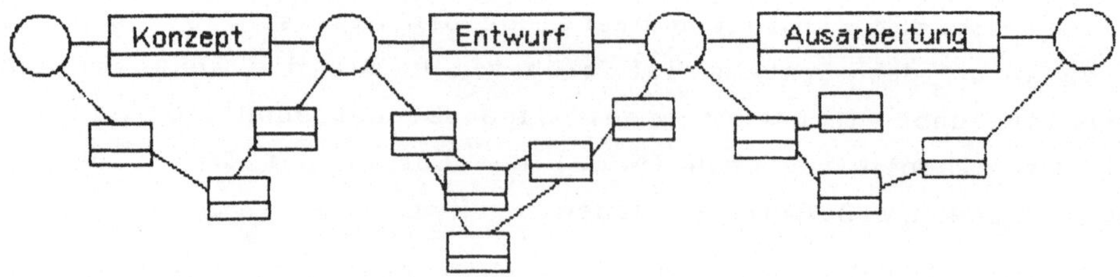

Zunächst einmal kann die angesetzte Zeitspanne in Etappen wie Konzeptphase, Entwurfsphase usw. gegliedert und die grob abgeschätzten Zeiten dargestellt werden. Durch weitere Aufgliederung der Etappen in einzelne Aktivitäten wird der Terminplan Schritt für Schritt präzisiert, so wie auch im Projektfortschritt mehr und mehr präzisere Informationen zu erhalten sind. Unsere guten Erfahrungen liegen bei Netzplänen, die einen Umfang von ca. 200 - 250 Vorgängen beinhalten. Die Zeitspanne liegt bei 2 - 4 Jahren, wobei die Vorgänge in der Regel länger als eine Woche sind. Das Berücksichtigen von zeitlich kürzeren Vorgängen ist nur dann sinnvoll, wenn sie als Achtungsfunktionen dargestellt werden sollen wie z.B. Information der Geschäftsleitung. Bei wichtigen Terminen wie Etappenentscheidungen, Genehmigung des Entwicklungskonzepts bietet Ihnen das System die Möglichkeit, Meilensteine zu setzen.

Einteilung in Etappen

Präzisieren in Aktivitäten mit zunehmendem Projektfortschritt

Meilensteine

Durch die kreisförmige Darstellung springen diese Meilensteine deutlich ins Auge. Wir haben diesem Meilenstein noch zwei weitere Funktionen zugeordnet.

1. Projektunterteilung in Etappen

   Besonders wichtig, wenn ein Projekt über mehrere Jahre läuft und zur Motivation der Beteiligten Teilziele mit überschaubaren Zeitabschnitten notwendig sind.

2. Hilfpunkte für die übersichtliche Gestaltung

   Bei stark verästelten Netzplänen dienen die Meilensteine als Hilfsmittel bzw. Knotenpunkte.

Als weiterer wertvoller Komfort im Standardprogramm ist noch aufzuführen, daß sich per Knopfdruck die Darstellungsweise Netzplan in Balkendiagramm ändern läßt. Für viele wird so ein Terminplan leicht lesbar.

Anwendung des List-Programms

Von anderen Firmen, die die Lisa im Projektmanagement einsetzen ist zu hören, daß sie den größten Teil dieser PC-Kapazität für Listing-Aufgaben verwenden. Wir sehen auch hier große Vorteile, wenn aus Stücklisten beispeilsweise Bestellunterlagen werden oder teilebezogene Terminangaben die Gespräche mit dem Lieferanten erleichtern. Je nach Bedarf und eingegebenen Sortierkriterien wirft Ihnen der PC die geeignete Liste aus. Das Standardprogramm bietet auch hier umfangreiche Software-Unterstützung für die Listenerstellung.

Hindernisse

Hinderlich ist die Größe des Bildschirms, die nur eine segmentweise Bearbeitung der Arbeitsblätter erlaubt.

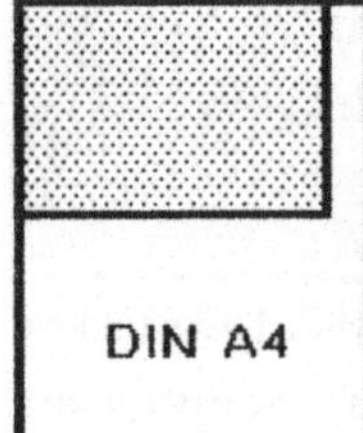

Weder die Breite noch die Länge eines DIN A 4 Blattes ist ganz auf dem Bildschirm zu sehen. Eine Ausnutzung des Blattes ist nur durch Hin- und Herschieben des Bildausschnitts zu erreichen.

Die Komponente Mensch

Der PC-Einsatz steigert die Attraktivität der Arbeitsplätze. Eine vernünftige Mischung zwischen Bildschirmarbeit und anderen Tätigkeiten bringt für physische und psychische Belastung die beste Konstellation

Im Sinne des viel strapazierten Job Enrichment wurde der PC-Einsatz von den Mitarbeitern durchaus positiv gewertet. Wie von anderen Bildschirmarbeitsplätzen her bekannt, mischen auch wir Bildschirmarbeit mit anderen Tätigkeiten. Sicher die beste Konstellation für physische und psychische Belastung.

III Fazit

Wir haben gelernt!

Bei Klöckner-Moeller hat sich das Projektmanagement als organisatorische Plattform für die zielgerichtete, fachübergreifende Kooperation der jeweils geeigneten Kräfte des Unternehmens bewährt. Für uns ist es eine gesicherte Erkenntnis, daß ein erfolgsorientiertes Projektmanagement Transparenz erfordert. Für diese Aufgabe nimmt der PC bei uns eine Schlüsselrolle unter den Hilfsmitteln ein. Wir haben gelernt, daß auch mit "Geschlossenen Bürosystemen" wie z.B. Lisa von Apple die Aufgabenstellungen im Projektmanagement voll abgedeckt werden können. Mehr noch, wir sehen es heute als Vorteil an, ein in den einzelnen Standardprogrammen aufeinander abgestimmtes Programmpaket im Einsatz zu haben. Denn dies erleichert die Anwendung bei der täglichen Arbeit und erlaubt auch das Benutzen von mehreren Programmen für die Bearbeitung einer Aufgabe.

Es geht weiter!

Wir haben die Herausforderung unserer Zeit angenommen, die immer größer werdende Flut an Informationen schnellstmöglich in zielgerichtetes Handeln umzusetzen. Mitarbeiter, Organisation und Hilfsmittel richten wir darauf aus. Konkret heißt das bei uns, wir werden den Weg des rationellen "Transparent- Machens" von Informationen mit PC-Unterstützung konsequent weitergehen.

Überblick Ablage Bearbeiten Schrift Layout Optionen Muster Linien Stift Farbe
FI/IV/I - PROD.-STRUKTUR AUSL.-BL. 2
Text
Heizwendel
3
Steckkontakt
3
Umlenkhebel
1
Messung der Auslösekraft
Komp.-Band
1
Nadelrolle
1
Verstellglied
1
Einstellknopf
1
Klinke
1
Druckfeder Kompen-sation
1
Blattfeder
1
Klinkhebel
1
Klinkhebel-feder
1

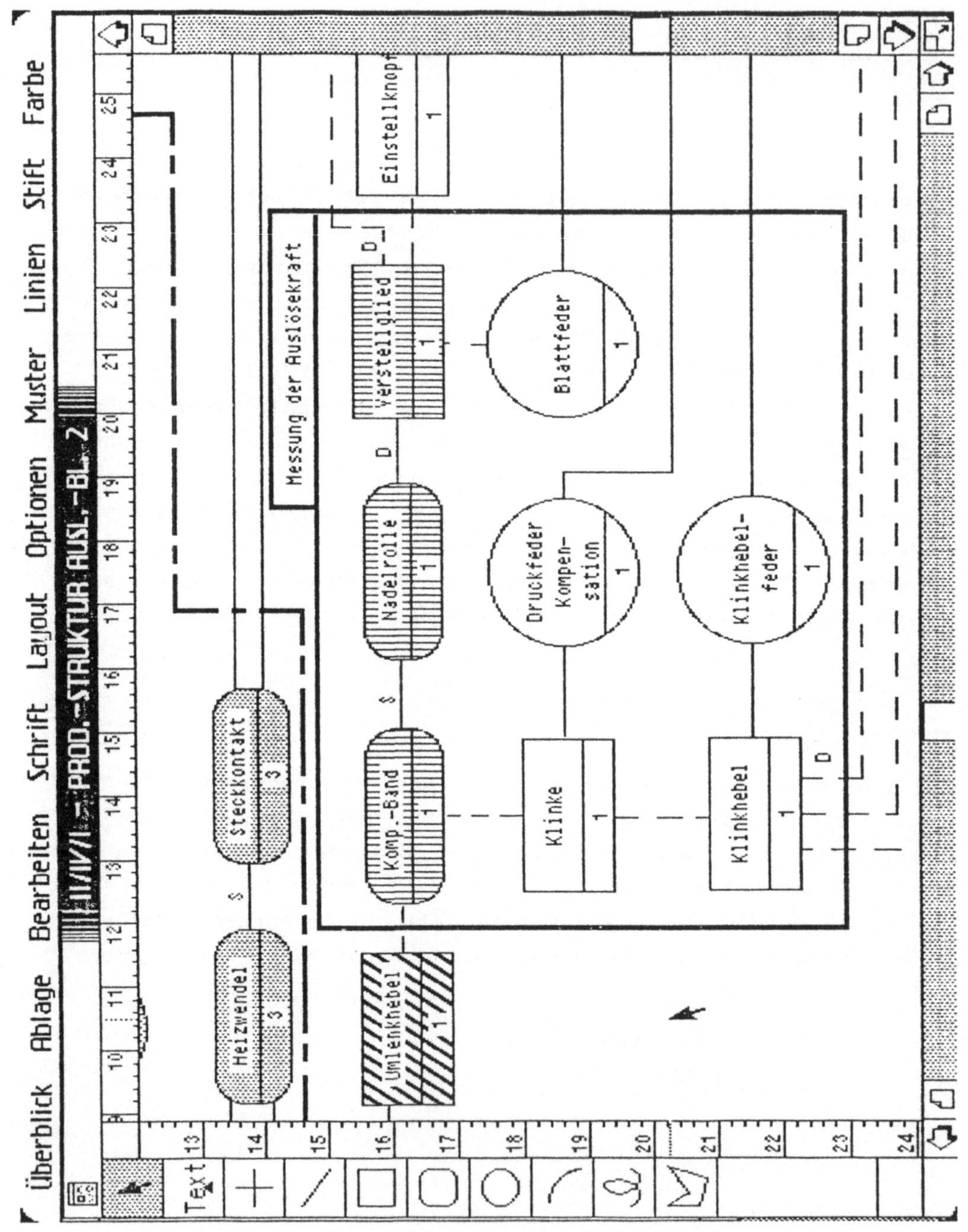

Anlage

Überblick
Ablage
Bearbeiten
Schrift
Layout
Optionen
Muster
Linien
Stift
Farbe
Letzte Änderung widerrufen
Ausschneiden
Kopieren
Einsetzen
Löschen
Duplizieren
Ganzes Dokument aktivieren
Text als Kleinbuchstaben
Text als Großbuchstaben
Erster Buchstabe groß geschrieben
Text

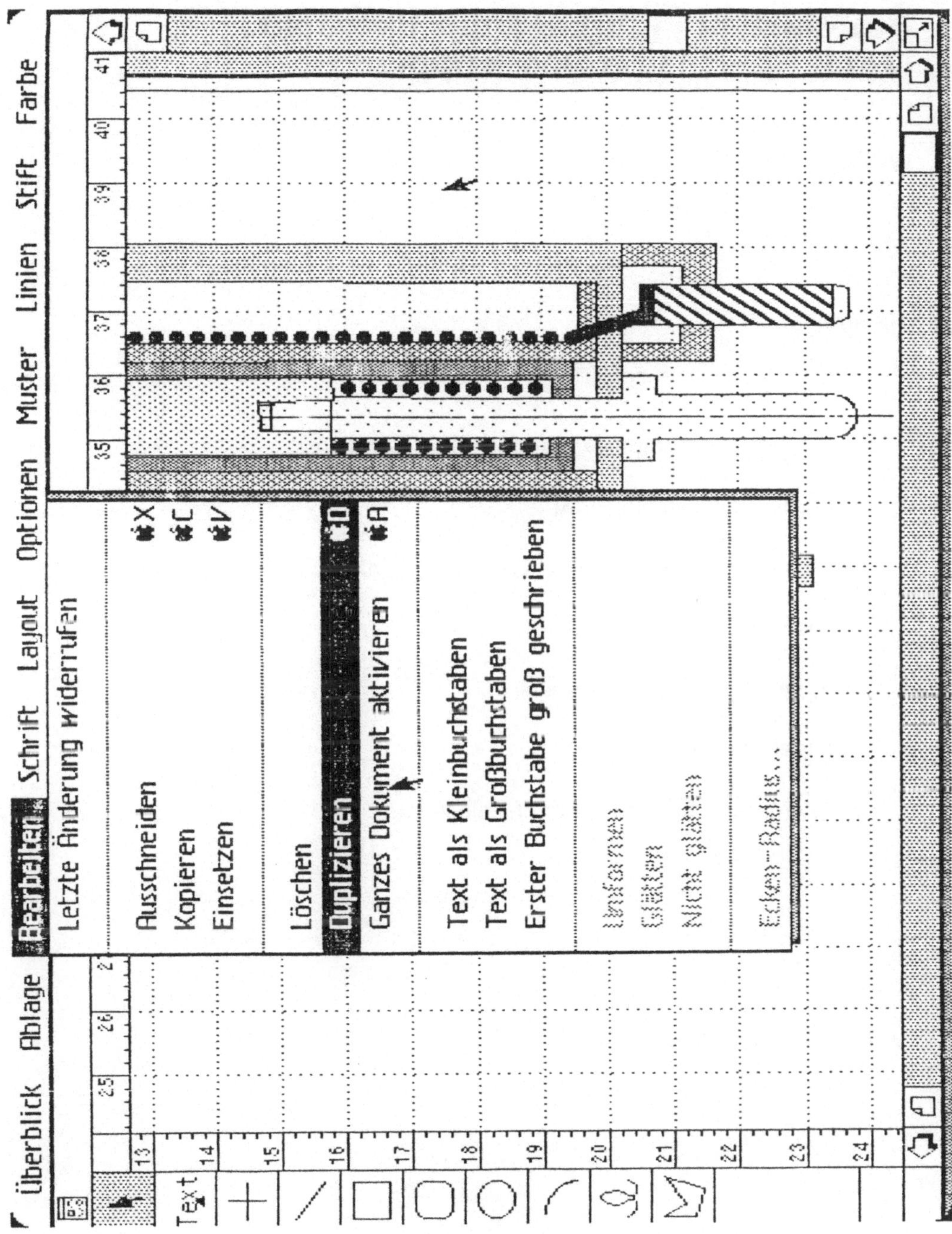

Anlage

Aggregierte Führungsinformationen durch PC-/Mainframe-Kopplung

Wolfram Burger

Gliederung

1 Aggregierte Führungsinformationen durch PC-Mainframe-Koppelung

Führungsinformationssysteme, bzw. die primär seit Aufkommen der EDV viel diskutierten Management-Informations-Systeme wurden und werden in der Literatur wie auch in der Praxis vielfach erörtert und z.T. konträr diskutiert. Befragt man Geschäftsführer oder Vorstandsmitglieder nach Ihren Informationssystemen, so bekommt man häufig die Antwort, daß die zur Führung benötigten Daten in der Regel zur Verfügung stehen, ein IS (Informationssystem) jedoch nicht oder nicht in dem gewünschten Ausmaß vorhanden ist. Verbirgt sich dahinter ein Widerspruch oder handelt es sich hier ggf. um Verständnisschwierigkeiten bzw. Definitionsprobleme?

Die folgende Abhandlung soll dazu beitragen, diese Punkte zu klären und anhand eines Beispiels aus der Praxis dem Leser Hinweise, Tips und Unterstützung bei der Behandlung des Komplexes "Führungsinformationssystem" zu geben.

2 Anforderungen an ein F.I.S.

Die an ein F.I.S. gestellten Anforderungen mögen für den einen oder anderen Leser zuviel erscheinen. Trotzdem bedeutet die Realisierung in der Praxis oft erheblichen EDV- und/oder personellen Zeitaufwand, sie zu erfüllen.
So liegen die Aufgaben eines F.I.S. darin, das Management zu unterstützen, indem es

- relevante Informationen liefert
- aktuelle Informationen bereitstellt
- die Informationen zuverlässig und genau anbietet
- eine hohe Informations- und Zugriffsbereitschaft aufweist
- informationshierarchisch durchgängig ist
- problem- und entscheidungsorientiert berichtet
- benutzerfreundlich gestaltet ist
- und die gestellten Aufgaben wirtschaftlich erfüllt.

Wenn von der Unterstützung des Managements gesprochen wird, so ist hier letztendlich jede Stufe des Managements gemeint, vom Gruppenleiter oder Produktmanager bis hin zur Geschäftsleitung oder dem Vorstand.
Zurückkommend auf die Tatsache, daß gerade Führungskräfte der obersten Ebenen ein umfassendes F.I.S. vermissen, liegt primär in zwei Punkten begründet.
Einerseits wird unter dem Begriff MIS bzw. FIS ein EDV-gestütztes Berichtswesen subsummiert. Dies ist - bedingt durch die Entwicklung der EDV - die ausgehend von der Mengendatenverarbeitung Unterstützung auf der Sachbearbeiterebene liefert und sich sukzessive auf die nächsten Hierarchieebenen weiter verbreitet, verständlich. Denn auf den unteren und mittleren Ebenen existiert bereits ein gutes Informationssystem.
Doch wie sieht es im Top-Management aus? Sicherlich gibt es einige Manager, die bereits einen Bildschirm besitzen und ihn auch nutzen. Ihr Anteil ist jedoch nach Meinung des Autors noch verschwindend gering.
Die Akzeptanz wie auch die Wirtschaftlichkeit sind generell noch nicht vorhanden.
Zum anderen - und dies ist der zweite wichtige Punkt - fehlen bei vielen der herkömmlichen Führungsinformationen, die in der Regel manuell aufbereitet sind, die gewünschte Aktualität, die hohe Zugriffsmöglichkeit auf die Information und die Durchgängigkeit der Informationshierarchie.
Worauf ist dies zurückzuführen?
Trotz des Zeitalters der Informationsverarbeitung und der Schnellebigkeit laufen noch viele Informations- und Berichtsprozesse mehr oder weniger wie früher ab. Zum einen liegt dies an den Personen, die mit dem Fortschritt nicht oder nur zum Teil mithalten können, zum anderen hat die schnelle Entwicklung der EDV dazu beigetragen, daß die organisatorischen Konzepte, die durch sie zum Teil vorgegeben waren, nicht so schnell mitwachsen konnten.

So haben sich in den letzten 20 - 30 Jahren z.B. die Speichermedien (von der Lochkarte bis zur Magnetplatte) und die Lesegeschwindigkeit wesentlich geändert. Während in den 60er und auch noch in den 70er Jahren die Daten noch starr ohne wahlfreien Zugriff organisiert waren, ermöglichen nun die neuen DV-Techniken den Direktzugriff. Dies schuf erst die Voraussetzung für Dialogverarbeitung und Datenbankanwendung und letztendlich auch für die F.I.S. Das heißt jedoch noch nicht, daß damit sämtliche EDV-Applikationen eines Unternehmens auf dem neuesten

Stand sind.
Die Verbreitung der EDV erforderte von den Organisations- und EDV-Abteilungen laufend Neuentwicklungen. Für die Reorganisation der alten Programme mit den unterschiedlichsten Formaten und Datensätzen, den unterschiedlichsten Beständen und Programmen, fehlt meist noch die Zeit. Auch die Prioritäten werden anders gesetzt, so daß die alten sachbearbeiterorientierten Anwendungen in der Regel noch ausreichen.
Dies hat zur Auswirkung, daß die Realisierung eines EDV-gestützten F.I.S. auf sehr viele Hürden und Hindernisse stößt, bedingt durch die unterschiedlichen Applikationen. Zudem wird die Organisationskapazität primär dort benötigt, wo die größten Rationalisierungspotentiale vorhanden sind, bzw. wo seitens des Marktes wettbewerbsbedingte Realisierungen notwendig werden.
Zurückkommend auf die Anforderungskriterien eines F.I.S., so leiden unter diesem Sachverhalt zumindest die Aktualität, die Zugriffsbereitschaft und die Benutzerfreundlichkeit, da in der Regel die Informationen auf der Basis von EDV-Output immer noch manuell aufbereitet werden müssen (fehlende DV-Durchgängigkeit).
Die Aktualität der Daten hängt jedoch auch noch von den zu treffenden Entscheidungen ab. Ob minütliche Aktualisierung oder monatliche Bereitstellung muß individuell entschieden werden.
Analoges gilt für die Relevanz der Informationen. Es muß jedoch darauf geachtet werden, daß das F.I.S. nicht durch unrelevante Daten aufgebläht und ggf. unübersichtlich und damit letztendlich nicht mehr handhabbar wird. Eine übertriebene Datenaktualität in Form von Fortschreibungen kann ebenso dazu führen. Die Zuverlässigkeit und Genauigkeit wird in erster Linie durch die Datenerfassung, -weiterverarbeitung und -verdichtung bestimmt.

Mit der Forderung nach einer informationshierarchischen Durchgängigkeit kann dies am ehesten überwacht und auch realisiert werden, da sämtliche Entscheidungsträger in das F.I.S. mit integriert sind. Außerdem ist dann gewährleistet, daß Rückfragen zu gewissen Informationswerten je nach Detaillierungsgrad bis zur untersten Hierarchie beantwortet und erklärbar sind. Dies gilt insbesondere bei entscheidungsorientierten Systemen. Die Entscheidungsorientierung eines F.I.S. muß nicht zwangsläufig gegeben sein, da gerade im oberen und Top-Management auch gewisse Unternehmensinformationen zur Verfügung stehen müssen, ohne davon Entscheidungen abzuleiten. Entscheidungsorientierung heißt im Sinne von F.I.S. in der

Regel Zielsetzung und Zielverfolgung.
Dadurch ergeben sich zwei dominante Formen der Informationsdarstellung, nämlich die Zeitreihen- und die Soll-Ist-Gegenüberstellung. Um auch noch eine schnelle und hohe sowie rasch übersehbare Informationsbereitschaft zu gewährleisten, ergibt sich häufig die Notwendigkeit zur grafischen Darstellung. Denn nur sie bietet bei umfangreichem Zahlenmaterial eine schnelle und aussagekräftige Darstellung. Durch die EDV-mäßige Erstellung von Grafiken gewinnt diese Entscheidungsunterlage immer mehr an Bedeutung, da der bisher manuelle Aufwand entfällt und die Wirtschaftlichkeit der Informationsaufbereitung zunimmt. Die Wirtschaftlichkeit von F.I.S. zu messen, fällt aufgrund der Nutzenermittlung und der Komplexität sehr schwer. Deshalb kommt in der Regel lediglich ein Kostenvergleich der konkurrierenden Informationssysteme zum Tragen. Auch die Benutzerfreundlichkeit sollte ein wesentlicher Beurteilungsfaktor sein, da damit letztendlich die Akzeptanz des Systems auf dem Spiel steht. Dieser Punkt verhindert auch den Einsatz der seit Jahren schon vorhandenen on-line Systeme, die primär nur für die einzelnen Fachbereiche konzipiert waren. Diese Systeme waren speziell auf den Sachbearbeiter mit seinen Detailkenntnissen und seinen Entscheidungsabläufen ausgerichtet. Für eine Führungskraft, die von der Sache her weiter entfernt ist, wäre allein schon die Bedienung bei nur sporadischer Nutzung kompliziert. Ganz zu schweigen bei einer Führungskraft, die Entscheidungskompetenz für mehrere solche EDV-gestützten Sachgebiete hat (unterschiedliche Zugangsprozeduren, Funktionstasten, Paßwort etc.).
Hinzu kommt, daß gerade die auf Sachbearbeiterebene erstellten on-line Informationssysteme in der Regel sehr aufgabenspezifisch und damit sehr detailliert konzipiert sind. Die daraus abzuleitenden Managementinformationen sind vielleicht noch für die nächste Ebene vorhanden, jedoch nicht für die weiteren Stufen. Die informationshierarchische Durchgängigkeit und Aggregationsstufe fehlt bzw. die Daten erlangen erst in Verbindung mit anderen Ergebnissen aus anderen korrespondierenden Anwendungen den notwendigen Informationsgehalt für das Topmanagement.

Versucht man allen Anforderungen eines F.I.S. auf allen Managementebenen gerecht zu werden, insbesondere unter Berücksichtigung der vorhandenen DV-Situationen (Software, Hardware, Organisation), so stellt man sehr schnell fest, welches komplexe Gebiet zu bewältigen ist. Dies ist vielleicht u.a. auch der Grund, warum bisher solche Systeme meist nur partiell realisiert wurden.

Ganz zu schweigen von den knappen Resourcen der Organisations- und EDV-Abteilungen. Gibt es einen Ausweg aus dieser Problematik oder gar Patentrezepte zur Realisierung eines F.I.S.? Letzteres sicherlich nicht. Jedoch scheint gerade die Entwicklung der benutzerorientierten Sprachen einen Ansatz zur Lösung aufzuzeigen. Die Verwertbarkeit hängt aber stark von dem jeweiligen Unternehmen und seiner DV-Struktur ab. Im folgenden ist der Lösungsweg eines mittelständischen Unternehmens aufgezeigt. Die Aufgabenstellung war, in kurzer Zeit (3 - 4 Monate) ein F.I.S. für die Geschäftsleitung aufzubauen.

3 Realisierung eines F.I.S. in einem mittelständischen Unternehmen

3.1 Aufgabenstellung

Die im vorherigen Abschnitt aufgeführten Anforderungen an ein F.I.S. waren auch hier zu erfüllen. Da eine informationshierarchische Durchgängigkeit kurzfristig aufgrund der vorhandenen DV-Anwendungen nicht realisierbar war, stand als weiteres Ziel die Flexibilität hinsichtlich der Erweiterung für die nächsten Führungshierarchien und für zusätzliche Informationen fest. Außerdem mußte das F.I.S. so aufgebaut sein, daß für alle Gesellschaften und Produktbereiche des Unternehmens eine einheitliche Informationsbasis und Darstellungsform gegeben war. Die Informationshierarchie sollte die Holding und die Gesellschaft sowie die Produktbereiche innerhalb der Gesellschaft umfassen.

3.2 Realisierungskonzept allgemein

Das F.I.S. wurde auf einem PC mit Mainframe-Koppelung realisiert. Wie es zu dieser Entscheidung und Lösungsform kam, sei im folgenden verdeutlicht. Zunächst, und dies dürfte jeweils der erste Schritt für den Einsatz eines F.I.S. sein, wurden sämtliche Informationen, die an die Geschäftsleitung (dem Nutzer des F.I.S.) gingen, gesammelt und hinsichtlich Notwendigkeit und Informationsinhalt geprüft. Aus dieser Aktion entstand das Pflichtenheft für das F.I.S., d.h. diejenigen Informationen wurden festgelegt, die zur Entscheidung bzw. zur Information notwendig sind. Außerdem wurde der Aktualisierungszeitraum und die Darstellungsform festgelegt.

Es wurde bewußt die Top-Down-Methode angewandt, da es sinnvoll erscheint, daß das Management von oben her festlegt, welche Information wann, in welcher Form und wem zur Verfügung stehen muß. Die jeweils nächste Führungsebene hat dann wiederum zu entscheiden, welche zusätzlichen Informationen bzw. welche Form der Disaggregation sie für ihre Entscheidung benötigt u.s.w.

Diese Form der Vorgehensweise erscheint besonders dann sehr sinnvoll, wenn wie im vorliegenden Fall mehrere Abteilungen ein und dieselbe Computersprache für ihr Berichts- und Informationswesen verwenden und dies auch noch zentral, d.h. Host-Sealing. Damit kann der für den Informationsaustausch eines F.I.S. notwendige Koppelungsaufwand (Datenübertragung) sehr gering gehalten werden. Sicherlich problematischer wäre es gewesen, wenn die angesprochenen Fachabteilungen dezentral, d.h. auf PC's ihr Berichtswesen realisierten.

Mit dem Einsatz von ITS 73, einer benutzer- und berichtsorientierten Sprache der Firma GMI in Aachen, die zwischenzeitlich auch PC- und grafikfähig ist, war ein Grundstein für ein abteilungs- und firmenübergreifendes Informationssystem gelegt.
Somit mußten nur noch die im F.I.S.-Konzept festgelegten Daten von den einzelnen ITS-Dateien den Fachabteilungen auf die sog. zentrale Datei (Arbeitsplatz) mittels Brückenprogramm überspielt werden. Aufgrund der Einheitlichkeit der Datenstruktur und der Sprache konnte dies innerhalb einer Mannwoche realisiert werden. Die für das geplante F.I.S. noch fehlenden Daten wurden im ersten Schritt noch manuell erfaßt, d.h. die bisher nicht EDV-unterstützten Berichte wurden auf dem PC erfaßt.
Damit ergab sich die Möglichkeit einer schnellen DV-Auswertbarkeit und Präsentationsfähigkeit (Grafiken, Simulationsläufe etc.).
Zum Einsatz von PC's sowie der individuellen Datenverarbeitung (I.D.V.) soll folgendes festgehalten werden:

Für den Einsatz der I.D.V. (individuellen Datenverarbeitung) sprechen folgende Faktoren:

- Der Endbenutzer versteht am besten die speziellen, fachspezifischen und komplexen Abläufe seines Arbeitsgebietes.

- Mit Hilfe der I.D.V. werden in der Regel schneller Einsparungen und Vorteile erzielt, da der Kommunikationsaufwand zwischen Nutzer und DV reduziert oder sogar eliminiert wird. Verstärkt wird dieser Vorteil durch die Engpaßsituation vieler Organisations- und DV-Abteilungen.

Durch die I.D.V. erfolgt eine schnellere Anpassung der Anwendung an dem sich laufend ändernden Umfeld und den spontanen Informationseinflüssen.

Die I.D.V. darf jedoch nicht als alleiniges Allheilmittel für die Lösung aller DV-Probleme aus der Sicht des Anwenders sein. I.D.V. soll auf der Basis der Primärdaten (Überspielung mittels Bridgeprogrammen) Berichte und Auswertungen erzeugen, deren Umfeld mit dem jeweiligen System (Software) von der Fachabteilung noch sinnvoll erzeugt, verarbeitet und verwaltet werden kann. Letzteres hängt wiederum von der Größe der Abteilung und dem Know-How der Mitarbeiter ab. Trotzdem darf der Aufwand für die Pflege und Aktualisierung der IDV-Programme nicht Hauptbestandteil der eigentlichen fachbezogenen Aufgabe sein.
Der Einsatz von Software der I.D.V. muß wirtschaftlich sein und bleiben. Nimmt der Aufwand zu, so ist zu prüfen, ob eine Ablöse durch ein von der Organisation entwickeltes System sinnvoll und realisierbar ist, da umfassende Systeme von Spezialisten effizienter gehandhabt werden können (Prinzip der Funktions- und Aufgabenteilung). Die Ergebnisse, d.h. der Ist-Zustand der I.D.V., können als Pflichtenheft dienen und somit auch die Entwicklung der zentralen DV beschleunigen und den Aufwand hierzu reduzieren. I.D.V. als Vorstufe zur zentralen DV? Durchaus ein Lösungsweg, jedoch nicht allgemein gültig.

Für den Einsatz von PC's, meist auch als I.D.V. verstanden, jedoch nicht zwangsläufig gegeben (PC für Terminalfunktion wie auch für I.D.V.) sprechen folgende Kriterien:

- schnelle Lösung und hohe Flexibilität durch Vielzahl geeigneter Software
- für den Benutzer überschaubares Umfeld, Integration in der Regel sekundär
- kostengünstige Lösung insbesondere auch für Prototypen (⇒ Pflichtenheft) durch Möglichkeit der Mehrfachnutzung (Kalkulation, Grafik, Textverarbeitung, Datenbank etc.).
- begrenzte Nutzungsdauer
- Einsatz für abteilungsinterne Aufgaben
- Quasi-Vertraulichkeit für die Programme und Daten
- Verfügbarkeit nahezu unbeschränkt, Host-Entlastung

In dem vorliegenden Fall konnte der PC neben der F.I.S.-Anwendung auch noch für das Sekretariat als Textverarbeitung mit Datenbank (Adreßdatei) eingesetzt werden.
Dieser Sachverhalt erhöhte somit die Wirtschaftlichkeit.

3.3 Realisierung speziell

Nachdem das Konzept für das F.I.S. hinsichtlich Hardware (PC), Software (ITS 73/Matplan) und Inhalt feststand, wurde in Zusammenarbeit mit der GMI das Konzept in die Praxis umgesetzt.

Auf dem PC wurden die gewünschten Berichte und Statistiken generiert und, soweit notwendig, Erfassungsprogramme zur manuellen Dateneingabe geschrieben.
Anschließend hat man auf der Host einen sog. ITS-Arbeitsplatz (Datei) für das F.I.S. eingerichtet und Brückenprogramme geschrieben, die die benötigten und aggregierten Daten aus den ITS-Arbeitsplätzen von Finanzen, Controlling, Vertrieb und Personal in den zentralen F.I.S.-ITS-Arbeitsplatz übertragen. Von dort werden bei Bedarf die Daten mittels Leitung auf den Matplan-Arbeitsplatz des PC's überspielt (Matplan = ITS-Version für

den PC). Die Datenübertragungsprogramme waren aufgrund der Einheitlichkeit der Programme auf dem Host (ITS 73) als auch auf dem PC (Matplan) schnell und einfach zu schreiben.

Aus den rund 3.000 Matrizen (Berichten) der Fachabteilungen entstand ein F.I.S. in Form der Menuetechnik, bei der die Führungskraft im ersten Menue 3 und im zweiten Menue zwischen 1 und 3 Positionen angeben muß, um zur gewünschten Information zu kommen (Menues siehe Anlage).

Der Inhalt des F.I.S. bezieht sich auf Finanzdaten (G+V, Kostenstruktur, Umsatz ...), Vertriebsdaten (Auftragseingang, -bestand, abgesetzte Einheiten) und Personaldaten. Hierzu existieren jeweils Plan-, Ist- und Vergangenheitsdaten (Zeitreihen).

Der Umfang des F.I.S. konzentriert sich auf 2 Matrizen pro Produktgruppe bzw. Gesellschaft, eine Ist- und eine Planmatrix. Die Historie-Daten werden wiederum aggregiert und separat geführt. Die Größe der Matrix umfaßt 12 Spalten (je Monat eine) und 70 Zeilen, die noch nicht voll aktiviert sind.
Dieser Umfang ist ausreichend, da Ergebnisse wie Jahressumme, Quartalsergebnisse, Gesamtumsatz Konzern, Prozentsätze in Bezug zum Umsatz etc. jeweils per Programm bei der entsprechenden Abfrage berechnet werden.
Mit den im ersten Schritt aktivierten 18 Zeilen pro Produktgruppe ergeben sich 432 Datenfelder.
Die Auswertungsmöglichkeiten beinhalten bei diesem Sachstand 384 Grafiken, 144 Berichte und 104 Vergleichsinformationen (Vergleich von Gesellschaften Produktgruppen etc.)
Daraus wird erkenntlich, mit welcher relativ geringen Anzahl aggregierter Daten eine Vielzahl von Berichten und Grafiken erzeugt werden können.

Durch Sicherheitsroutinen und Paßwörter ist es möglich, die Informationsversorgung gezielt zu steuern. Die Ausweitbarkeit des Systems ist gewährleistet. Somit auch der Informationsumfang und die weitere Steuerung (Verbreitung auf weitere Ebenen) im Unternehmen.

Es sei nochmals darauf hingewiesen, daß die kurzfristige Realisierung (3 Monate) nur aufgrund einer einheitlichen benutzer- und berichtsorientierten Sprache möglich war, die auch auf dem PC einsetzbar ist. Je differenzierter und je weniger berichtsorientiert die einzelnen DV-Anwendungen sind, desto stärker wird der Integrations- und damit Aggregationsaufwand für die Implementierung eines F.I.S.

4 Empfehlungen für die Einführung eines F.I.S.

Da sicherlich die Anforderungen, der Umfang, der Inhalt wie auch die DV-Umwelt von Unternehmen zu Unternehmen wie auch von Branche zu Branche sehr unterschiedlich sein können, hilft die Beschreibung über die Implementierung zum Teil nur bedingt. Deshalb soll neben den o.g. Anregungen und Illustrationen zumindest noch die Erfahrungen, die beim Einsatz der F.I.S. gemacht wurden, an den interessierten Leser weitergegeben werden. Denn sowohl von Beispielen als auch von Fehlern und Erfahrungen kann man lernen.

Die Empfehlungen für die Einführung lauten:

- umfassende und kritische Analyse der vorhandenen Berichte und Informationsmedien
- Informationsbeschaffung über die DV-Umwelt und geplante EDV-Projekte
- Konzepterstellung der Informationsinhalte und Darstellungsweise nach Prioritäten in Zusammenarbeit mit den künftigen Benutzern (Akzeptanztest)
- Auswahl Hard- und Software gemeinsam mit der Organisation
- Ausbau einer ersten F.I.S-Stufe, deren Input ggf. noch manuell erstellt wird (Prototyping, Praxistest)
- sukzessive Weiterentwicklung gemäß den aus der Praxis sich ergebenden Anforderungen; Entwicklung des F.I.S. nach der Top-Down-Methode
- schrittweise Anpassung der vorhandenen Programme bzw. Ausrichten der DV-Neuentwicklung in das F.I.S.
- Projektleitung bei Controlling oder Planungsabteilung. Die Nähe zum Management sowie die Konstanz der Betreuung des Systems muß gewährleistet sein.

- keine Total-/Ideallösung sofort anstreben (Vorgehen der interativen Schritte)

- bei geplanter Host-Abwicklung eventuell Test mittels Standard-Software bzw. Maskengenerator mit Originaldaten vorab durchführen (Simulation des F.I.S.).

- für das Management ist neben der konzeptionellen Realisierung auch das Handling des Systems von Bedeutung für die Akzeptanz

Anschließend soll nochmals darauf hingewiesen werden, daß es bei EDV-gestützten F.I.S. primär auf die Akzeptanz des Systems hinsichtlich einfacher Handhabung, übersichtlicher Darstellungsform (i.d.R. Tabellen <u>und</u> Grafiken) und Aktualität sowie Flexibilität der Informationen durch das Management ankommt. D.h. die Konzeption und Erstellung darf nicht am grünen Tisch erfolgen, sondern nur in enger Zusammenarbeit mit dem Management, d.h. dem Benutzer. Denn nur überzeugte Manager werden sich intensiv für die Realisierung eines F.I.S. einsetzen. Dabei spielt die DV-Lösung (PC oder Host-Abwicklung) sowie die Datenbereitstellung (aus EDV-Anwendungen, aus I.D.V.-Anwendungen oder ggf. manuelle Erfassung) zwar noch eine bedeutende, aber nicht die entscheidende Rolle.

BÖWE-FÜHRUNGS-INFORMATIONS-SYSTEM

Wähen Sie bitte den gewünschten Bereich durch Angabe untenstehender Abkürzungen aus:

☐☐☐ (bgs, bsv, bvg, cr, rt, sy, tx, ut)

Sie erhalten Einblick in die gesuchten Daten durch Wahl des Bezugsjahres und der Darstellungsart.

☐
1 grafische Darstellung (pro Bereich)
2 grafischer Vergleich der Bereiche
3 numerische Darstellung

0 beendet die Sitzung

☐
1 Ausgabe auf dem Bildschirm
2 Ausgabe auf dem Drucker (Num)/Plotter (Grafik)

BÖWE-FÜHRUNGS-INFORMATIONS-SYSTEM

BASISGRAFIKEN (12 Monate Absolutwerte)

Datenauswahl

☐

1	Volumen	6	Auftragsbestand
2	Umsatz	7	Auftragseingang
3	Betriebsergebnis	8	Umsatzfortschreibung
4	Gesamtergebnis		
5	Gesamtpersonal	0	zurück zum Grundmenü

Vergleich

☐

1	Plan-Ist-Vorjahreswerte	Liniendiagramm
2	Abweichungen Ist-Plan	Balkendiagramm
3	Plan-Ist-Darstellung	Balkendiagramm

Darstellung

☐
1 monatlich
2 kumuliert

GRAFISCHER VERGLEICH DER BEREICHE

FINANZZAHLEN

☐

1 Brutto-Umsatz
2 SEK-Vertrieb
3 Netto-Umsatz
4 Herstellkosten
5 Brutto-Gewinn
6 Vertriebs-GMK
7 Verwaltungs-GMK
8 Forsch.- und Entwicklungs-GMK
9 Profit-Center
10 Betriebsergebnis
11 Neutrales Ergebnis
12 Gesamtergebnis

13 Anteile an BÖWE gesamt

NUMERISCHE DARSTELLUNGEN

☐

1 Finanzdaten
2 in % vom Umsatz

3 Volumen (Absatz, Auftragseingang, Bestand)

4 Umsatz, Auftragseingang, Auftragsbestand
5 Umsatz-Fortschreibung, täglich)

6 Personalbestand

Chronik
7 Umsatz, Ergebnis, Volumen, Personal)
8 Finanzdaten
9 in % vom Umsatz

0 zurück zum Grundmenü

☐ Darstellungsart

1 monatlich 2 kumuliert

Das START-System
Btx-Verfahren im Terminalformat 24 Zeilen à 80 Zeichen

Walter Eckert und Werner Teppe

Gliederung

Das Unternehmen

Die START-Datentechnik betreibt ein Computer-System für Reisebüros. Partner im START-System sind einerseits über 1600 Reisebüros und die Verkehrs- und Touristikunternehmen Deutsche Lufthansa, Touristik Union International, amtliches bayerisches Reisebüro, Deutsches Reisebüro und Hapag Lloyd Reisebüro andererseits. Darüber hinaus werden auch Leistungen von Versicherungsgesellschaften, Fährreedereien , Kreditkartenorganisationen, Service-Rechenzentren und weiteren Unternehmen angeboten.

Das Unternehmen mit ca. 70 Mitarbeitern hat seinen Sitz in Frankfurt-Flughafen. Gesellschafter mit je 25 % Anteil sind die Deutsche Bundesbahn, die Deutsche Lufthansa und die Touristik Union International. Die drei Reisebüro-Organisationen amtliches bayrisches Reisebüro, Deutsches Reisebüro und Hapag Lloyd Reisebüro halten je 8 1/3 % Anteil.

Die Leistungen des Systems

Über das System wurden 1984 10,5 Millionen Fahrkarten und Platzkarten für Bahnreisende gedruckt. 4,5 Millionen Flugtickets für Lufthansa und andere Fluggesellschaften wurden erstellt. Urlaubsreisende erhielten 950.000 TUI-Reisebestätigungen. Annähernd 600.000 Versicherungspolicen aus dem START-Drucker wurden für Geschäfts- und Urlaubsreisende gedruckt.

In Verbindung mit externen Service-Rechenzentren, wie beispielsweise mit dem DER-Rechenzentrum, hat START den Reisebüros im internen Ablauf zahlreiche Arbeitserleichterungen gebracht. Im Mittelpunkt steht dabei die automatische Erfassung von Verkaufsdaten. Daraus werden Buchhaltung und Abrechnung sowie Statistiken, Betriebsvergleiche und ähnliches erstellt. START hat die Reisebüro-Mitarbeiter in diesem Bereich von Routinetätigkeiten entlastet.

Leistungsangebot im START-System

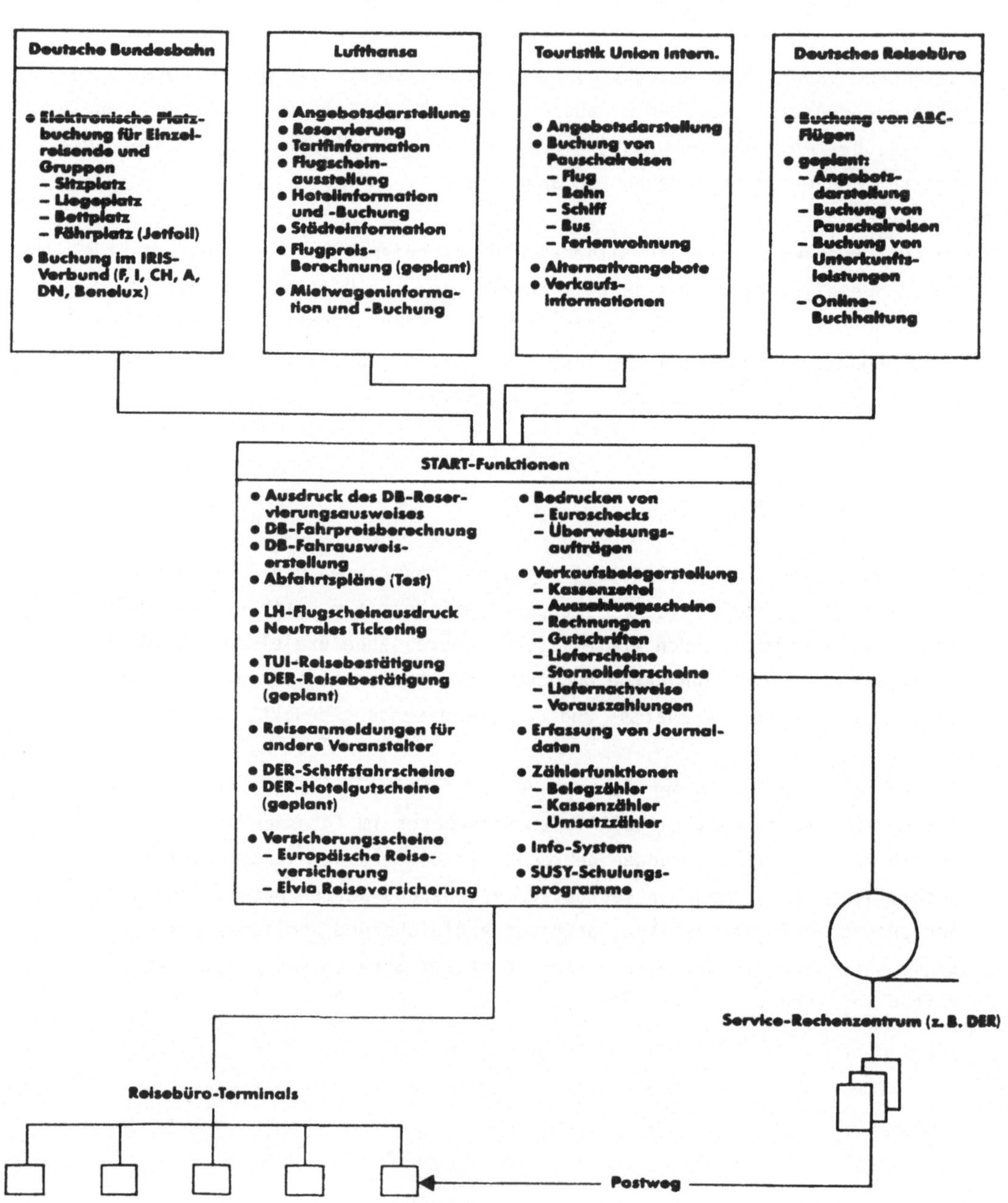

Bild 1

Die Komponenten des Systems

Das START-System integriert die EDV-Systeme der beteiligten Leistungsträger mit dem flächendeckenden Datenübertragungsnetz für Reisebüros. Die Kommunikationsfunktionen, wie sie in den Reisebüros benötigt werden, bietet START über ein einheitlich gestaltetes Reisebüroterminal (RBT) an.

Das RBT besteht aus den Gerätekomponenten DSS 8167, Drucker 8123 und Floppy-Disk 8135 für die Formulare (Masken). Das neue RBT mit DSS 9751 ruft die Formulare vom Zentralrechner ab, verwaltet diese geräteintern und benötigt deshalb kein Floppy-Disk-Gerät.

Der Drucker 8123 arbeitet sowohl in Einzel- als auch im Formularendlosbetrieb und garantiert bei Dokumentenausdruck eine hohe Datensicherheit. Dafür sorgt ein entsprechend ausgeklügeltes Druckquittungsverfahren. Mit der Datenstation 9753 sind programmierbare Einplatzsysteme als RBT und für zusätzliche Büro- und Verwaltungsfunktionen im Reisebüro im Einsatz.
Die Konfiguration im START-System gewährleistet eine in der Praxis bewährte hohe Systemverfügbarkeit. Die dezentral und weit abgesetzt arbeitenden Kommunikationsrechner sind zweifach vorhanden und arbeiten Hot-Stand-By. Im START-Rechenzentrum sichern zusätzliche Rechner Cold-Stand-By die Zentraleinheiten und die Vorrechner.

Derzeit arbeiten 2600 RBTs mit dem START-System. Das Transaktionsaufkommen von ca. 800.000 Transaktionen pro Tag wird durch 3 Zentraleinheiten vom Typ 7.570 C mit je 16 Magnetplatten D 3456 bewältigt. Für das Kommunikationsnetz sind 22 Kommunikationsrechner TRANSDATA 9687, 9674 und 75009 in Betrieb (siehe Bild 1a).

Leistungsträger
IBM
DER
UNIVAC
DLH
IBM
TUI
TANDEM
DB
UNIVAC
DLH
IBM
TUI
Leistungsträgervorrechner
TD 9687
TD 9687
bisher
HOST
7.570 C
12 MB
7.570 C
12 MB
Platten-
peripherie
wie links
7.570 C
12 MB
16 x D3465
144 MB
neu
Netzvorrechner
TD 9687
TD 9687
TD 75009
Doppelnetz-
knoten
TD9674
TD9674
TD9674
TD9674
Btx- mit
externen
Rechnerverbund
Terminals
Drucker
8167 (9751, 9753)
8123
insgesamt 2.600
insgesamt 1.700
intelligentes
Btx-Gerät z.B.
T3110

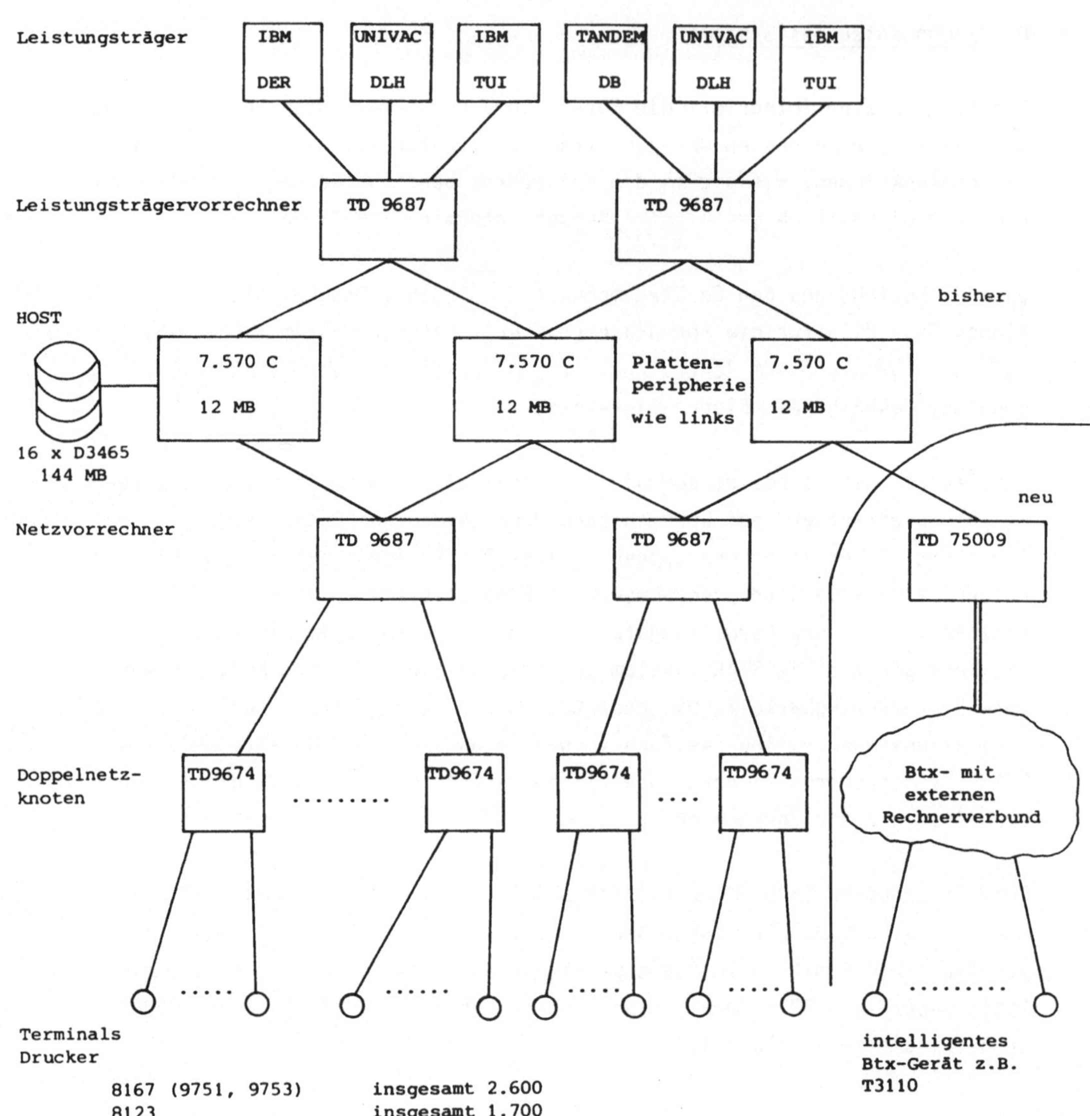

Bild 1a

1 Einleitung

Die START-Datentechnik für Reise und Touristik GmbH nutzt das Bildschirmtextsystem seit Dezember 1984 als Ergänzung zum bisherigen System, um weiteren Reisebüros den Zugriff auf die verschiedenen touristischen Leistungen zu ermöglichen. 1600 Reisebüros mit 2600 EDV-Terminals sind an das System angeschlossen.

START hat ein besonderes Verfahren entwickelt, um Btx-Terminals an die Darstellung und den Verfahrensablauf des bisher im Einsatz befindlichen Reisebüroterminals anzugleichen. Die Bedienung erfolgt analog den Reisebüroterminals über Bildschirmformulare im Format 24 Zeilen à 80 Zeichen.

2 Bildschirmtext im 80-Zeichen-Format

2.1 Gründe für einen Btx-Anschluß

Mit Btx stehen Informations- und Kommunikationsleistungen zur Verfügung, die eine besonders kostengünstige Datenübertragung insbesondere bei geringer Nutzung des Systems ermöglichen.

2.2 Anforderungen für einen EDV-gerechten Btx-Anschluß

Bei der Konzeption eines EDV-gerechten Btx-Anschlusses ergeben sich für die Anpassung bestehender Anwendungen über den Btx-Rechnerverbund folgende wesentliche Anforderungen:

- Möglichst gleiches Erscheinungsbild auf unterschiedlichen Terminals in Büros, die sowohl über herkömmliche als auch über Btx-Terminals verfügen und damit Darstellung im Format 24 Zeilen mit 80 Zeichen,

- Positioniermöglichkeiten innerhalb der Bildschirmformulare in alle Richtungen wie am professionellen EDV-Terminal,

- ein akzeptables Antwortzeitverhalten unter der gegebenen Übertragungsgeschwindigkeit von 1200/75 Baud,

- Anpassung möglichst sämtlicher vorhandener Verfahren unter Berücksichtigung unterschiedlicher Obertragungsprotokolle bei Rechnern verschiedener Hersteller. Eventuelle Einbeziehung von Belegdruck für Druckbelege mit einfachen Druckanforderungen,

- Anpassung der wichtigsten Verfahren innerhalb kürzester Zeit und mit akzeptablem Aufwand.

Vorteile einer solchen Lösung ergeben sich außerdem insbesondere durch entfallende Neudefinition der Verfahren und der Verfahrensanpassung bei Verfahrensänderungen sowie bei der Schulung:

- Sofortige Realisierungsmöglichkeit, da eine fachliche Abstimmung, die ein 40-Spalten-Verfahren notwendig machen würde, nicht erforderlich ist,

- die Anpassung an Verfahrensänderungen ist bei gleichem Erscheinungsbild in der Regel ohne zusätzlichen Aufwand möglich. Eine besondere Abstimmung bei der Einführung ist nicht erforderlich.

- durch das gleiche Erscheinungsbild entsteht im Schulungsbereich lediglich Aufwand in der Erstellung neuer Schulungsunterlagen und Seminare für die Gerätebedienung des neuen Terminaltyps Btx-Terminal.

Die Kopplung der herkömmlichen EDV-Anwendungen ist im wesentlichen mit folgenden Problemen bei der Anbindung an das Btx-Netz verbunden:

- Eine Kopplung mit dem Btx-Netz war bisher nur über das Terminalformat 24 Zeilen x 40 Zeichen oder 20 Zeilen x 40 Zeichen möglich. Die meisten bestehenden Anwendungen sind allerdings für das Format 24 Zeilen à 80 Zeichen erstellt und seine Umsetzung in ein kleineres Format ist insbesondere bei formatierten Bildschirmausgaben, die den gesamten Bildschirm ausfüllen, mit erheblichen Schwierigkeiten verbunden. Bei einer Umstellung ist ein Transaktionsschritt des 80-Zeichen-Betriebes unter Umständen in mehrere Transaktionsschritte aufzuteilen.

- Eine Darstellung der Anwendungen in der von der Post angebotenen, aber noch nicht realisierten 80-Zeichen-Darstellung, ist nicht immer möglich. In diesem Format ist die Anzahl der Dialogfelder nach der Definition des Presentationimage auf 64 Dialogfelder und 128 Aufbaufelder begrenzt.

Dies reicht für komplexe Bildschirmformulare nicht aus. Die Akzeptanz des Verfahrens ist auch erheblich durch die Einschränkungen auf feldweise Cursorbewegungen gefährdet. Das Überspringen von Feldern ist nur in sequentieller Reihenfolge möglich, während auf herkömmlichen modernen Terminals eine Cursorbewegung in alle Richtungen erlaubt ist. Ab einer gewissen Anzahl von variablen Feldern, die im START-Verfahren in Formaten mit tabellenartiger Struktur bis zu über 120 steigt, ist dieses zeitaufwendige Verfahren mit der ohnehin geringen Übertragungsgeschwindigkeit nicht mehr akzeptabel.

2.3 Das Btx-Verfahren

2.3.1 Terminal- und Emulationssoftware

Die Standardgeräte für Btx verfügen derzeit nicht über Möglichkeiten zur Kommunikation mit EDV-Anwendungen im Terminalformat 24 Zeilen á 80 Zeichen. Zur Nutzung dieses Terminalformates bietet sich eine Lösung an, die durch Analogien zum herkömmlichen EDV-Terminal gekennzeichnet ist. Die Anpassung des Endgerätes an die spezifischen Darstellungs-, Bedienungs- und Übertragungseigenschaften eines EDV-Terminals erfordert ein intelligentes Btx-Terminal. Dieses Terminal wird durch eine Emulationssoftware in die Lage versetzt, ein Kommunikationsverfahren abzuwickeln, das dem des EDV-Terminals auf Benutzerebene weitgehend gleicht. Die Emulationssoftware ist als Telesoftware in der Btx-Zentrale abgelegt und nach einmaligem Laden im Endgerät verfügbar, bis das Gerät ausgeschaltet oder mit anderer Software geladen wird. Für die Bildschirmformulare wird das gleiche Verfahren angewendet. Sie werden ebenfalls aus der Btx-Zentrale abgerufen und sind dann im Speicher des Endgerätes abgelegt.

2.3.2 Ablauf des START-Btx-Verfahrens

Der Anwender wählt die Btx-Zentrale im bekannten Verfahren an und kann die START-Funktionen über eine bestimmte Btx-Seite abrufen (siehe Bild 2).

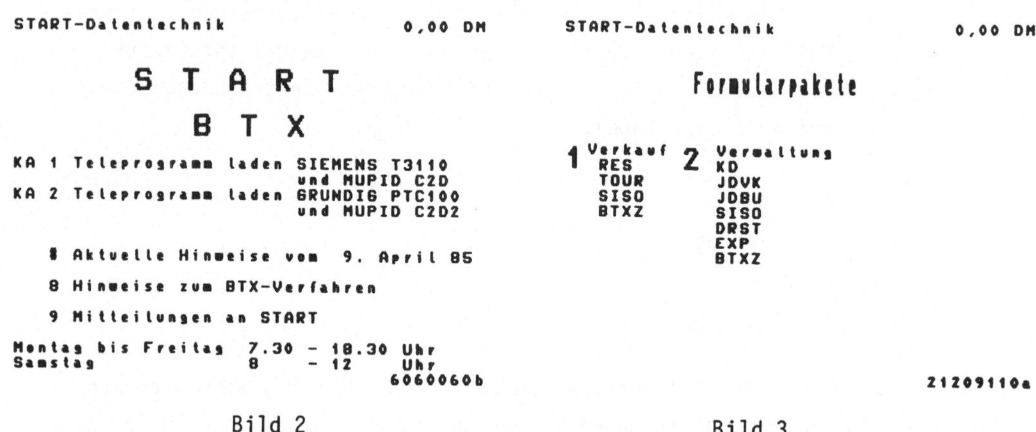

Bild 2 Bild 3

Derzeit stehen Teleprogramme für die vier Terminaltypen zur Verfügung. Lädt der Anwender das für sein Terminal vorgesehene Programm, dann erscheint nach zirka vier Minuten die Seite für die Wahl des Formularpaketes (siehe Bild 3). Die Ladezeit der Formulare ist abhängig vom gewählten Paket und kann zwischen 1-3 Minuten dauern.

Nach dem Laden der Formulare baut das Terminal automatisch die Verbindung zum START-Rechner über die Übergabeseite auf. Das Zugangsformular, das nach erfolgreichem Verbindungsaufbau erscheint, wird bereits im Format 24 x 80 Zeichen dargestellt (siehe Bild 4).

```
                                                              :                                        BTXZ

ZUGANGSEROEFFNUNG FUER BILDSCHIRMTEXT
=====================================

KENNWORT ........

. EXP-ZUGANG EROEFFNEN          EXP-NR ....
. BST ZUGANG EROEFFNEN
. BST ZUGANG SCHLIESSEN
. EXP EINRICHTEN                EXP-NR ....      NEUES KENNWORT ........
. EXP LOESCHEN                  EXP-NR ....
. EXP-KENNWORT AENDERN          EXP-NR ....      NEUES KENNWORT ........
. BST-KENNWORT AENDERN                           NEUES KENNWORT ........
. ANSCHLUSS FREIGEBEN           EXP-NR ....
```

Bild 4

Nach der Identifikation kann der Anwender über das Formularmenü das von ihm gewünschte Verfahren wählen (siehe Bild 5).

```
                FORMULARUEBERSICHT
                =================

        1 KUNDEN                        (KD)
        2 JOURNALDATENVERKAEUFE         (JDVK)
        3 JOURNALDATEN-BUCHALTUNG       (JDBU)
        4 SIGNIN - SIGNOUT              (SISO)
        5 DRUCKERSTEUERUNG              (DRST)
        6 EXP - FUNKTIONEN              (EXP)
        7 BTX - ZUGANG                  (BTXZ)


          BITTE AUSWAEHLEN :
```

Bild 5

Die vom Anwender eingegebenen Daten werden in der Datensammelseite gesammelt. Nach der Bearbeitung eines Eingabefeldes erfolgt die Übergabe an den Verbundrechner der Post, um sehr lange Wartezeiten einer Off-Line-Datensammlung bei der langsamen Übertragungsgeschwindigkeit von 75 Baud zu vermeiden.

Der Anwender kann das START-Verfahren jederzeit durch eine bestimmte Tastenkombination verlassen und wird anschließend auf die 0-Seite der Btx-Zentrale zurückgeführt. Mit einer anderen Tastenkombination kann er die Verbindung jederzeit über die Übergabeseite wieder herstellen.

Bild 6 zeigt einen Ausschnitt aus einem Buchungsvorgang im Touristikbereich:

```
        A-NR ... LB . VB - FN ...: ........................................ TOUR
D509 DARSTELL. OK
AKTION .. VERAN DER  REISEART ABC  HIN 210685 RUECK 1207 PERS .. VORG *033093-01
STRECKE FRAA MIA/MIAA FRA    ZIEL ... .......... VON ...... BIS .... AGNR 091173
                                                                     BLAETTERN
POS HAUS ZIMMER  ALT A NAME/VORNAME/TITEL    STRECKENAENDERUNG     RUNDR  ST PREIS
 1 ..... ..... .  ..  H TEST/A               ..................... ...... OK   1598
 2 ..... ..... .  ..  . .................... ..................... ......
 3 ..... ..... .  ..  . .................... ..................... ......
 4 ..... ..... .  ..  . .................... ..................... ......
 5 ..... ..... .  ..  . .................... ..................... ......
 6 ..... ..... .  ..  . .................... ..................... ......
                                                                   GESAMT    1598
BEMERKUNGEN / KUNDENWUNSCH          BUCHUNGSINFORMATIONEN DES VERANSTALTERS
.........................           ABC-FLUG              ABC-FLUG
.........................           FRANKFURT-MIAMI       MIAMI-FRANKFURT
.........................           LT 900                LT 901
.........................           FRA 14.10 - 18.15 MIA MIA 20.05 - 14.15 FRA
.........................
.........................
 EIN  230485/091173  AEN          /       LTZ         /        RBE         /
ANZAHLUNG ...... KS .. AUFT .... BEF-SCHL .. RA .. PERS-Z .. ZIEL-S .. D ... P .
ZU 1:TITEL .......... VORNAME ............... STR ..............................
PLZ .... ORT ......................... TEL ............
```

Bild 6

2.3.3 Sonderfunktionen des Btx-Terminals

Die Anpassung an das EDV-Verfahren erfordert eine Erweiterung der Terminalfunktionen, die durch die Telesoftware erreicht wird.

Zu unterscheiden sind:

- Funktionstasten

  Die am EDV-Terminal durch Funktionstasten ausgelösten Aktionen werden am Btx-Terminal durch Tastenkombinationen aktiviert. Auf diese Weise werden in den START-Verfahren zum Beispiel folgende Terminalfunktionen realisiert:

  - Vorwärts-/Rückwärtsblättern
  - Löschen eines variablen Feldes
  - Ignore-Funktion
  - Anfangsmarke
  - Anzeige der verfügbaren Partner
  - Formularmenü
  - Wechsel des Formularpaketes
  - Verbindungsaufbau
  - Beenden des START-Verfahrens
  - Cursorbedienung

Die Cursorbewegungen am Btx-Terminal werden analog dem EDV-Terminal vorgenommen. Folgende Cursorbewegungstasten sind im Btx-Betrieb vorgesehen und im Geräteprotokoll umgesetzt:

- Feldweise nach links/rechts
- Zeichenweise nach links/rechts
- Zeile nach oben/unten
- Sprung an 1. beschreibbares Feld
- Sprung an 1. beschreibbares Feld der nächsten Zeile

3 Technische Realisierung

3.1 Allgemeine Übersicht

Die vom START gewählte Lösung baut zentralrechnerseitig auf der Siemens-Externen-Rechner-Software auf (ER-Software). Diese wickelt die auf dem ISO-Schichtenmodell basierenden Protokolle mit den Btx-Vermittlungsstellen und den Datex-P-Rechnern ab und stellt dem Anwendungsprogramm die Btx-Terminaleingaben in einem logischen Format zur Verfügung. Als Gegenstück fungiert ein von START entwickeltes Anwendungspaket im intelligenten Btx-Terminal.

Bild 7 stellt eine erste Übersicht über das Zusammenspiel der Komponenten dar.

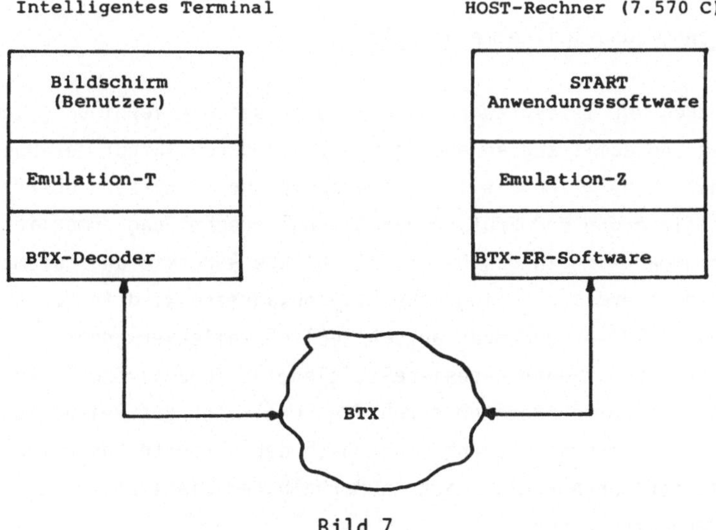

Bild 7

Der Benutzer kann, nachdem die Verbindung zum externen Rechner START durchgeschaltet ist, unterstützt durch die im Terminal ablaufende Emulation-T, seine Eingaben wie am START-Terminal vornehmen. Emulation-T transformiert gleichzeitig die Eingaben des Bedieners in ein Btx-gerechtes Format, das mit Emulation-Z im Zentralrechner abgestimmt ist. Das Zusammenspiel ist einerseits so gestaltet, daß die Nachrichten von Emulation-T über das Btx-System der Post im üblichen 40-Zeichen-Standard übertragen werden können, andererseits an der Schnittstelle von Emulation-Z zur START-Anwendersoftware (ASW) das Erscheinungsbild der Nachrichten eines Reisebüroterminals (RBT) haben, so daß die Anwendung keinen Unterschied feststellen kann und somit im Hinblick auf das Btx-Verfahren auch nicht modifiziert werden muß.

3.2 Komponenten des START-Btx-Verfahrens

START-Btx besteht aus den Komponenten:

- Zugangs- und Teilnehmerverwaltung
- Emulation
- Kommunikationssteuerung
- Administration
- Externe Rechner Software

3.2.1 Zugangs- und Teilnehmerverwaltung

Nach dem Laden der Telesoftware wird automatisch die Verbindung zum externen Rechner und damit zur Anwendung START-Btx durch Aufruf der Übergabeseite aufgebaut. Dabei wird die Teilnehmernummer des Benutzers übertragen, die eine Identifizierung und Prüfung der Zugangsberechtigung ermöglicht. Diese Teilnehmernummer wird in das bei START übliche Adressierungsschema umgerechnet. Die so ermittelte logische Stationsadresse wird in der Kommunikation mit den START-Anwendungen ausschließlich weiterverwendet. Im Zugangsverfahren sind Funktionen angesiedelt, die eine Zugangsverwaltung des Anschlusses zum externen Rechner durch den Büroleiter des Reisebüros ermöglichen, z.B. Sperren des Zugangs außerhalb der Büroöffnungszeiten, damit die Mitarbeiter den Anschluß nicht außerhalb der Dienstzeiten und von anderen Orten benutzen können.

3.2.2 Emulation

Das vom Benutzer ausgewählte und ausgefüllte Bildschirmformular (Maske) bestimmt die auszuwählende Zielanwendung. Die im verfahrensabhängigen Format eintreffenden Daten werden in das Terminalformat umgewandelt und um den im START-System verwendeten einheitlichen START-Monitorkopf (STM-Kopf), in dem Verwaltungsinformationen wie Absender und Empfänger der Nachricht untergebracht sind, ergänzt.

Anschließend wird die Nachricht über die Kommunikationssteuerung, die mit der Etablierung der Anwendung START-Btx Verbindungen zu allen beteiligten Anwendungen aufgebaut hat, unter Verwendung der Zugriffsmethode DCAM an die Zielanwendung weitergeleitet. Die Kommunikationssteuerung überwacht außerdem alle Verbindungen und versucht Verbindungen, die abgefallen sind, wieder aufzubauen.

Der Rücktransport der Nachricht verläuft analog in umgekehrter Reihenfolge. Die von der Zielanwendung eintreffende Antwort wird über die symbolische Stationsadresse dem entsprechenden Btx-Terminal zugeordnet, verfahrensgemäß in das Btx-Terminalformat umgewandelt und über die Externe-Rechner-Software über Btx-Netz zum Terminal transportiert (siehe Bild 8 nächste Seite).

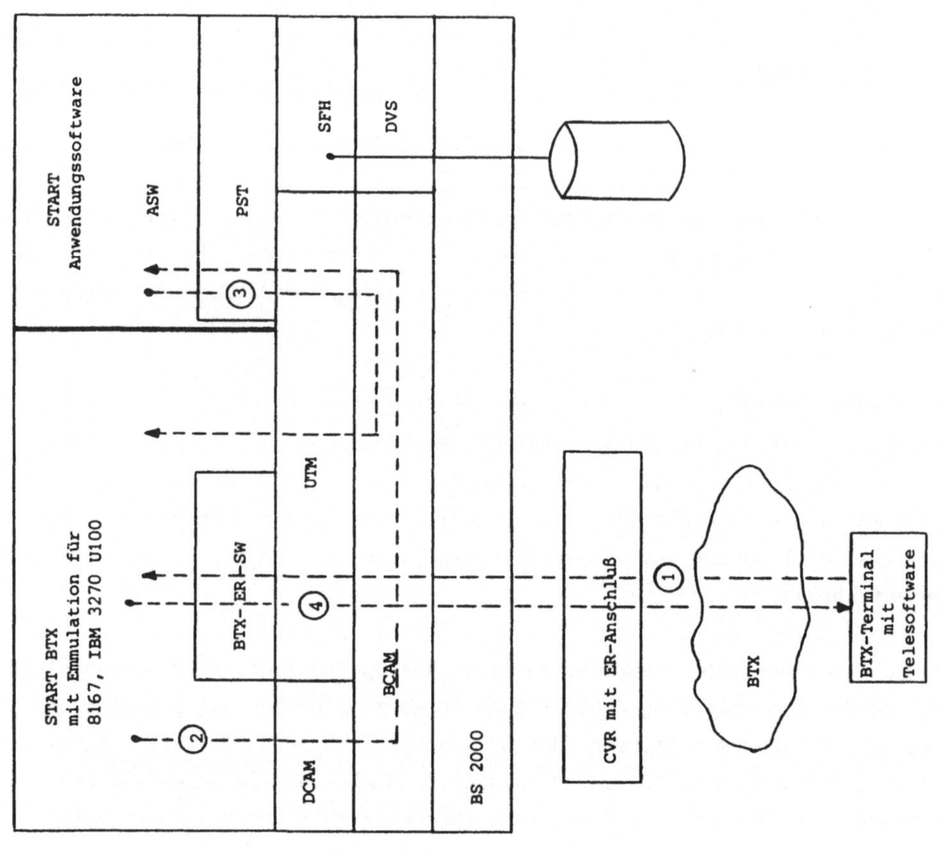

ASW	START-Anwendersoftware
PST	Programmsteuerung
SFH	START-FILE-HANDLER
DVS	Datenverwaltungssystem
UTM	Universeller Transaktionsmonitor
DCAM	Data Communication Access Method
BCAM	BASIC Communication Access Method
CVR	Compakt Vorrechner
ER-SW	Externe Rechner-Software

1. Eingabe Btx-Terminal zu START/BTX
2. Nachricht von START/BTX an ASW
3. Antwort ASW an START/BTX
4. Antwort START/BTX an BTX-Terminal

Bild 8

3.4 Administration

Die Administrationsfunktionen gestatten die Überwachung der Anwendung, geben Auskunft über den Zustand der Verbindungen zu den anderen Anwendungen und machen Statistikabrufe möglich.

4 Zusammenfassung und Ausblick

Die Terminalsoftware - in BASIC realisiert - ist durch die entwickelte Nachrichtenschnittstelle von der Zentralrechnersoftware unabhängig und auch auf andere Terminalemulationen erweiterbar. Die Anwendung START-Btx ist in SPL (PL1-ähnlich) realisiert. Sie basiert auf der Standard-ER-Software von Siemens, die den Transaktionsmonitor UTM benutzt (siehe Bild 8).

Beide Pakete sind unabhängig von einander und mit anderen Systemen kombinierbar, sofern die Nachrichtenschnittstelle und der Kommunikationsablauf eingehalten werden. Denkbar ist auch - für Siemensanwender - eine Ankopplung an die BS2000 Standardanwendung $Dialog, so daß man das Btx-Terminal als Editier- bzw. Programmierstation benutzen kann, da dann automatisch alle Dienst- und Benutzerprogramme des BS2000 zur Verfügung stehen.

START-Btx wird seit Dezember 1984 eingesetzt und ist außer bei den Reisebüros auch bei Anwendern mit großen Außendienstorganisationen, die einen flexiblen und mit geringen Kosten verbundenen Kommunikationsbedarf mit ihren zentralen EDV-Anwendungen haben (z.B. Versicherungen), auf großes Interesse gestoßen. Weitere Verfahren werden demnächst integriert.

Anwendung und Wirtschaftlichkeit des PC-Verbundes im Btx-System

Bernhard Langen

Gliederung

1 Das BIFOA-Projekt BTXIS

Die betriebliche Nutzung des neuen Dienstes Btx und die Geschwindigkeit der Entwicklung und Verbreitung unternehmungsinterner BTXIS wird nicht zuletzt davon abhängen, daß potentiellen Anwendern so frühzeitig wie möglich klare Vorstellungen von den Kosten und dem Nutzen sowie den Voraussetzungen und notwendigen Maßnahmen zur Einführung von solchen Systemen vermittelt werden können. Bisher sind jedoch kaum praktische Erfahrungen beim Aufbau von derartigen Systemen gesammelt und veröffentlicht worden.

Der Bundesminister für das Post- und Fernmeldewesen beauftragte das BIFOA im Herbst 1981, ein Projekt "Konzipierung und Entwicklung von unternehmensinternen Bildschirmtext-Informationssystemen in Kooperation mit Pilotanwendern (BTXIS)" vorzubereiten. Wichtigstes Ziel des Projektes: Durch Beteiligung an Pilot -Entwicklungen in der Praxis Know-how über Entwurf, Realisierung und Implementierung von BTXIS gewinnen und dieses Know-how möglichst schnell an die Deutsche Bundespost und an andere interessierte Institutionen sowie Unternehmen transferieren.

Zur Vorbereitung wurden im Zeitraum September 1981 bis 31. März 1982 insgesamt 12 Systemanalysen bei potentiellen BTXIS-Pilotanwendern durchgeführt. Diese 12 Unternehmungen bzw. Institutionen wurden gemeinsam mit der DBP ausgewählt und gehörten folgenden sechs "Branchen" an:

- Versicherungsunternehmungen,
- Industrieunternehmungen,
- Dienstleistungsunternehmungen,
- Kommunale Rechenzentren,
- Hochschulen/Wissenschaftliche Institutionen,
- Universitätskliniken.

Ziel der meist mehrmonatigen Einzelanalysen war es, solche Unternehmungen bzw. Institutionen zu identifizieren, die konkrete BTXIS-Entwicklungen planten und als Kooperationspartner im Pilotprojekt geeignet erschienen.

Dabei galt es, jeweils branchenspezifische Anwendungsprofile zu ermitteln, die einerseits große Rationalisierungspotentiale beinhalten, von denen man sich andererseits eine große Breitenwirkung für die jeweilige Branche versprach.

Auf der Basis der Vorstudienergebnisse entschied die Deutsche Bundespost, dem BIFOA den Auftrag zur Durchführung einer zweiten Vorbereitungsphase zu geben (1. August 1982 bis 31. März 1983). Wichtigstes Ziel dieser Phase war es, mit 4 Kooperationspartnern jeweils einen detaillierten Kooperationsvertrag abzuschließen, der über einen Zeitraum von 3 Jahren den Rahmen für die vier unternehmungsspezifischen BTXIS-Pilotentwicklungen absteckte.

Das eigentliche Hauptprojekt hat am 1. Mai 1983 mit den Kooperationspartnern IDUNA Versicherungs AG (Hamburg), BMW AG (München) und am 1. Juli mit REWE-Zentral AG (Köln) und Stadtverwaltung Düsseldorf begonnen.

Während gemeinsam mit den drei erstgenannten Kooperationspartnern ausschließlich unternehmensinterne Bildschirmtext-Informationssysteme auf der Basis geschlossener Benutzergruppen entwickelt werden, wird in Absprache mit der Deutschen Bundespost bei dem Kooperationspartner "Stadtverwaltung Düsseldorf" ein anderes Projektziel verfolgt. Hier stehen Service-Leistungen der Kommune für Bürger im Vordergrund der Entwicklungsaktivitäten.

Grundlage aller bereits realisierten oder geplanten Anwendungen in den Teilprojekten ist der Btx-Rechnerverbund, der bei drei Kooperationspartnern bereits realisiert wurde (IDUNA, BMW und REWE) und bei der Stadtverwaltung Düsseldorf voraussichtlich im zweiten Halbjahr 1985 realisiert wird.

2 Gründe für die schnelle Verbreitung des PC-Verbundes im Btx-System

Neben Akzeptanzaspekten, auf die hier nicht näher eingegangen werden soll, sind vor allem Kostenaspekte ausschlaggebend dafür, daß der PC-Verbund im Btx-System, sowohl in der geschäftlichen Kommunikation als auch im sog. Hobby- oder Home Computer -Bereich, eine schnelle Verbreitung finden wird.

Datenübertragungs- und Netzzugangskosten

Bei der Nutzung der Gateway-Funktionen der Verbundrechner in den öffentlichen Btx-Vermittlungsstellen stellt Btx in bestimmten Anwendungssituationen heute die mit Abstand kostengünstigste Netzalternative im Vergleich zu anderen Wählnetzen der DBP dar.

Die Ergebnisse einer BIFOA-Studie, die die Ermittlung der Datenübertragungskosten einer klar abgegrenzten Anwendung auf der Basis alternativer Wählnetze der DBP zum Ziel hatte, zeigt Tabelle I.

Die monatlichen Kosten für den Zugang zum Btx-Netz betragen 8,-- DM (Btx-Anschlußbox). Das in etwa vergleichbare nächstgünstige Modem der DBP (kein Einschubmodem!) kostet bereits 50,-- DM /Monat.

Wählnetze	Monatliche Kosten eines einzelnen Teilnehmers (ab 1.1.1987)	
BTX MIT PI-OPTIMIERUNG		
a) ohne Format-Service		32,50 (1)
b) mit Format-Service		32,50
FERNSPRECHNETZ		
a) NB mit DBT03		32,50
b) NB		42,50 (2)
c) bis 50 km		139,10 (3)
d) bis 100 km		265,60 (4)
e) über 100 km		403,60 (5)
DATEX-P/PAD OHNE MASKENVERWALTUNG		
a) PAD im Nahbereich		42,50
b) PAD bis 50 km		139,10
DATEX-P/X.25 OHNE MASKENVERWALTUNG		250,00 (6)
DATEX-P/PAD MIT MASKENVERWALTUNG		
a) PAD im Nahbereich		42,50
b) PAD bis 50 km		139,10
DATEX-P/X.25 MIT MASKENVERWALTUNG		250,00
DATEX-L OHNE VERBINDUNGSABBAU (2400 bps)	Kosten mit ermäßigter Grundgebühr	
a) bis 50 km	180,00 (7a)	220,00 (7b)
b) bis 100 km	180,00	220,00
c) über 100 km	180,00	220,00
DATEX-L OHNE VERBINDUNGSABBAU (300 bps)		
a) bis 50 km		120,00 (8)
b) bis 100 km		120,00
c) über 100 km		120,00
DATEX-L MIT VERBINDUNGSABBAU (2400 bps)		
a) bis 50 km		220,00
b) bis 100 km		220,00
c) über 100 km		220,00
DATEX-L MIT VERBINDUNGSABBAU (300 bps)		
a) bis 50 km		120,00
b) bis 100 km		120,00
c) über 100 km		120,00

Tabelle I: Vergleich von Datenübertragungskosten auf der Basis einer klar abgegrenzten Anwendung

Monatliche Kosten des Anbieters (ab 1.1.1987)		Monatliche Gesamtkosten der DÜ bei 300 Teilnehmern incl. Anbieterkosten	
	11.982,70 6.973,15		21.732,70 16.723,15
	5.155,00 5.155,00 5.155,00 5.155,00 5.155,00		14.905,00 17.905,00 46.885,00 84.835,00 126.235,00
	17.495,00 17.495,00		30.245,00 59.225,00
	5.120,00		80.120,00
	17.370,00 17.370,00		30.120,00 59.100,00
	4.995,00		79.995,00
Kosten mit ermäßigter Grundgebühr 76.895,00 105.920,00 122.795,00	74.270,00 103.295,00 120.170,00	Kosten mit ermäßigter Grundgebühr 130.895,00 159.920,00 176.795,00	140.270,00 169.295,00 186.170,00
	64.125,00 87.750,00 101.925,00		100.125,00 123.750,00 137.925,00
	12.699,50 14.570,00 15.675,50		78.699,50 80.570,00 81.657,50
	32.315,00 42.526,25 48.653,00		68.315,00 78.526,25 84.653,00

Erläuterung der Tabelle

Teilnehmerseite

1) Teilnehmer: o monatliche Grundgebühr Hauptanschluß (Doppelanschluß) 13,--
o monatliche Grundgebühr Btx-Anschlußbox 8,--
o Gesprächsgebühren
= Nahbereich (2 Einheiten je Dialog)
2 * -,23 DM * 25 Tg. 11,50
= 32,50

2) Teilnehmer: o Netzzugangsgebühren
- Telefonanschluß (Doppelanschluß) 13,--
- Modem MDB 1200/01 18,--
o Verbindungsgebühren
- Nahbereich 2 * -,23 DM * 25 Tg. 11,50
= 42,50

3) Teilnehmer: o Netzzugangsgebühren
- Telefonanschluß (Doppelanschluß) 13,--
- Modem MDB 1200/01 18,--
- Ferngespräche bis 50 km
mo.-fr. 20 Einh. je Dialog
sa. 14 Einh. je Dialog
20 * -,23 DM * 20 Tg.
\+ 14 * -,23 DM * 5 Tg. 108,10
= 139,10

4) Teilnehmer: o Netzzugangsgebühren
- Telefonanschluß (Doppelanschluß) 13,--
- Modem MDB 1200/01 18,--
- Ferngespräche bis 100 km
mo.-fr. 45 Einh. je Dialog
sa. 24 Einh. je Dialog
45 * -,23 DM * 20 Tg.
\+ 24 * -,23 DM * 5 Tg. 234,60
= 265,60

5) Teilnehmer: o Netzzugangsgebühren

- Telefonanschluß (Doppelanschluß)	13,--
- Modem MDB 1200/01	18,--
- Ferngespräche über 100 km	
mo.-fr. 75 Einh. je Dialog	
sa. 24 Einh. je Dialog	
75 * -,23 DM * 20 Tg.	
24 * -,23 DM * 5 Tg.	372,60
=	403,60

6) Teilnehmer: o Datex-P-Anschluß (2400 bit/sec) 250,--

7a) Teilnehmer: o Datex-L-Anschluß (2400 bit/sec) mit Gebührenermäßigung (abzügl. 40,--) 180,--

7b) Teilnehmer: o Datex-L-Anschluß (2400 bit/sec) ohne Gebührenermäßigung 220,--

8) Teilnehmer: o Datex-L-Anschluß (300 bit/sec) 120,--

Anbieterseite

Alle Kosten für die zentralen Hauptanschlüsse und alle (bis auf die Alternative "Fernsprechnetz") Datenübertragungskosten.

Endgerätekosten

Im Vergleich zu klassischen DV-Endgeräten werden die Btx-Endgeräte erheblich kostengünstiger sein. So gehen Expertenschätzungen davon aus, daß eine semiprofessionelle Endgerätekonfiguration bestehend aus Farbmonitor, integriertem Decoder und alphanumerischer Tastatur Ende 1985 (nachdem genügend EUROM-Decoderchips vorliegen) lediglich noch etwa 2.500,- DM kosten wird.

3 Grundsätzliche Organisationsformen des PC im Btx-Rechnerverbund

Grundsätzlich können die PC-Verbundmöglichkeiten im Btx-System wie folgt klassifiziert werden:

	Nutzung der öffentlichen Vst'en	Nutzung der privaten Externen Rechner
mit unintelligenten Endgeräten	z.B. Informationsabfrage Elektr. Mitteilungsdienst 1	Datenfernverarbeitung 2
mit intelligenten Endgeräten	Automatisierungsmöglichkeit vieler Anwender bzw. Anwendungsfunktionen Telesoftware 3	Datenfernverarbeitung Telesoftware 4

Die Nutzungsmöglichkeiten des Btx-Systems mit unintelligenten Endgeräten, die sich primär auf die Teilnehmerfunktionen am Btx-System beschränken (siehe Feld 1), sollen im folgenden nicht näher erläutert werden. Die PC-Verbundmöglichkeiten in den Feldern 2, 3 und 4 werden nachfolgend dargestellt.

Zu Feld 2

Auch hier sind wieder mehrere Nutzungsformen zu unterscheiden. Kennzeichnend für diese PC-Verbundmöglichkeiten ist besonders, daß der PC hier immer auf Seiten des Anbieters genutzt wird, allerdings in unterschiedlichen Systemumgebungen und Anwendungssituationen.

Nutzung des PC's auf Anbieterseite

c) Der PC als dedizierter externer Rechner

Verschiedene SW-Entwicklungen der jüngsten Zeit belegen, daß der PC auch als Externer Rechner konfiguriert werden kann. Das bekannteste SW-Produkt dürfte wohl TELES BTX/ER (Prof. Sigram Schindler, TU Berlin) sein. Dieses SW-System ist in "C" geschrieben und läuft zur Zeit auf den PC's von IBM (XT und AT) sowie auf vielen kompatiblen PC's, wie NCR, Sperry, Olivetti, Ericsson, Philips u. a.

Wichtigste Voraussetzungen in diesem Zusammenhang sind ein Multitasking-Betriebssystem sowie eine Karte, die den DATEX-P X.25 Anschluß ermöglicht.

Die entscheidende Frage aus Anwendersicht lautet:
Wie leistungsstark ist der PC als dedizierter ER? Hierbei ist zu bedenken, daß auf dem PC nicht nur das gesamte Kommunikationshandling (insbesondere Protokolle der Ebene 4 und 6), sondern auch noch eine oder mehrere Anwendungen ablaufen müssen. Zum jetzigen Zeitpunkt muß wohl eher zu einer vorsichtigen Einschätzung geraten werden. Wahrscheinlich wird eine solche Rechnerkonfiguration kaum mehr als 4 - 5 parallele Sessions abarbeiten können. Exakte Angaben liegen noch nicht vor, da m.W. solche ER-Konfigurationen sich noch in einer Pilotphase befinden.

d) Der PC als Front-End-Rechner vor einem Host (dem "eigentlichen" ER)

Die Nutzung der EHKP-4- und EHKP-6-Protokolle erfordert erhebliche Prozessorkapazitäten. So erfordert z.B. eine TELES-ER Implementierung auf Ebene 4 18 + 5n KB Arbeitsspeicher für n parallele Sessions, zusätzlich erfordert das EHKP-6-Protokoll 11 + 14n KB (Angaben eines Anbieters). Insofern wird es in vielen Fällen sinnvoll sein, den eigentlichen Host vom gesamten Kommunikationshandling zu entlasten und dieses auf einen PC zu verlagern, der dann anwendungsseitig auf den Host zugreift. 12 - 15 parallele Sessions scheinen bei solchen Systemkonfigurationen möglich. Aber auch hier liegen verläßliche Praxiswerte noch nicht vor.

Hinzu kommt, daß der PC als Btx-Front-End-Prozessor sich gegen die Konkurrenz der wesentlich leistungsstärkeren Minis, die überdies schon vielfach praxiserprobt sind, wehren muß. Solch erprobte Front-End-Rechner sind z.B. der /1 von IBM, die HP-3000/34 von Hewlett Packard oder die Micro VAX von Digital Equipement. Die HW- und SW-Konfigurationen bewegen sich mittlerweile in einer unteren Bandbreite von etwa 80.000,-- bis 100.000,-- DM (HP 3000/34) und in einer oberen Bandbreite von etwa 250.000,-- bis 300.000,-- DM (etwa Serie /1 IBM). Insofern zeigt sich also ein eindeutiger Kostenvorteil für eine PC-gestützte Version, (der AT incl. Btx-RV-Software ab etwa 60.000 DM). Gravierende Abstriche sind aber bzgl. der Stabilität des Systems zu erwarten und mit Gewißheit bzgl. der Leistungsfähigkeit.

Zu Feld 3

PC-Verbund über öffentliche Btx-Vermittlungsstellen

Grundsätzlich können nur 2 Nutzungsarten unterschieden werden:

a) Zum einen können PC's komfortabel den elektronischen Mitteilungsdienst auf dem Postrechner nutzen. Zur Unterstützung dieser Funktionen (wie Auswahl, Identifikation, Zugriff auf Mailbox, lesen/ausladen) der Mailbox wird heute bereits eine breite Palette von Standardsoftware angeboten. Für Anwender könnten sich aber prohibitiv hohe Kosten bei einer geplanten intensiven Nutzung der Mailbox ergeben, da für einzelne Antwortseiten bzw. Mitteilungsseiten 0,30 DM bzw. 0,40 DM Nutzungsgebühr anfallen.

b) Die Vst'en der DBP speichern aber nicht nur einzelne Btx-Seiten, sondern auch Programme. Diese Programme, die z.Z. noch mittels eines speziellen Codes in den Vst'en gespeichert werden müssen, stellen eine Folge von miteinander verbundenen Btx-Seiten dar, die vom PC aus der Vst ausgeladen werden und im Endgerät (PC) wieder zu einem ablauffähigen Programm zusammengesetzt werden. Voraussichtlich gegen Ende 1986 wird Btx-Teilnehmern die Nutzung des "Transparent Mode" offenstehen, mit dem dann über das Btx-System beliebige ASCII-Codes abgespeichert und übertragen werden können.

Kennzeichnend für diese Nutzungsform ist, daß noch kein Externer Rechner benötigt wird. Beide Seiten, die sowohl Teilnehmer als auch Anbieterstatus haben können, kommunizieren miteinander ausschließlich über das öffentliche Btx-System. Eines aber kann heute schon als gesichert angesehen werden: Das öffentliche Btx-System wird auch unter diesem speziellen "Programmverteilungsaspekt" das Wählnetz der Zukunft werden, da sowohl die Datenübertragungskosten (0,23 DM für 8 bzw. 12 Min. als auch die Netzzugangskosten 8,-- DM/Monat) äußerst günstig sind.

Zu Feld 4

Der PC im Verbund mit einem leistungsstarken ER

Im Regelfall werden leistungsstarke Host-Systeme (IBM MVS-Systeme oder Siemens DS 2000) als ER konfiguriert. Es kann davon ausgegangen werden, daß solche Systeme bis zu 200 und mehr parallele Sessions der dezentralen Teilnehmer ermöglichen. Neben diesem klassischen On-line Betrieb ermöglicht der PC als Endgerät aber eine weitere Nutzungsform, deren Bedeutung zukünftig noch stärker wachsen wird: Die Nutzung von Telesoftwareanwendungen über einen Externen Rechner.

Die Vorteile eines solchen Verbindungssystems sind bedeutend:

- Telesoftwareanwendungen basieren i.d.R. auf komprimierten Codes, die über das Btx-System übertragen werden. Im Vergleich zu On-line-Anwendungen können hierdurch erhebliche Datenübertragungskosten eingespart werden. Dies wird um so bedeutsamer, wenn man sich vergegenwärtigt, daß etwa 65% der laufenden Kosten eines Btx-gestützten Informationssystems auf Datex-P-Grund- und Verkehrsgebühren zurückzuführen sind.

- Ports am zentralen Rechner werden von dezentralen Teilnehmern nur sehr kurzfristig belgt. So dauert z.B. eine klassische On-line Bestellung eines REWE-Einzelhändlers etwa 15 Minuten. Demzufolge muß eine genügend große Eingangskapazität am ER vorgehalten werden, damit Einzelhändler nach Anwahl des Rechners aus Kapazitätsgründen nicht abgewiesen werden.
  Bei einer Realisierung dieser Bestellanwendung mit Telesoftware, würden die Ports am ER bei Sendevorgängen zum Teilnehmer hin weniger als 1 Min. belegt, bei Empfangsvorgängen weniger als 1/2 Min. Dies bedeutet, daß die Eingangskapazität am Externen Rechner wesentlich reduziert werden kann.

Natürlich weist ein solches Verbundsystem im Vergleich zur Online Anwendung einen bedeutenden Nachteil auf: Es ist kein unmittelbarer Dialog mit einem Externen Rechner möglich, sondern lediglich ein "zeitversetzter" Dialog. Es kann allerdings immer nur anwendungsspezifisch geklärt werden, ob ein "zeitversetzter" Dialog organisatorisch und wirtschaftlich sinnvoll ist.

4 Der Btx-fähige PC als (erstes) multifunktionales Endgerät

Auf der Basis der 4 Pilotprojekte des BIFOA zeichnet sich folgendes multifunktionales Endgerät ab, an dessen Leistungsmerkmalen sehr viele Hersteller z.Z. intensiv arbeiten:

<u>Basis: PC (für lokale Verarbeitung)</u>

DV-Verbundfunktionen:	Btx damit dialogfähig im Verbund mit Host's, aber auch RJE-Anwendungen möglich (Transparent Mode)
Mailbox-Funktion:	Btx entweder auf Vermittlungsstellen der DBP realisiert oder auf Host. Sowohl geeignet für Massenverteilkommunikation als auch für individuelles Mailing
Textverarbeitung:	große Anzahl von Textverarbeitungssoftware für PC's
Textübermittlung:	Teletex-fähiger PC
Komfortable Mailbox:	Telebox Anwahl über Btx-Anschlußbox möglich, aber in der Regel kostenintensiver als über Btx

Alternative DV-Verbundfunktion:

Anwahl eines PAD's (über Btx-Anschlußbox) oder X.25 integriert in PC.

Somit wird erkennbar, daß der textverarbeitungs- und kommunikationsfähige PC in den nächsten 2-3 Jahren als multifunktionales Endgerät zum Einsatz kommen wird. Erste integrierte Lösungen, die den PC-Monitor auch als Btx-Monitor nutzen, werden bereits am Markt angeboten (besonders hingewiesen sei auf den NCR 4i, sowie IBM und Toshiba).

Entscheidenden Einfluß auf die Kommunikationsfähigkeit von PC's ist der Möglichkeit zuzumessen, über die sehr kostengünstige Btx-Anschlußbox außer Btx auch andere Dienste der DBP nutzen zu können (z.B. Telebox, PAD-Anwahl). Es ist sicher, daß die DBP auch zukünftig weiterhin eine solche Btx-Anschlußbox anbieten wird, die diese manuelle Anwahl unterschiedlicher Dienste erlaubt.

5 Einige konkrete Anwendungsbeispiele aus der Praxis

5.1 Die REWE-Bestellabwicklung als Telesoftwareanwendung mit Externem Rechner

Statt eines Dialogs mit dem Externen Rechner kann diese Anwendung auch als zeitversetzte Telesoftwareanwendung konzipiert werden.

Der Ablauf der Anwendung stellt sich dann wie folgt dar:

Im Verlaufe des Vormittags lädt sich der Einzelhändler die komplette Tagesübersicht über die z.Z. vom Großhändler angebotenen Artikel (= Ordersatz, der je nach Saison etwa 150 - 200 Artikel mit den entsprechenden Informationen wie Herkunftsland und Preisangaben enthält) in sein intelligentes Endgerät (Downloading von Telesoftwareprogrammen über das Btx-Netz). Nach Beendigung des Ladevorgangs wird dann die Verbindung zum Externen Rechner unterbrochen. Off-line führt der Einzelhändler dann seinen Bestellprozess durch. Das hierzu notwendige Ausführprogramm ist entweder vor Ort (z.B. auf Diskette) vorhanden oder wird ebenfalls "downgeloadet". Nach Durchführung der Bestellung baut das Endgerät die Verbindung zum Externen Rechner auf und sendet alle Bestelldaten in einem Datenblock zum externen Rechner.

Vorteile dieses Verfahrens

Neben den bereits erwähnten Kostenvorteilen, wie geringere Leitungskosten und geringere Belegungszeiten der Ports am Externen Rechner, ergibt sich insbesondere bei dieser Art der Anwendung für den Einzelhändler der Vorteil, seine Off-line Bestellung über einen beliebigen Zeitraum auszudehnen, Änderungen oder Ergänzungen durchzuführen, ohne jeweils mit dem Externen Rechner verbunden zu sein. Die Anwendung kann insgesamt auf der Seite des Einzelhändlers flexibler gestaltet werden.

Als nachteilig muß aber die Tatsache angesehen werden, daß unmittelbare Rückmeldungen des Rechners über z.B. Lieferbereitschaft mit dem Verfahren eben nur zeitversetzt möglich sind. Hierzu müßte das Endgerät nach einiger Zeit (wenige Minuten) wiederum die Verbindung zum externen Rechner aufbauen und errechnete Daten (z.B. Handelsspanne) und die Auftragsbestätigung "downloaden".

5.2 Konten-Clearing über Btx

Bereits seit einiger Zeit wird Standardanwendungssoftware angeboten, mit deren Hilfe sehr komfortabel das Konten-Clearing unterstützt werden kann.

Off-line auf einem PC erstellt der Nutzer seine Eingabe, indem er ein Formular ausfüllt und Überweisungsbetrag, Zahlungszweck, Bankverbindung u.ä. eingibt.
Da nahezu alle Banken bereits im Rechnerverbund arbeiten, kann der Nutzer dann nach Beendigung seiner Eingaben ein Ausführungsprogramm starten, das die jeweiligen externen Rechner anwählt und die entsprechenden Überweisungen durchführt.

5.3 Electronic Mail über Btx und PC

Die Bedeutung des Electronic Mailing über das Btx-Netz im Verbund mit einem Externen Rechner wird in Zukunft stark zunehmen. Hauptsächliche Gründe hierfür sind einerseits die bereits erwähnten sehr geringen Datenübertragungskosten im Btx-Netz, der sehr kostengünstige Netzzugang, sowie ein heute schon als umfangreich und ausgereift zu bezeichnendes Standardsoftwareangebot zur Unterstützung von Mailbox-Funktionen auf einem Externen Rechner. Electronic Mail Standard-Produkte kosten heute nur noch etwa 200.000,-- (Kaufpreis). Der Komfort einer solchen Anwendung kann durch einen PC als Endgerät sehr gesteigert werden. Nach einem Auslesevorgang aus dem Externen Rechner können alle Nachrichten vor Ort mit einem kleinen Anwendungsprogramm komfortabel verwaltet werden. Selbstverständlich bietet auch der Externe Rechner diesen Komfort - dann ist allerdings jeweils ein Verbindungsaufbau notwendig.

Literaturverzeichnis zum Projekt BTXIS

Breithardt, J.: Beitrag zum Thema der Woche: Bildschirmtext soll Brücke zum Kunden schlagen. In: Computerwoche v. 5. Oktober 1984, S. 7.

Breithardt, J.; Kampling, M.: Der Weg zur Analyse von Kommunikation. In: Btx-Praxis, Juni 1985, S. 22-24.

Breithardt, J.; Wachter, A.: Bildschirmtext-Einsatzmöglichkeiten bei Kommunalverwaltungen. In: Computer Magazin, Heft 6, 84, S. 32-35.

Dörfler, M.F.: Der erste Akt beginnt am Terminal. In: Btx - Das Praxis-Magazin für Telekommunikation, Mai/Juni 1985, S. 46-49.

Duwe, P.: Der Btx-Einsatz in der REWE-Handelsgruppe, insbesondere des Rechnerverbundes zwischen Einzel- und Großhandel, dargestellt am Beispiel des Frischdienst. Vortrag auf der Telematica, 18.-21. Juni 1984 in Stuttgart.

Eichinger, F.; Rüschenbaum, F.: Bildschirmtextgestützes Außendienstinformationssystem im Versicherungsunternehmen. Erfahrungen und konzeptionelle Überlegungen. In: HMD, Nr. 120, 1984, S. 71-82.

Gartner, H.A.: Bestellwesen im Lebensmittelhandel durch PC und Btx im Verbund. Vortrag auf dem 2. Deutschen Personal Computer Kongreß am 29./30.5.84 in Frankfurt, veranstaltet vom BIFOA und ASB-Management-Seminare Heidelberg (Publikation in Vorbereitung).

Gartner, H.A.; Langen, B.; Puhlmann, M.: Bildschirmtext in der Material- und Warenwirtschaft. In: Office Management, Heft 4, 1984, S. 286-289.

Gartner, H.A.; Langen B.; Puhlmann, M.: Grundlagen des Btx-Einsatzes in der Materialwirtschaft. In: Beschaffung aktuell, Heft 6, 1984, S. 286-289.

Gohl, I.: Bildschirmtext - ein Medium auch für das Kfz-Gewerbe: In: Autohaus, Heft 18, 1983, S. 2074-2077.

Gohl, I.; Tiedemann, Ch.: Flotter Briefträger - Bildschirmtext (Btx) beschleunigt den Datenaustausch zwischen Werk und Autohausbetrieb. In: Autohaus, Heft 1/2, 1984, S. 36-41.

Langen, B.: Wissenschaftliche Erkenntnisse aus Pilotprojekten zur Dezentralisierung von Kommunikationsarbeitsplätzen. In: Proceedings "Neue Technologien - neue Arbeitsformen. Das dezentralisierte Büro". Berlin, 20.-21. Februar 1985. ERGONOMIC-Institut für Arbeits- und Sozialforschung.

Langen, B.: Bildschirmtext im Rahmen der geschäftlichen Kommunikation. In: Proceedings "Bedeutung und Auswirkung moderner Bürotechniken". Führungsseminar der Deutschen Bundespost. Akademie für Führungskräfte. Bad Honnef 1984.

Langen, B.: Nach welchen Kriterien sollte sich ein Anwender für den Kauf eines Btx-Rechnerverbundsystems entscheiden? Proceedings FIBA-Seminar 28.3.1985 in Frankfurt: Implementierung des Btx-Rechnerverbunds nach CEPT.

Langen, B.: Btx in puncto DÜ-Kosten nicht zu schlagen. In: CW vom 5.7.1985, S. 22.

Langen, B.; Moser, B.: Wie Firmen Btx planen. In: Btx-Praxis, Mai 1985, S. 16-18.

Langen, B.; Moser, B.; Reuschenbach, H.: Btx: Deutlicher Aufschwung im betrieblichen Bereich; Zurückhaltung bei privaten Teilnehmern. In: Office Management, Heft 6, Juni 1985, S. 614-618.

Langen, B.; Wehrhahn, R.: Verfügbare Rechnerverbund-Lösungen aus Software-Häusern. In: Computerwoche v. 7. September 1984, S. 43/44.

Langen, Ch.: Branchenlösungen: Chancen im Handel. Vortrag auf dem Kongreß "Neue Kommunikationstechnologien und ihre Auswirkungen" am 11./12. Oktober 1984 in Lugano (Publikation in Vorbereitung).

o.V.: Btx zahlt sich aus. (Ergebnisse des DÜ-Kostenvergleichs im Rahmen des Projektes ADABIX) In: Btx-Praxis, Juni 1985, S. 25.

Seibt, D.: Wirtschaftlichkeit von Bildschirmtext - Voraussichtliche Kosten von Btx-Anwendungen im kommunalen Bereich. In: ÖGI/GI-Fachtagung "Neue Informationstechnologien und Verwaltung", September 1983 in Linz/Österreich (Publikation in Vorbereitung).

Seibt, D.: Transfer von Anwendererfahrungen aus Bildschirmtext-Pilotprojekten. In: Elektronische Textkommunikation in Deutschland und Japan (Band 10 der Veröffentlichungen des Münchener Kreises), hrsg. von E. Witte und W. Lämmle, Berlin, Heidelberg, New York, Tokio 1984, S. 172-181.

Seibt, D.: Transfer von Anwendungserfahrungen aus Btx-Pilotprojekten. In: Btx-Kongreß Berlin 7./8.11.1984. Dokumentation.

Seibt, D.; Breithardt, J.: Organisatorische Aspekte der Gestaltung kommunaler Bildschirmtext-Informationssysteme. Beitrag zum Kongreß "Btx im kommunalen Anwendungsfeld" am 23./24. Mai 1985 in Essen (Veröffentlichung in Vorbereitung).

Seibt, D.; Langen, B.: Betriebswirtschaftliche und organisatorische Aspekte der Entwicklung von Informationssystemen auf Btx -Basis. In: Proceedings Telecom 1983. Köln 1983, S. 195-207.

Seibt, D.; Langen, B.: Post fördert Transfer von Anwendungs-Know-how aus Btx-Pilotentwicklungen. In: Leurofact, Heft 9/1984, S. 2-5.

Seibt, D.; Langen, B.: Betreibswirtschaftliche und organisatorische Aspekte der Entwicklung von Informationssystemen auf Btx-Basis. In: Büroorganisation-Bürokommunikation, hrsg. von G. Tenzer, Heidelberg 1984, S. 88-98.

Seibt, D.; Rüschenbaum, F.: Ermittlung und Bewertung von Wirtschaftlichkeit alternativer Nutzungsformen des Bildschirmtextdienstes - dargestellt an mehreren Anwendungsbeispielen. Vortrag auf der GI-Tagung "Offene multifunktionale Büroarbeitsplätze und Bildschirmtext" am 25.-29. Juni 1984 in Berlin. (Publikation in Vorbereitung).

Tiedemann, Ch.; Gohl, I.: Der Einsatz des Bildschirmtext-Rechnerverbunds im Vertriebsnetz von Automobilherstellern - dargestellt am Beispiel BMW AG. In: Office Management, Heft 4, 1984, S. 294-296.

Diplomarbeiten, die von studentischen Mitarbeitern des Projektes BTXIS erstellt wurden:

- Feldkämper, Diana: BTX im Lebensmitteleinzelhandel. Fallstudie zu den organisatorischen und wirtschaftlichen Aspekten des Btx-Einsatzes im Rahmen von Bestellabwicklungssystem.

- Förster, Ulrich: Bildschirmtext-Einsatzpotentiale im Kfz-Handel - dargestellt am Beispiel eines ausgewählten BMW-Händlerbetriebs.

- Wehrhahn, Rainer: Der Bildschirmtext-Rechnerverbund. Organisation und Wirtschaftlichkeit.

- Ossendorff, Harald: Einsatzmöglichkeiten des Bildschirmtextdienstes zur Unterstützung unternehmensinterner Informationsbeziehungen zwischen Versicherungsaußendienst und Hauptverwaltung - dargestellt am Beispiel einer Generalagentur.

Planungs- und Controlling-Konzept mit PCs

Günther A. Mohr

Gliederung

1 Planung und Controlling mit PC's - ein Gebiet für neue Anwender

Planung und Kontrolle ist eine Stärke von Firmen vor allem mit multi-nationaler Prägung. Diese Firmen haben frühzeitig erkannt, daß die Formulierung von Plänen und die Verfolgung deren Erreichung die beste Möglichkeit ist, ein Unternehmen so zu kontrollieren, daß es dem Wettbewerb standhält.

Die dabei angewandten Methoden basieren auf hochentwickelten Planungs-Systemen auf der Groß-EDV. Auf planerische Schwierigkeiten, wie z.B. durch den Einfluß des Ölpreis-Schocks auf das Wirtschaftswachstum, wurde planungstechnisch z.B. mit Gompertz-Kurven reagiert. Der Preisverfall vieler Produkte - gerade in der letzten Rezession - ist mit der Technik der Experience-Curves analysiert worden. Bei der internen Planung, besser gesagt, bei der Budgetierung, sind tabellenorientierte 'Large-Scale'-Planungssysteme zum Industrie-Standard geworden.

Mittlerweile bietet die Software-Industrie Werkzeuge an, effizientes Planen und Controlling auf jenen Firmenkreis auszudehnen, dem der Zugriff auf diese Super-Software versagt war, entweder weil der Preis zu hoch war oder die Experten für früher umständlichere Systeme fehlten.

Als neue Anwender für die PC-gestützte Planung und Kontrolle kommen in Frage:

1.1 Firmen, die überhaupt keine Planung vollziehen und demzufolge auch nur bedingt Controlling ausüben können.

1.2 Firmen, für die eine entsprechende (bessere) Großrechnerlösung zu teuer bzw. nicht wirtschaftlich ist.

1.3 Firmen bzw. Fachabteilungen mit entsprechendem Wachstumspotential, die zuerst eine PC-Lösung ausprobieren wollen, bevor sie zu einer Großrechner-Lösung kommen.

1.4 Unternehmensbereiche, die im Vorfeld konzerneigener Planungs- und Controlling-Systeme stehen.

Dieser Anwenderkreis kann heute mit den großen Systemen konkurrieren und entsprechend Planung und Kontrolle ausüben. Auch in diesen Fällen führt der Einsatz von entsprechender Software zu einer enormen Verbesserung in den beteiligten Bereichen (1).

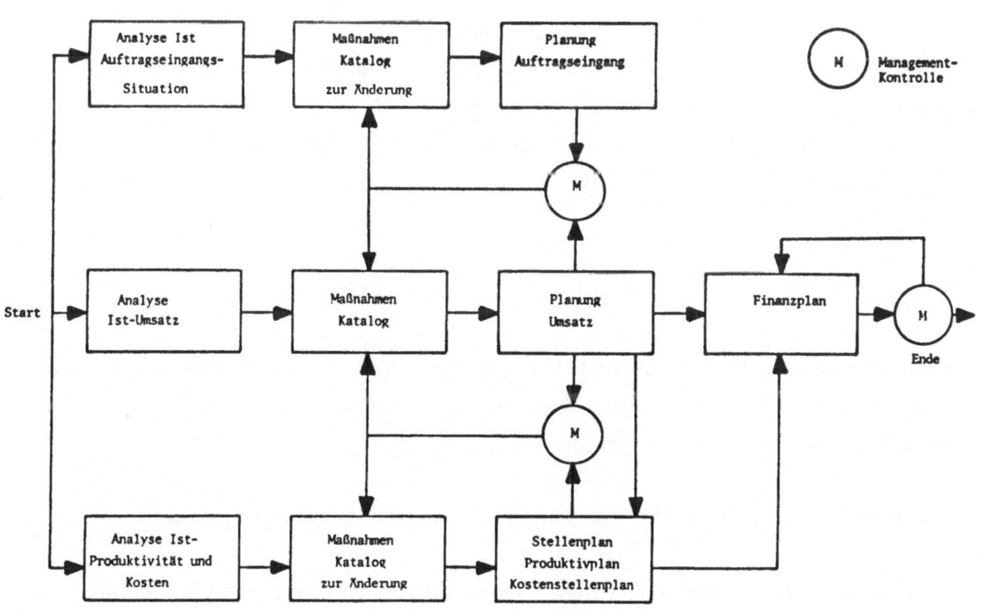

Bild 1

2 Beschreibung möglicher Planungs- und Controlling-Aktivitäten

2.1 Gap-Planning als Planungs- und Controlling-Methode zur Unterstützung eines aktions-orientierten Managements

Unter den eingangs beschriebenen Anwenderkreis fallen

- kleine bis mittlere Firmen,
- Firmen mit hoher Eigendynamik,
- dezentrale, selbständig operierende Bereiche

bei denen das Management mehr mit dem Tagesgeschäft und den Linienfunktionen beschäftigt ist und die Unterstützung mit hochqualifizierten Stäben fehlt. Es kann davon ausgegangen werden, daß ein Projekt von PC-gestützter Planung und Kontrolle nur auf Akzeptanz stösst, wenn dieses erfolgversprechend, leicht implementierbar, dazu wenig personalintensiv und dennoch professionell umzusetzen ist.

Diesem Grundgedanken entspricht die Methode des Gap-Planning (2). Diese kommt in ihrem Gesamtkonzept - zwar für große Firmen umfangreich gedacht - dem neuen Anwenderkreis entgegen, da sie den Aktionsgedanken in den Vordergrund stellt, diesen quantifiziert und mit dem klassischen 'Bottom-Up-Approach' vernetzt. Dieses Grundkonzept läßt sich auf die Gleichung:

Plan = Ist + Summe aller Vorhaben

vereinfachen. Der Ist-Zustand ist gegeben und die Absichten müssen als Plan formuliert werden, so daß relativ schnell ein identifikationsfähiger, robuster Plan erzeugbar ist.

2.2 Modell eines integrierten Planungs- und Controlling-Systems

Es muß die Notwendigkeit einer integrierten Planung betont werden, da dadurch Konsistenz und Plausibilität erzeugt werden und nur so spätere sinnvolle Analysen vorgenommen werden können. Ein solcher Plan-Prozeß ist in Abbildung 1 wiedergegeben.

Die Umsetzung in eine PC-Lösung kann wie folgt geschehen:

2.2.1 **Planung der Marketing-Komponente** - Festlegen der Umsatzziele und die Erstellung eines Auftragseingangs-Planes

Die Vorgabe des Umsatzzieles ist eine Management-Funktion und geschieht im Rahmen einer zumindest ansatzweise strategischen Ausrichtung in Abstimmung mit der Verkaufsorganisation.

Die Realisierung dieses Zieles wird auf der Verkaufs- und Vertriebsseite durch Umsatz- und Auftragseingangspläne vorbereitet. Ausgehend von der analysierten Ist-Situation wird ein Maßnahmen-Katalog erarbeitet. Die Maßnahmen zur Zielerreichung werden quantifiziert.

Die Integration von Umsatz- und Auftrangseingangsplänen geschieht über den Auftragsbestand als Steuergröße. Sinkt der Auftragsbestand unter einen repräsentativen Wert, so ist das Umsatzziel zu ehrgeizig oder die geplanten Verkaufsaktivitäten nicht ausreichend genug. Bei einem unbegründbaren Ansteigen des Auftragsbestandes ist der Auftragseingang zu optimistisch angesetzt.

Die allgemeine Industriepraxis, daß der Umsatz gleich dem Auftragseingang entspricht, ist zwar eine buchhalterisch einfache Methode, aber unrealistisch. Es werden saisonale Marktschwankungen, Zyklen der Branchenkonjunktur, Liefertermine, Kapazitätenengpässe etc. außer Betracht gelassen.

Als umgesetzte PC-Lösung tabellieren die Teilpläne Umsatz und Auftragseingang die geplanten Mengen und Werte in der Gliederung der Verkaufsorganisation (Produkt, Produktgruppe, Verkäufer, Gebiet, Land etc.) in der Einteilung der Planperioden (Monate, Quartale, Jahr). Effekte aus auslaufenden und neuen Produkten sind einzuarbeiten. Ausgehend von den Ist-Daten wird unter Berücksichtigung dieser Punkte zum Zielumsatz hochgerechnet.

Die Programmgestaltung ist einfach. Es werden nur Standard-Tabellenfunktionen und Konsolidierungsfunktionen in der Software vorausgesetzt.

2.2.2 Planung der Produktivitäts- und Kostenkomponente

Die Planung der Produktivität und der Kosten erfordert zu Beginn eine Vorgabe der Firmenleitung. Diese Absichten sind in die Investitions-, Stellen- und Kostenpläne einzuarbeiten. Es werden folgende Teilpläne erstellt:

2.2.2.1 Pläne der produktiven Einheiten

wie z.B. Fertigung, Logistik, Kundendienst etc. Unter Zugriff auf die im Umsatzplan enthaltenen Mengen werden die Zahl der volumensabhängigen Mitarbeiter und die Beschäftigung der Aggregate sowie der Materialbedarf errechnet. Änderungen des Produktivitäts-Standards durch Investitionen und sonstige Maßnahmen werden eingearbeitet.

2.2.2.2 Kostenstellen-Pläne

Die Kostenstellenpläne enthalten die Zahl der volumensabhängigen Mitarbeiter und die Beschäftigung der Aggregate aus den Plänen aus 2.2.2.1. Entsprechend den Zielvorgaben werden diese Daten um die indirekten Mitarbeiter ergänzt. Die innerbetriebliche Leistungsverrechnung bzw. die Verrechnung der Hilfskostenstellen auf die Primärkostenstellen wird vollzogen. Kostenstellen werden zu größeren Einheiten konsolidiert. Es werden Stunden- und Zuschlagsätze erechnet. Die endgültige Festlegung der Sätze bestimmt die Kostenüber-/unterdeckung.

Bei diesem Planungsschritt kann der PC wesentliche Vereinfachungen durch zentralen Zugriff auf Daten wie z.B. Durchschnittsgehälter, Prozentsätze für Sozialkosten etc. leisten.

Die Umsetzung dieser Pläne in eine PC-Lösung verlangt Standard-Tabellenfunktion, eine starke Konsolidierungsfähigkeit sowie die Möglichkeit, längere Programmabläufe ähnlich wie in Batch-Verarbeitung ablaufen zu lassen.

2.2.3 Erstellen des Finanzplanes

Der Finanzplan faßt den Umsatzplan, die Pläne der Kostenstellen und die der produktiven Einheiten in der Gewinn- und Verlustrechnung zusammen. Daraus ergeben sich Umsatz, Kosten der Verkäufe (Bestandsveränderungen werden hier ausgeklammert) und Gemeinkosten für Vertrieb, Verwaltung und Forschung/Entwicklung. Die Gewinn- und Verlustrechnung wird um sonstige Positionen wie z.B. um Zinskosten ergänzt.

Die Planung der Bilanz vollzieht sich PC-gestützt und interaktiv mit Hilfe von in die Bilanzplanung eingearbeiteten Kennzahlenmodellen. Diese Kennzahlenmodelle legen die Kundenforderungen, die Lieferantenverbindlichkeiten und die Bestände fest. Die Errechnung des Anlagevermögens geschieht unter Einbeziehung des Investitionsplanes und der Abschreibungsdaten aus den Plänen der Kostenstellen. Sonstige Positionen wie Rückstellungen für Pensionen, Steuerverbindlichkeiten etc. werden aus detaillierten Input/Output-Rechnungen durch den PC errechnet. Die Angleichung der Passiv- an die Aktivseite geschieht automatisch über Bankverbindlichkeiten.

Die Realisation des Finanzplanes auf dem PC verlangt Standard-Tabellen- und Konsolidierungs-Funktionen. Die Errechnung z.B. der Zinsen als Funktion der Bankverbindlichkeiten in der Bilanz mit der Bilanz als Funktion - auch der Zinsen in der Gewinn- und Verlustrechnung - erfordert vom Planungs-System die Fähigkeit, simultane Gleichungssysteme zu erkennen und zu lösen.

Zur Unterstützung und Erhärtung des Finanzplanes bedarf es der Möglichkeit, Daten stark verdichtet aus dem Finanzsystem zu extrahieren und möglichst graphisch darzustellen.

3 Umsetzung des Planungs- und Controlling-Systems in eine PC-Lösung

3.1 Umsetzung aus der Sicht des Anwenders

Die Methode des vorher geschilderten Planungsablaufes verlangt zunächst eine brauchbare Zahlenbasis für das Ist. Dieses kann zum Beispiel bei einer 12-Monats-Planung den Einschluß von 12 Monaten des Vorjahres/laufenden Jahres/laufenden Budgets und die dazu gehörenden Abweichungen sowie Quartals- und Jahreswerte bedeuten, so daß eine Datenmatrix mit ca. 100 Spalten leicht erreicht ist. Die Realisierung der Teilpläne ohne Finanzplan kommt i.A. mit weniger als 500 Zeilen pro Einzelplan aus. Man wird jedoch einen Finanzplan mit ca. 1.000 Zeilen veranschlagen müssen, da dessen Daten mit entsprechenden Detail-Informationen zu versehen sind, wie z.B. Aufrisse von Sonstige Verbindlichkeiten, Input/Output-Rechnungen oder Kennzahlen. Ein derart gestaltetes Planungssystem wird also mit einer File Basis von ca. 1.000 Zeilen und 100 Spalten, d.h. ca. 400 KB, arbeiten müssen.

Aufgrund der inhaltlichen Komplexität der Teilpläne und deren Vernetzung ist eine geschlossene Benutzeroberfläche des Systems zu fordern. Aus Gründen der Erlernbarkeit, der leichten Handhabung sowie der Arbeits- und Betriebssicherheit ist streng auf **Modularität** zu achten. Dies bedeutet eine organisatorische Trennung von Rechenregeln bzw. -Funktionen, Daten, Graphik, Textbezeichnungen für Zeilen und Spalten der Tabellen sowie ein Abkoppeln des optischen Erscheinungsbildes der Berichte von der ursprünglichen Datenbasis. Es ist darauf zu achten, daß ausreichend Freiraum für Dialogkonzepte im Planungssystem enthalten sind. Des weiteren muß eine hohe Flexibilität im späteren Änderungsdienst gegeben sein, um sich rasch geänderten Anforderungen anpassen zu können. Es sei an dieser Stelle bereits vermerkt, daß für die geschilderten Planungszwecke Programme mit Spread-Sheet-Architektur nur bedingt geeignet sind.

3.2 Charakteristik der geeigneten Software

Die technische Durchführung des vorher beschriebenen Konzepts läßt sich mit Hilfe von Decision Support Software (DSS) - Planungs- und Entscheidungs-Software durchführen. Da neben der reinen Planung- und Controlling-Funktion auch noch zahllose Sonderfunktionen zur Entscheidungs-Unterstützung und Vorbereitung vom gleichen Personenkreis wahrzunehmen sind, ist es erstrebenswert, diese Zusatzaufgaben auch im gleichen Software-Paket enthalten zu sehen.

Um Decision Support Software als optimales Instrument nutzen zu können, müssen folgende Merkmale erfüllt sein:

- Verarbeitung von Datenfiles von je ca.400 KB
- Konsolidierungsfähigkeit, möglichst unter Zuhilfenahme von arithmetisch verknüpften Lese-/Schreiboperationen
- Erkennen und Lösen von simultanen Gleichungen
- Dialogunterstützung Mensch-Maschine
- Modularität des Systems und Modularität seiner Bausteine
- Vielfältige Tabellen-, Finanz-, mathematische, Graphik- und Berichtsfunktionen
- Decision-Support-Funktionen

4 Einsatz von Decision Support Software zur Planung und Kontrolle

4.1 Allgemeines Konzept von DSS-Produkten

Im Allgemeinen sind DSS-Produkte modular aufgebaut. Dieses unterstützt die Kommunikation zwischen Anwender und Maschine und beschleunigt die Problemlösung, da diese Systeme einen sehr umfangreichen Sprach- bzw. Befehlsvorrat aufweisen.

Die Modularität dieses Software-Typs sieht vor, daß den Benutzern die Daten von den Programmen getrennt erscheinen bzw. getrennt sind. Der Output der Daten bzw. der gerechneten Ergebnisse geschieht über Report- und Graphik-Generatoren.

Die generelle Struktur dieser Systeme ist in Bild 2 wiedergegeben. Auf der System-Ebene hat der Benutzer Zugriff auf die vielfältigen Module. Editoren erlauben die Eingabe und Veränderung der Berichte, Graphiken, Daten und Job- bzw. Kommando-Dateien. Die "Programme", d.h. die Dateien, die die Rechenregeln bzw. Funktionen enthalten, werden ebenfalls per Editor bearbeitet. Nach Abschluß der Eingaben können das Kalkulations- und Ausgabefunktionsmodul aufgerufen werden. Zusätzliche Unterstützung erfährt der Benutzer durch Utility-Module, eigenerstellte Module sowie durch eine eventuelle PC-Mainframe-Kopplung zum Datenaustausch.

Die verschiedenen DSS-Produkte unterscheiden sich in der Art der Benutzerführung, der Arbeitsweise der Editoren, im Umfang des Befehlsvorrates und in der Vernetzung der einzelnen Module bzw. Untermodule.

4.2 Bewertungs-Schema für Decision Support Software aus der Sicht des Anwenders

Es läßt sich ein Bewertungsschema für Decision Support Software erstellen, das als Anlage zu diesem Beitrag gegeben ist. Die Bewertungskriterien wurden während des PC-Kongresses anhand von Beispielen auf dem PC erläutert.

BILD 2

```
                                      +-----------+                 +------------+
                                      +Default    +  +-----------+  +PC-Mainfr.  +
                                      +   Setting+   +eigene     +  +-   Kopplung+
                                      +-----------+  +     Module+  +------------+
                                            :        +-----------+        :
                                            :             :               :
System-Ebene                                :             :               :
------------------------------------------.:-------------:---------------:----------
       :             :             :             :              :
       :             :             :             :              :
       :             :             :             :              :
+-----------+ +-----------+ +-----------+ +-----------+ +-------------+
+ Editoren  + +Kalkula-   + +Ausgabe-   + +Utilities  + +Kommando/    +
+           + +     tionen+ +Funktionen+  +           + +Jobs         +
+-----------+ +-----------+ +-----------+ +-----------+ +-------------+
       :       global        Graphik        File-          Ablauf
       :       selektiv      Listing        Handling       Job im Job
       :       modular       Bildschirm     Datum etc.
       :       Entscheidungs- Files
       :       Funktionen
       :
       :
       :.........................................................
       :             :             :             :             :
       :             :             :             :             :
+-----------+ +-----------+ +-----------+ +-----------+ +-------------+
+Bericht-   + +Graphik-   + +Funktionen+  +  Daten    + +Kommando/    +
+Erstellung+  +Erstellung+  +           + +           + +Jobs         +
+-----------+ +-----------+ +-----------+ +-----------+ +-------------+
                                   :
                                   :
              +-----------+ +-----------+ +-----------+
              +Zeilen-    +..+Spalten-  +..+  Dialog  +
              +orientiert+  +orientiert+  +           +
              +-----------+ +-----------+ +-----------+
```

4.3 Überblick über DSS-Produkte (in alphabetischer Reihenfolge)

4.3.1 IFPS/Personal

Das IFPS/Personal von Execucom (Darmstadt) ist ein non-prozedurales Planungssystem mit sehr umfangreichem Befehlsvorrat. Das System wird durch Kommando-Zeilen gesteuert. Die Editoren verfügen über Split-Screen und Windows. Die Daten werden im Speicher verarbeitet. Das System verfügt über Standard-Graphik.

4.3.2 Matplan von GMI

Matplan ist ein DSS der GMI, Aachen.

4.3.3 System Merkur

System Merkur ist seit 1985 auf dem Markt und wird durch IBM vertrieben.

4.3.4 Micro-FCS

Micro-FCS der Firma EPS/FCS in Köln ist ein System mit einer Sprachstruktur und sehr umfangreichem Befehlsvorrat. Das System unterstützt sehr stark den Dialog zwischen Benutzer und Maschine. Die Editoren arbeiten mit Echtzeit-Syntax-Check. Die Daten werden virtuell verwaltet. Das System verfügt über einen sehr flexiblen Graphik- und Konsolidierungsteil.

4.3.5 System W

Das System W der Firma Comshare in Köln unterscheidet systematisch zwischen Vergangenheits- und Zukunftsdaten. Das System ist menue-gesteuert. Das System besitzt weniger umfangreiche Funktionen als die vorherigen Systeme. Die hierarchische Konsolidierung von Daten ist sehr einfach realisierbar. Größere Anwendungen werden durch eine relativ kleine Datenmatrix erschwert, wenn diese nicht hierarchisch strukturiert sind. Die derzeit käufliche Version hat keine Graphik.

Literatur-Hinweis:

(1) G. Mohr - Einsatz von PC's aus der Sicht der Organisation
In: PC-Betriebliche Anwendung und Praxis, Vieweg 1985

(2) M. Kami, B. Martz, Corporate Planning Procon Manual
Lighthouse Pt, Fl 33064 Florida USA

Anlage zu Punkt 4.2

Bewertungsschema für Decision Support Software-Produkte aus der Sicht des Anwenders

1. Zusammenfassende Kriterien

1.1 Modularer Aufbau
1.2 Charakteristik der File-Basis
1.3 Benutzerführung
1.4 Funktionsumfang

2. Modularer Aufbau

2.1	Trennung des Modells in	Daten Bericht Funktionen Zeilen-/Spaltentext Graphik Kommando-Files Sonstige Einheiten
2.2	Aufbau oberste Ebene der Module	Menue, Sprache, Codes Interpretativ, Compilierend
2.3	Mögliche Interaktionen innerhalb des Einzelmoduls	Full Screen Edit direktes Routen zum Drucker Modul sichern Art des Syntax-Checks (Echtzeit, während Compilierung)

2.4 Art der Kommentierung / Dokumentation im Modul

3. Charakteristik der File-Basis

3.1	Maximale Anzahl der wirklich belegbaren Zeilen und Spalten	
3.2	Gesamtzahl möglicher Datenzellen insgesamt	
3.3	Speicher und Update-Technik für Daten	Virtuell, in Memory Workspace-Konzept, Update auf Original-Files
3.4	Editieren von Files außerhalb des laufenden Modells	
3.5	Verwaltung eigener Datei-Qualifier	Unterscheidung von temporären/permanenten Files
3.6	Konstruktion von Datei-Namen im Programm	
3.7	Daten-Verlust beim Löschen von Variablen-Namen oder Funktionen	
3.8	File-Funktionen	Kopieren, Löschen Sortieren, Vergleichen Mischen, Unbenennen eigenes Directory - Sortierung/Selektion

4. Benutzerführung

4.1	Möglichkeit der eigenen Menue-Steuerung	
4.2	Eigene Makros und Funktionen	
4.3	Ansteuerung von PF-Tasten	
4.4	Mehrere Befehle in einer Eingabe	
4.5	Dialog-Funktionen	Abfrage Ja - Nein eigene Help-Funktionen Abfrage Zahl Abfrage Text und Datum Message-Funktion
4.6	Bildschirm-Funktionen	Bildschirm löschen Positionierung Text/Daten Windows/Split Screen Maus Scrolling-Attribute - seitenweise, kontinuierlich - Zeilen/Spalten definierbar

5. Funktionsumfang

5.1 Tabellenfunktionen

5.1.1 Konsolidierung	Lesen/Schreiben +,-,*,/ begrenzbar auf Zeilen/ Spalten Text austauschbar
5.1.2 Funktionen generell	modulares Rechnen indirekte Adressierung Namensgleichheit von Variablen und deren Ansteuerung zulässig Loops, Goto-Befehle Konditionale Abfragen
5.1.3 Funktionen speziell	Zeilen/Spalten-Summen und Differenzen kumulative Summen Lag/Lead-Funktion Prozent-Abweichung Multiplikation mit %-Wert Änderung Periodizität Matrix-Algebra
5.2 Finanzfunktionen	DCF-Funktion Diskont-Funktion Gegenwartswert Payback-Periode Diverse Return-Größen Wachstumsrate Amortisation Kosten/Nutzen-Rate Abschreibung linear und degressiv Steuerberechnungen

5.3	Mathematische und Statistische Funktionen	Absolutwert, Abfrage Vorzeichen Rundungs-Funktionen Exponentialwert, Log, Ln Maximum, Minimum Gleitender Durchschnitt Mittelwert, Median Standardabweichung Inter- und Extrapolation Linearer Trend Polynominal-Funktion Semi-Variable Funktion
5.4	Berichtsfunktionen	Abfrage Titel, Datum Vorhandensein Default-Bericht Maximale Länge von Textzeile Multiple Texte für gleiche Zeilen/Spalten Papier-Breite und Länge für Drucker einstellbar Zeilen/Spalten invertierbar Unterdrückung Leerzeilen Negative Werte in Klammern Darstellung nicht vorhandener Zahlen als n/a Darstellung Nullen als '-' Text vor Zahlen stellen Text nach Zahlen stellen Skalierung von Skalen Einfügung von Kommas und Punkten in Zahlen Seiten-Numerierung

5.5 Graphik-Funktionen	Anzahl und Typen der Fonts
5.5.1 Texte	Übernahme aus vorgelagerten Modulen freie Positionierung Rotation variable Größe und Aspekte Legende automatisch/frei plazierbar
5.5.2 Anzahl Farben	auf Plotter, Bildschirm
5.5.3 Skalen und Achsen	steuerbare Tick-Marks Beschriftung Positionierung logarithmische Skalen Mehrfache Skalen Mehrfache Achsen
5.5.4 Linien	mit Symbolen versehbar mehrfache Dicke Anzahl Optionen
5.5.5 Schraffuren	Dichte und Steigung Anzahl Optionen
5.5.6 Kreise	Anzahl Kreise in der Graphik Segmente herausnehmbar Segmentbeschriftung - innen/außen - absolut/Prozent
5.5.7 Säulen	Anzahl gestaffelte Säulen unterschiedliche Staffelung
5.5.8 Sonstiges	Maximale Zahl Variable automatische Chart-Rahmung - innen/außen multiple Plots 3D-Graphik

Planung und Realisierung eines Personal-Computer-Netzwerkes für die Materialwirtschaft

Ekkehard Schumacher

Gliederung

1 Zielsetzung und Problemstellung

Ziel des Beitrages ist es, den praxisorientierten Weg für die Planung und Realisierung eines Personalcomputer-Netzwerkes anhand einer Lösung für den Bereich Materialwirtschaft vorzustellen (s. Abb.).
Dieses Projekt umfaßt die integrierte Auftragsbearbeitung und Materialwirtschaft eines Fertigungsunternehmens mit mehreren verschiedenen Lagerbereichen.

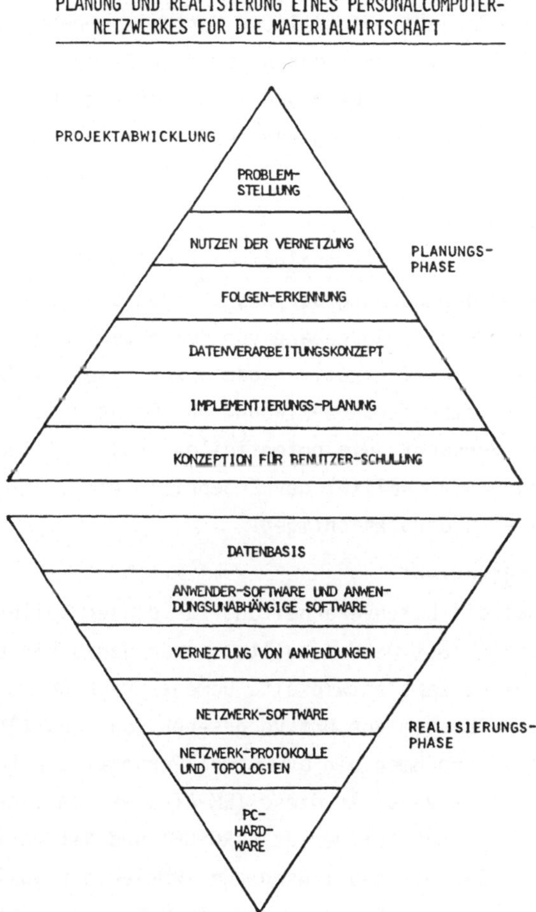

2 Planungsphase

Aufgaben und Ziele mußten intensiv formal beschrieben werden, damit diese eindeutig programmierbar und automatisierbar wurden. Die sorgfältige und solide Betrachtung des erwarteten Projektnutzens, der möglichen Konsequenzen sowie des Datenverarbeitungskonzepts und der Implementierungsplanung einschließlich eines Konzeptes für die Benutzerschulung bildeten deshalb die notwendige Basis für die solide Projektabwicklung. Dadurch konnten gravierende Fehler in den ersten Lebensphasen des Projektes vermieden werden.

2.1 Nutzen-Betrachtung

Kundenservice verbessern und Kosten senken - das ist die anerkannte Zielsetzung auch für dieses Projekt. Wesentliche Vorteile ergeben sich durch aktuelle und richtige Informationen - vor allem über Bestände und Lieferservice - für den Vertrieb. Die schnelle und kostengünstige Lösung, auch bedingt durch die einfache und leistungsfähige Programmierung, sind weitere Vorteile.

2.2 Folgen-Erkennung

Die Einführung eines komplexen Personalcomputer-Netzwerkes wurde von Anfang an als einschneidende Änderung der bestehenden Organisationsabwicklung im Unternehmen angesehen. Ausgehend von dem organisatorischen SOLL-Konzept wurden verschiedene Alternativen der dezentralen Dialogverarbeitung einschließlich Implementierungs-Planung und Benutzer-Schulung geprüft. Vor allem wurde dabei versucht, die potentiellen Projektrisiken - bezogen auf Kosten, Zeitplanung und Qualität der Ergebnisse (z.B. Antwortzeiten für den Endbenutzer) - zu berücksichtigen.

2.3 Datenverarbeitungskonzept

Nachdem feststand, daß die Datenverarbeitung für diesen Teilbereich möglichst autonom vor Ort gelöst werden sollte, wurde daraufhin ein entsprechend detailliertes DV-Konzept entwickelt. Dementsprechend wurde ein integriertes Kommunikations-System vor Ort vorgesehen, daß aus IBM-Personalcomputern besteht. Dabei übernehmen ein bzw. zwei Personalcumputer IBM AT die Rolle des Netzwerk-File-Servers. An diese IBM-AT's werden zunächst etwa zehn IBM-PC's mit Hilfe eines Netzwerkes (ARC NET und Netzwerk-Software von Novell) angeschlossen. Der Datenaustausch zum IBM-Rechner 4341 im Hauptwerk erfolgt zunächst nur über Diskette und wird über ein Gateway voraussichtlich ab Mitte 1985 direkt im 3270 Modus möglich sein.

Dadurch wird die datentechnische Integration mit der Zentrale voll gewährleistet. Positive Erfahrungen über den File-Transfer Host - IBM PC-XT mit 3270 Emulation liegen dort von einem Projekt aus dem Bereich Fertigungssteuerung vor.

2.4 Implementierungs-Planung

Die vorausschauende Planung in mehreren Stufen erwies sich als absolutes "MUSS" zur Einführung dieser neuen Netzwerk-Technologie auf der Basis von Personalcumputern. In einer Vorphase wurden Ergebnisse von Benchmark-Tests vor allem aus den USA beschafft und ausgewertet (s. Anlage 1). Ferner konnten Netzwerke von verschiedenen Herstellern im Einsatz getestet werden. Die Verwendung des IBM-Netzwerkes wurde ebenfalls geprüft, mußte jedoch zurückgestellt werden, da dieses Netzwerk zu dem gewünschten Zeitpunkt nicht zur Verfügung stand.

2.5 Konzept für Benutzer-Schulung

Der Einsatz eines Personalcomputer-Netzwerkes für mehr als zehn Benutzer-Arbeitsplätze in Vertrieb, Verwaltung und Fertigung machte die frühzeitige Information und Schulung der Anwender erforderlich, um die notwendige Motivation zu jeder Zeit zu gewährleisten.

3. Realisierungsphase

Die wesentlichen Voraussetzungen für die rasche und reibungsarme Realisierung des Projektes waren:

- die Auflösung komplexer Betriebsabläufe in einfache Teilsysteme
- die Orientierung an praxisbewährten Organisationskonzepten
- langjährige Erfahrungen bei der Projektabwicklung zur Einführung dezentraler Dialogverarbeitung.

3.1 Datenbasis

Die genaue Kenntnis der zu verwaltenden Daten war neben den betriebsspezifischen Anforderungen Ausgangspunkt für die Programmierung. Dieses Mengengerüst konnte ohne weiteres im Rahmen der normalen Speicherkapazität des IBM-AT abgedeckt werden.

3.2 Anwender-Software

Leistungsfähige Anwender-Software für Netzwerke ist generell noch Mangelware. Im speziellen Fall war zwar eine zufriedenstellende Software für die Mehr-Lagerbestandsführung auf dem Markt verfügbar, jedoch fehlte der Teil der Software für die Auftragsbearbeitung und Vertriebssteuerung, welcher die vertriebsspezifischen Anforderungen weitgehend berücksichtigte. Aus

diesen Gründen wurde die Software auf Basis von LEVEL II COBOL von Micro Focus selbst erstellt. Dabei hat sich herausgestellt, daß die Programmierung mit dieser Programmiersprache besonders leistungsfähig ist.
Die höhere Rechnergeschwindigkeit beim IBM-AT im Vergleich zum Personalcomputer IBM-XT macht sich dabei gut bemerkbar. Verschiedene anwendungsunabhängige Software kann im single- bzw. multi-user-Betrieb eingesetzt werden (Kalkulations- und Grafik-Programme, Textverarbeitungs- und Datenbank-Software).

3.3 Vernetzung von Anwendungen

Da mehrere verschiedene Anwendungen aus den Bereichen Vertrieb, Disposition, Produktion und Lagerverwaltung mit dem Netzwerk abgewickelt werden, müssen hohe Anforderungen an die Daten- und Systemsicherheit und die Antwortzeiten für die Benutzer gestellt werden. Für die Vernetzung dieser Anwendungen sind Sicherheit, Geschwindigkeit und Komfort des gesamten Netzwerk-Systems entscheidend von der Leistungsfähigkeit des Netzwerk-Servers und der Netzwerk-Software abhängig. Zur Erfüllung dieser hohen Anforderungen werden ein bzw. zwei IBM-AT's als File-Server eingesetzt. Die Leistungsfähigkeit dieser File-Server auf der Basis von DOS und der File-Server-Software - Netware von Novell -, als ein wichtiger Teil des LAN-Betrieb-Systems, garantiert die Erfüllung der hohen Anforderungen bezüglich Datensicherheit, Antwortzeitverhalten, Zuverlässigkeit etc. des gesamten Netzwerkes.

3.4 Netzwerk-Software

Der dritte integrale Bestandteil des LAN-Betrieb-Systems - neben File-Server Software und PC-Betrieb-System (DOS) - ist die eigentliche Netzwerk-Software. Bevor über die Kosten des Netzwerkes und den Installationsaufwand nachgedacht wurde, sind verschiedene wichtige Software-Funktionen geprüft worden, z.B. Logon Prozedure, Paßwort-Vergabe, Zugriffsrechte, Sperren auf Satz- bzw. Datei-Ebene (record- bzw. file-locking), Drucker-Zuweisung bzw. Print-Spooling, Kommunikation mit Großrechnern bzw. anderen LAN etc. Das LAN-Betrieb-System von Novell wurde in wesentlichen Punkten mit der angekündigten Netzwerk-Software von IBM verglichen.

3.5 Netzwerk-Protokolle und Topologien

Das Arc-Net-Protokoll auf der Basis des Token Passing wird verwendet, wobei die Übertragungsgeschwindigkeit im Netz 2,6 MB ps beträgt. Zur Verkabelung wird Koax-Kabel (90 Ohm) eingesetzt. Der Einfluß des ausgewählten

Netzwerk-Protokolls und der Topologie hatte nur geringe Auswirkungen auf die Leistungsfähigkeit des gesamten Netzwerkes.

3.6 PC-Herdware

Der Einsatz von IBM-PC-Hardware (IBM-PC's und IBM-AT's) auf der Basis von MS-DOS hat sich voll bewährt. Insbesondere hat der IBM-AT bisher die geforderten Erwartungen erfüllt. Die Leistungen des IBM-AT und IBM-XT wurden verglichen. - Der spätere direkte Anschluß an den IBM-Host im 3270 Modus ist möglich.

4 Erfahrungen und Ausblick

Die Vorzüge von - zum jeweiligen Zeitpunkt - neuen EDV-Technologien für die dezentrale Dialogverarbeitung (distributed processing) im Bereich der Logistik und des Materials-Managements werden anhand eigener Projekte verglichen:

- Vertriebs-Logistik mit Mini-Computern (1975)
- Hochregallager- und Materialflußsteuerung mit Prozeßrechner/Mikro-Computern (1980)
- Materialwirtschaft mit PC-Netzwerk (1985)

Die Hauptvorteile des realisierten Personalcomputer-Netzwerkes sind:

- relativ niedrige Kosten für Hard- und Software
- sehr gute Leistungseigenschaften (kurze Antwortzeiten für den Benutzer, offenes System, hohe Ausfallsicherheit)
- einfache Implementierung, Handhabung und Wartung.

Ausgehend von diesen überraschend positiven Erfahrungen bieten sich der Einsatz von Personalcomputer-Netzwerken für bestimmte Problemstellungen in Fertigung und Verwaltung jetzt als neue Perspektive an.

Literatur:

Schumacher, E. - Integriertes Material- und Informations-Management; Handbuch der modernen Datenverarbeitung, Forkel-Verlag, Heft 122, 1985

Schumacher, E.
Dr. Bechte, W. - Design and implementation of a flow-oriented Manufacturing Control System, 1. World Congress Production and Inventory Control, Wien 1985

Schumacher, E. - Projektrisiken im Griff, Compas '84, Berlin, Oktober 1984

Franck, A. - Des Pudels Kern sitzt im Hochregallager; Computer-Woche, 16.10.1981

Schumacher, E.
Winkler, H. - Neue Perspektiven für die Lager- und Liefer-Organisation; Materialfluß 12/1975

Schumacher, E. - Kleincomputer im Lager; in Distribution Nr. 6/1973

Auszüge:

aus dem neuesten Vergleich von 6 PC-Netzwerken; PC-World, February 1985:

- Table 1: Overall evalution of LAN characteristics
- Table 2: LAN characteristics
- Table 3: LAN Software

Textverarbeitung und -kommunikation mit PCs

Ernst Tiemeyer

Gliederung

1 Textverarbeitung als Funktionsbereich im Büro

Um Aussagen über die zweckmäßige Organisation der Textverarbeitung im Büro machen zu können, ist es notwendig, im Detail zu wissen, welcher Art die Texte sind, die an den verschiedenen Arbeitsplätzen (Fach- und Führungskräfte, Sachbearbeiter, Sekretärinnen) erstellt werden. Grundsätzlich sind vier Kategorien von Texten möglich: Einmal-Texte, Überarbeitungs-Texte, Format-Texte und Standard-Texte (Serienbriefe, Bausteintexte).

Textverarbeitung wird häufig (insbesondere, wenn von Software-Funktionen für automatische Anlagen die Rede ist) gleichgesetzt mit dem Schreiben von Texten. Sollen jedoch eine sinnvolle Sachmittelauswahl und sachgerechte organisatorische Einsatzentscheidungen sichergestellt werden, dann ist es unbedingt notwendig, auch alle Aktivitäten im Umfeld des Schreibens in die Überlegungen einzubeziehen.

Textverarbeitung sollte deshalb als ein Funktionsbereich im Büro verstanden werden, der alle Tätigkeiten beinhaltet, die im Zuge des Entwerfens von Texten, der Schriftguterstellung und -verwaltung sowie der weiteren Verwendung und Verwertung von Texten anfallen. Daraus abgeleitet lassen sich vier Phasen der Textverarbeitung unterscheiden:

(1) Text-Entwurf

(2) Maschinenschriftliche Texterstellung (Schreiben):
Hier geht es um die Übertragung der Vorlage in die maschinenschriftliche Form (auch Text-Umformung).

(3) Text-Weiterverwendung: Die in sich vielfältigste Phase im Textverarbeitungsablauf ist schließlich die Weiterverwendung der Texte. Mögliche dabei anfallende Bürotätigkeiten sind das Reprographieren, das Archivieren und das Übermitteln von Texten.

Als Sachmittel für die Erstellung von Texten ist nach wie vor die Schreibmaschine am weitesten verbreitet. Weitere Alternativen sind der Einsatz eines Textautomaten, die Nutzung von Terminals für die Textverarbeitung (in Verbindung mit einer Großanlage) sowie der Einsatz von Personal Computern. Gerade die letzte Alternative gewinnt in jüngster Zeit zunehmend an Bedeutung. Hauptgründe hierfür sind die Unabhängigkeit von einem zentralen Rechner sowie die Multifunktionalität der Systeme (neben Textverarbeitung können auch andere Aufgaben automatisiert werden).

2 Textsoftware für den PC - Funktionen und Anforderungen

Das Textverarbeitungsprogramm stellt dem Benutzer Hilfen zur Verfügung, die ihm die Möglichkeit bieten, einen Text nach möglichst wenigen und kurzen Arbeitsschritten in der gewünschten Form zu erstellen. Der Umfang der in den Programmen zur Verfügung gestellten Softwarefunktionen kann u.U. enorme Unterschiede aufweisen.

Ein Funktionsbündel, das jede automatisierte Lösung bieten muß, ist das der Erfassung und Überarbeitung von Texten, in der Praxis meist als Textbearbeitung bezeichnet. Die Texterfassung führt zusätzlich zu einer maschinellen Speicherung des Textes. Nachträgliche Korrekturen und Text-Änderungen im Zuge einer Überarbeitung beschränken sich deshalb auf den einmal erfaßten Text. Neben der Speicherung und Überarbeitung von Texten zählt auch die Druck-Ausgabe von Texten zu den grundlegenden Funktionen der Textverarbeitung.

Eine Erweiterung des Funktionsumfanges liegt dann vor, wenn die Be- und Verarbeitung von Standardtexten (Textbaustein-Verarbeitung) möglich ist. Sehr ausgereifte Textprogramme bieten außerdem einen mehr oder weniger großen Umfang an Integrationsfunktionen. Dies können etwa einfache Rechenfunktionen, der Zugriff auf DV-Dateien, eine programmäßige Integration (Schnittstellen zu anderen Programmen) und die Integration von Graphikanwendungen sein.

3 Vergleichende Analyse des vorhandenen Textsoftware-Angebotes

3.1. Das Angebot im Überblick (Marktsituation)

Derzeit wird eine Vielzahl von Textverarbeitungsprogrammen für den PC angeboten (mehr als 150). Es handelt sich in der Regel um Programme amerikanischer Hersteller, die ihre Produkte in eingedeutschter Form anbieten. Das wohl bekannteste und am häufigsten genutzte Textverarbeitungsprogramm ist WordStar. Es war eines des ersten Software-Produkte für Personal Computer. Aus heutiger Sicht gilt es jedoch als wenig benutzerfreundlich.

Viele der angebotenen Programme werden laufend überarbeitet und verbessert. So erscheinen in bestimmten Zeitabständen neuere Versionen mit zusätzlichen Funktionen oder verbessertem Komfort (es gibt z.B. bereits verschiedene Weiterentwicklungen des genannten Produktes WordStar). Darüber hinaus kommen laufend weitere Produkte auf den Markt. Als interessante Programme gelten etwa MS-Word (von Microsoft), Tex-Ass (von Bongartz & Schmidt), Easywriter (von CA) oder PCText 2 (von IBM).

Bezüglich des Umfanges der verfügbaren Textfunktionen weisen die angebotenen Programme erhebliche Unterschiede auf. In jedem Fall vorhanden sind Funktionen der Erfassung, Speicherung, Überarbeitung sowie zur Druckausgabe von Texten.

Nicht vorhanden bzw. nur bedingt möglich ist bei vielen Programmen die Bausteinverarbeitung. Dies liegt u.a. darin begründet, daß diese Form der Standardtexterstellung in den USA wenig verbreitet ist. Dagegen verfügen viele Programme über die Fähigkeit, Rechenfunktionen während der Textverarbeitung aufzurufen oder Serienbriefaktionen zu realisieren.

3.2 Vorstellung ausgewählter Produkte

3.2.1 MS-Word

MS-Word ist ein äußerst komfortables Textprogramm der Firma Microsoft, das seit Mitte 1984 mit deutscher Bedienerführung und deutschem Handbuch angeboten wird.

Die Gestaltung der Bildschirmmaske

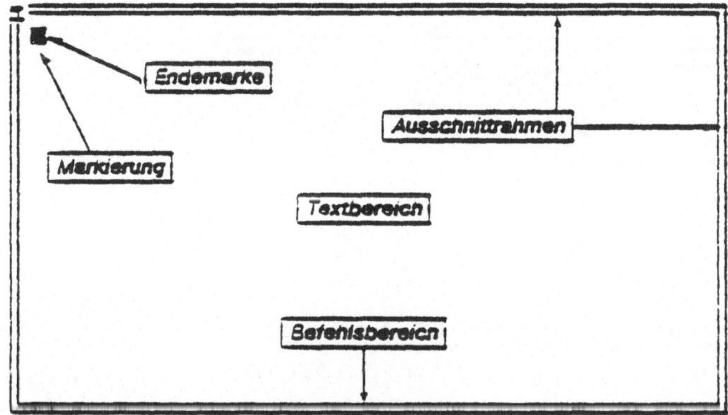

BEFEHL: Text Ausschnitt Bibliothek Druck Einfügen Format Genau Hilfe Kopie
Löschen Muster Quitt Rückgängig Suchen Übertragen Wechseln Zusätze

Bearbeiten Sie bitte Ihren Text oder unterbrechen Sie zum Hauptbefehlsmenü!
SEITE 1 0 ? 100% frei Microsoft Word:

Bei näherer Betrachtung der Bildschirmanzeige wird deutlich, daß das Textprogramm den Bildschirm in zwei Hauptbereiche unterteilt: den Textbereich und den Befehlsbereich.

Der Textbereich zeigt die Zeilen an, die für die Erfassung und Überarbeitung von Texten verfügbar sind. Im Normalfall können 20 Zeilen auf dem Bildschirm dargestellt werden. Die Position zur Aufnahme von Zeichen im Textbereich wird durch einen Lichtpunkt (Cursor) gekennzeichnet.

Die unteren vier Zeilen des Bildschirms stellen den Befehlsbereich dar. Bestandteile sind im einzelnen

(a) zwei Zeilen zur Angabe von Menübefehlen

(b) eine Meldungszeile

(c) eine Statuszeile

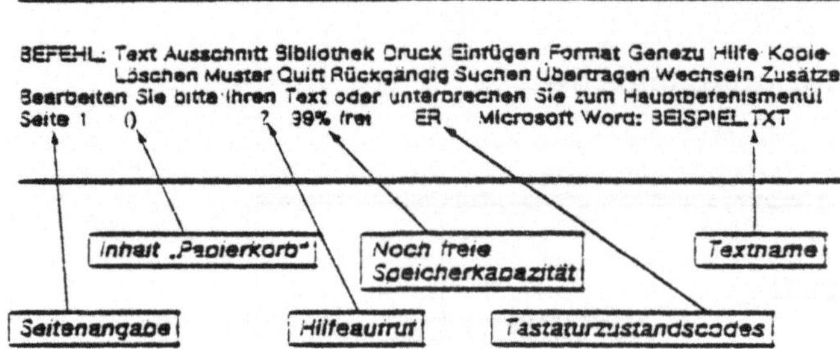

Der Befehlsumfang des Programms MS-Word ist außerordentlich umfangreich. Allerdings reicht bereits die Kenntnis einiger weniger Bereiche aus, um einfache Texte erfassen und ausgeben zu können. Im vorhergehenden Abschnitt wurde bereits erwähnt, daß im Hauptbefehlsmenü 17 Befehlsworte zur Verfügung stehen. In der Regel erscheinen nach Auslösen eines Befehls wiederum verschiedene Befehlsworte (ein sog. Untermenü) oder Befehlsfelder, die - je nach Zielsetzung - auszuwählen bzw. auszufüllen sind. Einen Überblick über die in MS-Word verfügbaren Untermenüs sowie die wesentlichen Befehlsfelder zeigt die Abbildung auf der nächsten Seite.

Insbesondere in der Anfangsphase des Arbeitens mit einem Textprogramm oder nach einer längeren Unterbrechungsphase kann es vorkommen, daß Sie nicht mehr genau wissen, welche Eingaben zur weiteren Befehlsrealisierung notwendig sind. In diesem Fall hilft Ihnen das Textprogramm häufig unmittelbar weiter, ohne daß Sie im Handbuch nachschlagen müssen. Eingebaut ist nämlich ein sog. elektronischer Ratgeber (auch Hilfetext genannt).

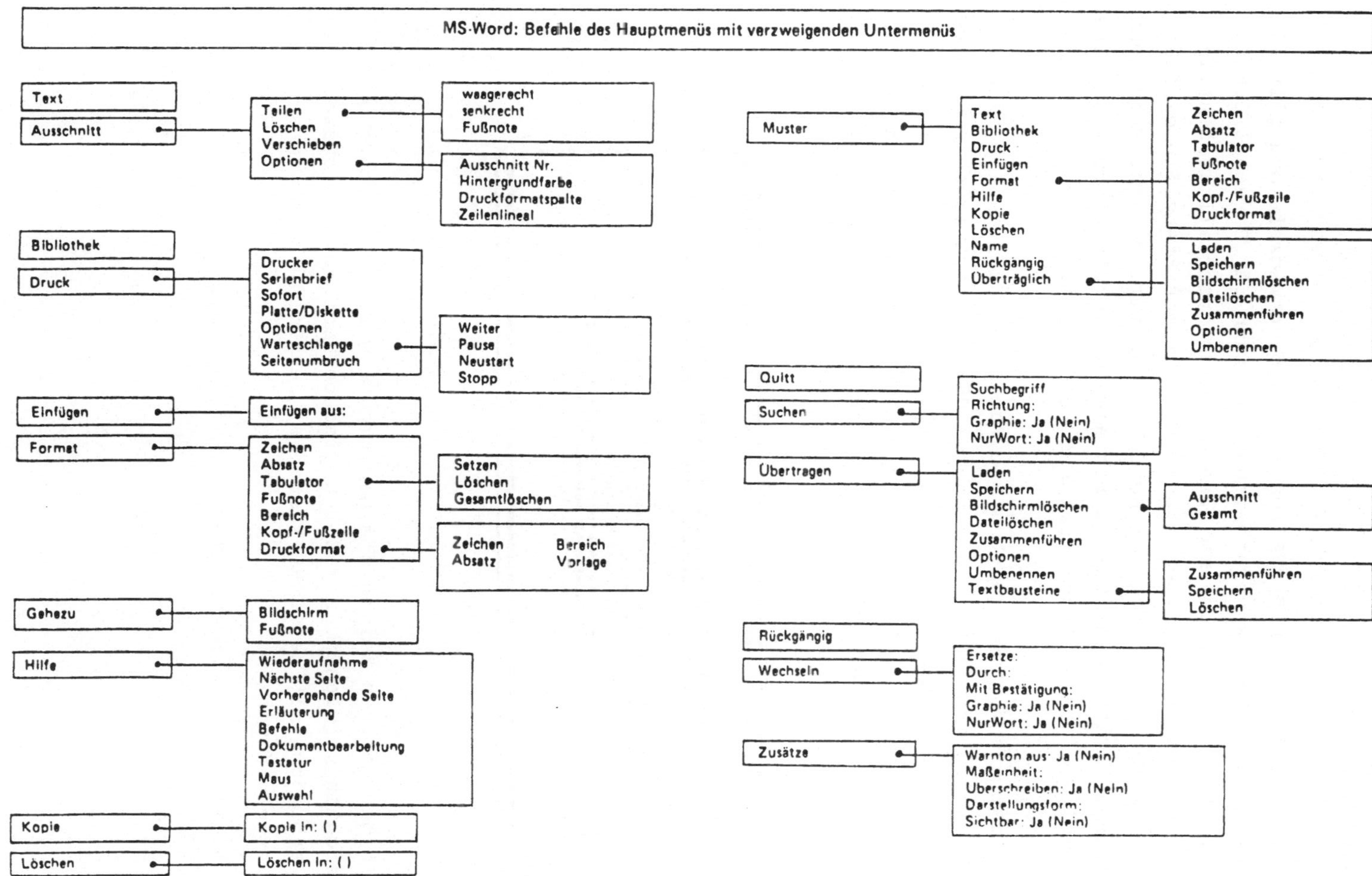
MS-Word: Befehle des Hauptmenüs mit verzweigenden Untermenüs
Text
Ausschnitt
Teilen
Löschen
Verschieben
Optionen
waagerecht
senkrecht
Fußnote
Ausschnitt Nr.
Hintergrundfarbe
Druckformatspalte
Zeilenlineal
Bibliothek
Druck
Drucker
Serienbrief
Sofort
Platte/Diskette
Optionen
Warteschlange
Seitenumbruch
Weiter
Pause
Neustart
Stopp
Einfügen
Einfügen aus:
Format
Zeichen
Absatz
Tabulator
Fußnote
Bereich
Kopf-/Fußzeile
Druckformat
Setzen
Löschen
Gesamtlöschen
Zeichen
Absatz
Bereich
Vorlage
Gehezu
Bildschirm
Fußnote
Hilfe
Wiederaufnahme
Nächste Seite
Vorhergehende Seite
Erläuterung
Befehle
Dokumentbearbeitung
Tastatur
Maus
Auswahl
Kopie
Kopie in: ( )
Löschen
Löschen in: ( )
Muster
Text
Bibliothek
Druck
Einfügen
Format
Hilfe
Kopie
Löschen
Name
Rückgängig
Überträglich
Zeichen
Absatz
Tabulator
Fußnote
Bereich
Kopf-/Fußzeile
Druckformat
Laden
Speichern
Bildschirmlöschen
Dateilöschen
Zusammenführen
Optionen
Umbenennen
Quitt
Suchen
Suchbegriff
Richtung:
Graphie: Ja (Nein)
NurWort: Ja (Nein)
Übertragen
Laden
Speichern
Bildschirmlöschen
Dateilöschen
Zusammenführen
Optionen
Umbenennen
Textbausteine
Ausschnitt
Gesamt
Zusammenführen
Speichern
Löschen
Rückgängig
Wechseln
Ersetze:
Durch:
Mit Bestätigung:
Graphie: Ja (Nein)
NurWort: Ja (Nein)
Zusätze
Warnton aus: Ja (Nein)
Maßeinheit:
Überschreiben: Ja (Nein)
Darstellungsform:
Sichtbar: Ja (Nein)

3.2.2 WordStar

WordStar wurde von der Firma Micropro entwickelt und gilt als das klassische Textverarbeitungsprogramm für Personal Computer. Mit diesem Programm stehen dem Benutzer alle wesentlichen Funktionen zur Verfügung, die für das Erstellen einfacher Briefe oder längerer Berichte benötigt werden. Ergänzend können verschiedene Zusatzprogramme verwendet werden, um eine Erweiterung des Einsatzfeldes zu erreichen.

Es ist ein menügesteuertes Programm. Das Hauptmenü befindet sich grundsätzlich in der oberen Hälfte des Bildschirms. Dort aufgeführt sind 22 Einbuchstabenbefehle, denen jeweils ein Zeichen (Control-Charakter) vorangestellt ist. Um einen Befehl auszulösen, muß nun die Control-Taste (CTRL) zusammen mit dem jeweiligen Buchstaben gedrückt werden.

```
         A:UEBUNG.TXT  SEITE 1 ZEILE 1 SPALTE 01       EINF.
ZEIGER:    ^A=Wort links  ^S=Zeichen links  ^D=Zeichen rechts  ^F=Wort rechts
           ^E=Zeile auf   ^X=Zeile ab
ROLLEN:    ^Z=Zeile auf   ^W=Zeile ab        ^C=Seite auf       ^R=Seite ab
LOESCHEN:  DEL=Zchn links ^G=Zchn rechts     ^T=Wort rechts     ^Y=ganze Zeile
BEFEHLE:   ^V=Einfuegen ein/aus   ^I=Tab  RET=Paragraph Ende    ^N=Leerzeile
           ^B=Formatieren ^U=Befehl Abbruch ^L=Suchen/Tauschen wiederholen
HILFE:     ^J=Liste der Informations-Kommandos mit Erklaerungen
           ^Q ^K ^O ^P = Listen mit weiteren Kommandos
L----!----!----!----!----!----!----!----!----!----!----!-------------R
```

In den letzten Zeilen des Hauptmenüs wird auf weitere Übersichten verwiesen, die durch Eingabe bestimmter Buchstaben in Verbindung mit der CTRL-Taste auf den Bildschirm gebracht werden können:

- Das ^Q-Menü enthält Befehle, mit deren Hilfe die Arbeit mit dem Programm beschleunigt werden kann (z.B. Befehle zur Bewegung des Cursors, zum Löschen, Verschieben und Austauschen von Zeichenfolgen).

```
^Q       A:UEBUNG.TXT  SEITE 1 ZEILE 1 SPALTE 01      EINF.
    ^Q KOMMANDO                      (Abbrechen mit Leertaste)
ZEIGER:   S=linker Rand   E=Schirm oben           X=Schirm unten    D=Zeilenende
          R=Textanfang    C=Textende              0-9,B,K,V,P=an Marker springen
ROLLEN:                   Z=fortlaufend auf       W=fortlaufend ab
LOESCHEN bis Zeilenende:  DEL=nach.links          Y=nach rechts
SUCHEN, TAUSCHEN:         F=Suchen                A=Suchen und Tauschen
                          L=Schreibfehler suchen
KOMMANDO WIEDERHOLEN:     Q=Wiederholen bis Taste gedrueckt wird
L----|----|----|----|----|----|----|----|----|----|----|---------------R
```

- Im ^K-Menü sind Befehle aufgeführt, die die Dateibehandlung sowie das Verschieben und Vertauschen von Textblöcken beinhalten

```
^K       A:UEBUNG.TXT  SEITE 1 ZEILE 1 SPALTE 01      EINF.
    ^K KOMMANDO                          (Abbrechen mit Leertaste)
BEENDEN+SPEICHERN:  D=Ende Datei    X=Ende WS       S=Sichern        Q=Abbrechen
BLOCK-BEGRENZER:    B=Blockanfang   K=Blockende     H=Block sichtbar/unsichtbar
BLOCK-BEFEHLE:      V=Verschieben   C=Kopieren      Y=Loeschen       W=Speichern
                    N=Spaltenblock ein (AUS)
TEXTBAUSTEINE       R=Einlesen      W=Speichern     J=Loeschen
   & DRUCKEN:       O=Kopieren      E=Umbenennen    P=Datei drucken
DISKETTE:           L=Laufwerk wechseln             F=Inhaltsverz. ein (AUS)
MERKER:             0-9 = Merker 0-9 setzen/loeschen
L----|----|----|----|----|----|----|----|----|----|----|---------------R
```

- Das ^O-Menü befaßt sich mit der Textdarstellung auf dem Bildschirm

```
^O       A:UEBUNG.TXT  SEITE 1 ZEILE 1 SPALTE 01      EINF.
    ^O KOMMANDO                   Text-Formatierung am Bildschirm

S=Zeilenabstand      C=Zeile zentrieren          F=Rand/Tabs von Kopfzeile setz.
L=linken Rand setz.  X=Rand freigeben            E=Trennstrich-Eingabe ein (AUS)
R=rechten Rand set.  W=Wortumbruch  aus (EIN)    D= - und Druckbefehle aus (EIN)
I=Tab setzen         J=Blocksatz    aus (EIN)    P=Seitenanzeige           aus (EIN)
N=Tab loeschen       V=variabl. Tab aus (EIN)    T=Kopfzeile anzeigen  aus (EIN)
G=Absatz einruecken  H=Trenn-Hilfe  aus (EIN)    Leerschritt = Abbrechen
L----|----|----|----|----|----|----|----|----|----|----|---------------R
```

- Das ^P-Menü erlaubt das Einfügen von Drucksteuerzeichen in den Text

```
^P      A:UEBUNG.TXT  SEITE 1 ZEILE 1 SPALTE 01      EINF.
    ^P KOMMANDO                Steuerzeichen in den Text einfuegen

V=Tiefstellen   ein/aus  T=Hochstellen   ein/aus   Y=schwarz/rot Umschaltung
S=Unterstreich. ein/aus  B=Schattenschr. ein/aus   D=Doppanschlag   ein/aus
A=zweite Schriftdichte   N=Standard-Schriftdichte  X=Durchstreichen ein/aus
O=fester Leerschritt     F=Phantom Leerschritt     G=Ph.-Rubout (Handbuch!)
C=Druckpause             H=naechstes Zchn ueberdr. RETURN=Zeile ueberdrucken
Q, W, E, R = definierbare Steuerzeichen            Leerschritt=Abbrechen
L----!----!----!----!----!----!----!----!----!----!----!--------------R
```

Die Bedienerführung ist in deutscher Sprache verfügbar (ab Version 3.3); als Ergänzung können ein deutsches Handbuch und ein deutsches Tutorial verwendet werden. Vorteilhaft ist bei neueren Versionen die Möglichkeit, Funktionstasten des PC individuell belegen zu können.

Für den Benutzer von Vorteil ist ferner die in WordStar realisierte vollkommene Bildschirmorientierung, die bewirkt, daß sämtliche Eingaben und Operationen am Bildschirm genauso aussehen wie beim Ausdruck. Der Übersicht dient außerdem eine Statuszeile, die anzeigt, auf welcher Seite des Dokuments Sie sich gerade befinden. Außerdem wird die aktuelle Cursorposition angegeben. Nachteilig ist, daß die Menüs auf dem Bildschirm fast die Hälfte des Platzes in Anspruch nehmen, so daß für die eigentliche Texterfassung nur noch wenig Platz bleibt.

Die Kommandos in WordStar kann der Bediener sich zudem nur schwer merken, zumal die einzelnen Buchstaben nur selten mit dem ersten Buchstaben, der Erläuterung des Befehls, übereinstimmen. Eine interessante Weiterentwicklung stellt in diesem Zusammenhang der WordStar 2000 dar, der eine mnemotechnische Verknüpfung bei den Befehlsworten vorsieht.

3.2.3 TEX-ASS

TEX-ASS ist ein deutsches Textverarbeitungsprogramm für Personal Computer, das vom Bochumer Softwarehaus Bongartz + Schmidt entwickelt wurde. Die erste Version, die inzwischen mehrfach verbessert wurde, kam 1981 auf den Markt. Installiert ist das Produkt inzwischen mehr als 1.000 mal.

Grundkonzeption

Ausgangspunkt der Arbeit mit dem Textverarbeitungsprogramm ist folgende Bildschirmmaske:

Programmname Version xxxxxx Daten zu . . . % belegt

Eingeben und ändern	**Drucken**
A. Texte	D. Texte
B. Formulare	E. Formulare
C. Anschriften	F. Anschriften
L. Parameter	G. Texte mit Anschriften
Sonstiges	**Baustein-Verwaltung**
M. Dienstprogramme	H. Inhaltsverzeichnis
N. Teletex	I. Kopieren
O. Silbentrennung	J. Löschen
Z. Beenden Textverarbeitung	K. Umbenennen

Programm-Auswahl:.
(C)opyright: 1983,
1984 Bongartz + Schmidt Datentechnik GmbH

Die Abbildung zeigt vier Teilbereiche im Hauptmenü:

(1) Eingeben und Ändern: Die hier enthaltenen Funktionen ermöglichen das Erstellen von Texten, Druckformularen sowie die Anschriftenverwaltung

(2) Drucken: Über diese Funktion wird das Ausdrucken von einzelnen Texten und Serienbriefen bewirkt

(3) Bausteinverwaltung: Auf diese Weise können das Inhaltsverzeichnis einer Diskette am Bildschirm sowie Dateinamen aufgelistet, kopiert, gelöscht und umbenannt werden

(4) Sonstiges: Wesentlich sind verschiedene Dienstprogramme (z.B. Festlegung des Druckertyps) sowie - bei neueren Versionen - die Kommunikation per Teletex bzw. die Unterstützung der Silbentrennung.

Funktionsumfang

TEX-ASS bietet dem Benutzer eine Vielzahl von Funktionen. Die wesentlichen sind

- automatischer Wortumbruch (in neueren Versionen auch Silbentrennung)
- Zentrieren von Texten und Textteilen
- automatisches Unterstreichen
- komfortabler Begriffsaustausch
- Cursor-Sprung-Positionierung
- Fußnotenverwaltung
- Drucken als Hintergrundfunktion
- Bausteinverarbeitung
- umfangreiche Rechenfunktionen
- Adreßverwaltung mit Serienbriefschreibung

Benutzerfreundlichkeit

Angenehm bei TEX-ASS ist der übersichtliche Bildschirmaufbau:

- am oberen Bildschirmrand zeigen Zeilen- und Spaltenzähler die aktuelle Cursorposition an
- in der obersten Zeile erscheint immer der vergebene Text-Name
- die zweite und dritte Bildschirmzeile dienen der Befehlseingabe oder als Meldezeile
- die vierte Zeile ist die Linealzeile
- 20 Zeilen stehen für die Eingabe sichtbar zur Verfügung.

In neueren Versionen besteht bei TEX-ASS die Möglichkeit, die Fenstertechnik zu nutzen. Bedienungsfreundlich ist zudem die Behandlung von Fehlern, da jeder aufgetretene Fehler auf dem Bildschirm im Klartext angezeigt wird.

4 Der PC als Medium zur Textkommunikation

Die enormen technologischen Fortschritte im Bereich der Mikroelektronik haben dazu geführt, daß in den letzten Jahren zunehmend neue Dienste der Textkommunikation angeboten werden: Telefax, Teletex, Bildschirmtext, Telebox. Anstoß zur Einführung dieser Dienste waren u.a. Untersuchungen der Kommission für den Ausbau der technischen Kommunikatonssysteme (KtK in 1976), in denen festgestellt wurde, daß ein Großteil der konventionellen Briefpost schneller und wirtschaftlicher auf elektronischem Wege übertragen werden kann.

Bereits relativ früh wurde versucht, auch den PC für die neuen Möglichkeiten der Telekommunikaton zu nutzen. Heute finden sich deshalb bereits erste erfolgreiche Ansätze und praktische Erfahrungen.

4.1 Teletex mit dem PC

4.1.1 Leistungsmerkmale von Teletex

Teletex (auch als Bürofernschreiben bezeichnet) ist ein internationaler Telekommunikationsdienst, der durch Postverwaltungen oder andere autorisierte Betriebsverwaltungen angeboten wird und den Teilnehmern die Möglichkeit bietet, Korrespondenz binnen Sekunden elektronisch (über Fernmeldenetze) zu übertragen.

Texte können bei Teletex (im Gegensatz zu Telex) in dem üblichen Schriftbild (mit Groß- und Kleinbuchstaben, gesperrt gedruckt u.ä.) versandt und empfangen werden. Teletex arbeitet im Speicher-zu-Speicher-Verkehr, d.h. die angeschlossenen Endgeräte müssen über Speicher für ein- und ausgehende Texte verfügen. Damit ist eine Nutzung größerer Übertragungsgeschwindigkeiten möglich: über das von der Deutschen Bundespost zur Verfügung gestellte Netz Datex-L-2400 kann eine Seite A4 in ca. 10 Sekunden übertragen werden. Außerdem ergibt sich durch den Speicher-zu-Speicher-Verkehr der Vorteil, daß ungestört im Lokalbetrieb Texte erstellt und überarbeitet werden können.

4.1.2 Hardware- und Software-technische Voraussetzungen

Voraussetzung für die Nutzung von Teletex ist, daß Sender und Empfänger über ein entsprechendes Endgerät verfügen, das den von der Bundespost festgelegten Anforderungen für den Teletex-Dienst genügt. Dafür kommen neben elektronischen Speicherschreibmaschinen und Textautomaten zunehmend auch Personal Computer in Betracht.

Um mit einem PC im Teletexbetrieb arbeiten zu können, sind hardwareseitig erforderlich
(a) eine angepaßte PC-Konfiguration
(b) eine spezielle Teletex-Box sowie
(c) ein Postmodem.

Zu (a): für den PC werden eine Hauptspeichergröße von 256 KByte, eine deutsche Tastatur, ein zugelassener Drucker (z.B. Diablo CX630, Epson FX100, Siemens PT89) sowie ein Adapter für asynchrone Übertragung benötigt.

Zu (b): die als Kommunikationsteil fungierende Teletex-Box wird unter der Bezeichnung UTC-Box (Universal Teletex Controller) angeboten und mit einem mitgelieferten Kabel über den asynchronen Adapter an den PC angeschlossen. In dieser Box sind die Teletex-"Konventionen", ein Speicher (mit einer Kapazität zwischen 32 und 256 KB) sowie das Logbuch untergebracht. Alle ein- und ausgehenden Dokumente werden hier zwischengespeichert. U.U. können auch mehrere PC's an eine UTC-Box angeschlossen werden (bis zu vier).

Zu (c): der Modem wird von der Post installiert und sorgt für die notwendige Datenumwandlung und -übertragung.

Softwareseitig erforderlich sind das Betriebssystem PC-DOS 2.0, ein geeignetes Textverarbeitungsprogramm sowie die sog. Teletex-Pack-Software. Erlaubt ist der Teletex-Betrieb derzeit z.B. mit den Textverarbeitungsprogrammen WordStar, Word und Tex-Ass. Die Teletex-Pack-Software übernimmt die Vermittlung zwischen dem Textprogramm und dem PC-Betriebssystem, steuert die Teletex-Informationen an alle Komponenten und stößt die extern stehende Teletex-Box an. Im einzelnen sorgt sie für die teletexgerechte Aufbereitung der Dokumente und für das Einleiten des Wählvorganges.

4.1.3 Wirtschaftlichkeitsüberlegungen

Ein Großteil der geschriebenen Texte wird bereits heute zunächst elektronisch gespeichert, um ein problemloses Redigieren zu ermöglichen. Wenn aber schon die Brieftexte komplett im Speicher elektronischer Textsysteme abgelegt werden, liegt es nahe, den beabsichtigten Korrespondenzaustausch nicht über den Weg herkömmlicher Briefpost, sondern ebenfalls elektronisch abzuwickeln.

Eine Ausstattung eines Arbeitsplatzes mit Teletex erfolgt generell jedoch nur dann, wenn durch Kostensenkungen bzw. Leistungssteigerungen eine Wirtschaftlichkeitsverbesserung erreicht werden kann. Ist bereits ein PC installiert oder die Anschaffung eines PC beabsichtigt (die hier genannte Konfiguration kostet ca. DM 15.000,-), dann fallen zusätzlich Kosten für die UTC-Box (einschließlich zugehöriger Software zwischen DM 6.500,- und 10.000,-) sowie für die Herstellung des Teletex-Hauptanschlusses an (einmalig DM 400,-; monatliche Grundgebühr DM 170,-). Hinzu kommen die lfd. Kosten für die Übertragung von Texten.

Den Kosten gegenüber stehen verschiedene Möglichkeiten der Kosteneinsparung (z.B. durch Verringerung von Schreibarbeiten und innerbetrieblichem Transportaufwand; die Entlastung von unbeliebten, zeitraubenden und teuren Postbearbeitungsaufgaben) sowie Leistungssteigerungen (z.B. verbesserte Durchlaufzeit von Kommunikationsvorgängen, qualitativ bessere Aufgabenerfüllung u.a.).

4.2 Electronic Mail mit dem PC

Für das Erstellen, Versenden und Verteilen von Nachrichten werden heute sog. elektronische Mitteilungssysteme angeboten.

4.2.1 Telebox - eine neue Dienstleistung der Bundespost

Telebox ist ein Teilnehmerdienst der Post, der dem Anwender die Möglichkeit bietet, Mitteilungen elektronisch auszutauschen, ohne daß hierzu die Anwesenheit des Kommunikationspartners erforderlich ist. Die Nachricht wird dabei nicht direkt an den Empfänger gesendet, sondern im Computersystem der Post hinterlegt (im sog. Telebox-System). Voraussetzung hierzu ist einmal, daß der Teilnehmer ein entsprechendes elektronisches Postfach (die Telebox bzw. Mailbox) bei der Post gemietet hat sowie über ein geeignetes Gerät für den Zugriff auf das Postfach verfügt. Nach Eingabe des persönlichen Paßwortes kann dann das Postfach vom Empfänger der Nachricht auf Abruf geleert werden.

Eingegangene Mitteilungen müssen vor dem Versenden mit der gewünschten Adresse versehen werden. Sie gelangen dann in das elektronische Postfach des Kommunikationspartners und können von diesem abgefragt und gelesen werden, wenn er sich mit dem System in Verbindung setzt.

4.2.2 Teilleistungen von Telebox

Im einzelnen stehen dem Anwender bei der Nutzung von Telebox folgende Teilleistungen zur Verfügung:
- Abfrage vorliegender Mitteilungen
- Lesen der Mitteilungen
- Beantworten der Mitteilungen
- Weiterleiten von Mitteilungen
- Speichern von Mitteilungen
- Eingeben von abzusendenden Mitteilungen
- Editieren, Formatieren und Speichern von Texten
- Übermitteln von eingegebenen Mitteilungen
- Funktion "Schwarzes Brett".

4.2.3 Hardwaremäßige Anforderungen

Voraussetzung für die Teilnahme am Teleboxdienst ist, daß ein asynchrones Datenendgerät vorhanden ist, das an ein öffentliches Fernmeldenetz (Telefonnetz, Datex-L oder Datex-P) angeschlossen werden kann. Dies können sowohl stationäre als auch mobile Endgeräte sein.

Als stationäre Endgeräte kommen neben bereits vorhandenen Terminals heute primär Personal Computer in Betracht. Die meisten angebotenen Systeme verfügen heute über die ensprechenden Schnittstellen für den Anschluß an ein öffentliches Fernmeldenetz.

Mobile Terminals mit Netzanschluß sind heute ebenfalls in ihrer Grundkonfiguration Personal Computer. Aufgrund ihres hohen Komforts können (direkt oder mit Hilfe eines Akustikkopplers) über das "Fernsprechwählnetz" mit Mailbox-Systemen Verbindungen hergestellt werden. Dadurch, daß bereits akustisch gekoppelte Geräte als Endgeräte genutzt werden können, kann der Teilnehmer den Dienst auch dann nutzen, wenn er auf Dienstreisen ist. Überall, wo sich ein Telefon befindet, lassen sich mit einem mobilen Endgerät zwischengespeicherte Informationen abgeben und im Dialog neue empfangen.

4.3 Abfrage externer Datenbanken

Der Unternehmenserfolg hängt heute in hohem Maße vom Informationsstand der Unternehmensführung ab. Da die Verhältnisse in der Wirtschaft immer vielschichtiger, die Einflußfaktoren immer zahlreicher, die Kämpfe um Macht und Positionen auf dem Markt immer härter geworden sind, wurde das Informationsproblem in den letzten Jahren immer wichtiger, ja manchmal sogar existenzentscheidend für die Unternehmungen.

Aus den genannten Gründen sind öffentliche Datenbanken immer mehr zu einem Instrument der Unternehmensführung geworden, indem diese Datenbanken systematisch im Innovationsprozeß einsetzt. Nationale und internationale Datensammlungen können in der Bundesrepublik Deutschland seit 1979 online über öffentliche Fernmeldenetze genutzt werden.

4.3.1 Anbieter von Datenbank-Dienstleistungen

Beispiele für in Datenbanken gespeicherte Informationen sind etwa Patente, Zeitungsaufsätze, Brancheninformationen, Wirtschaftsdaten u.ä. Allgemein können Literatur- und Faktendatenbanken unterschieden werden. Diese Datenbanken lassen sich dann online mit Hilfe eines Terminals abfragen und auswerten.

Verwaltet werden die Datenbanken von sog. Hosts. Dabei handelt es sich in der Regel um ein Computersystem mit großer Kapazität, auf dem mehrere Datenbanken abgefragt werden können. Die Führungskraft oder die Sekretärin kann dann über eine Datenleitung der Bundespost eine Vielzahl verschiedener Datenbanken zu mitunter ganz unterschiedlichen Sachgebieten abfragen. Um mit dem Host korrespondieren zu können, ist allerdings der Abschluß eines entsprechenden Nutzungsvertrages erforderlich. Bekannte Datenbanken sind etwa Data Star, DIMDI, FIZ-Technik oder die Juris-Datenbank.

4.3.2 Nutzung von Datenbanken - Technologie, Wirtschaftlichkeit

Für den Online-Dialog mit Datenbanken haben Personal Computer eine immer größere Bedeutung erlangt. Bereits mehr als 50% der Zugriffe erfolgen heute mit einem PC. Im einzelnen sind für den Dialog mit dem Host des Datenbankanbieters folgende technischen Einrichtungen Voraussetzung:
- Telefonanschluß
- Postmodem oder Akustikkoppler
- Terminal oder PC (u.U. Btx-Terminal)
- Drucker (falls Hardcopy erstellt werden soll).

Prinzipiell können sämtliche Computer benutzt werden, sofern sie über die erforderlichen Schnittstellen (zum Anschluß an Modem oder Akustikkoppler) und Terminalprogramm verfügen.

Ferner ist die Zugangsberechtigung zu einem öffentlichen Fernmeldenetz unbedingt erforderlich. Der Interessent muß zu diesem Zweck eine sog. DATEX-P-Kennung beantragen, mit der er dann den Zugang zu den Datenleitungen der Post bekommt. Für den informativen Kontakt mit Datenbanken ist ferner der Abschluß eines Nutzungsvertrages mit den Datenbank-Anbietern erforderlich. Jeder Teilnehmer erhält dann einen nur ihm bekannten Code ("Passwort") als Schlüssel für den Zugang zum Informationsspeicher.

Was kostet die direkte Datenbankbenutzung nun die Unternehmung? Grundsätzlich sind einmal die Recherchegebühren für die Datenbank-Betreiber zu berücksichtigen. Sie liegen international zwischen DM 80,- und 300,- je Stunde. Abgerechnet werden allerdings nur die tatsächlich verbrauchten Minuten. Hinzu kommen die Datenübertragungsgebühren der Post, die sich nach den verbrauchten Zeit- und Volumenanteilen richten (ca. DM 15,- pro Stunde).

Textverarbeitung auf dem PC in Verbindung mit einem Bürosystem

Erwin Trummel

Gliederung

1 Vorstellung der Unternehmensgruppe Louis London

2 Textverarbeitungssekretariat

3 Hard- und Software

4 Fachabteilung und TVS

5 Schreiben der Exportpapiere

6 Telex/Teletexanwendung

7 Anschluß an zentrale EDV-Anlage

8 Zusammenfassung

Vorstellung der Unternehmensgruppe Louis London

Das Unternehmen Louis London wurde 1970 gegründet und ist damit heute 15 Jahre erfolgreich am Markt tätig. Die Verwaltungszentrale ist in Sindelfingen und kann im Laufe dieses Jahres einen modern gestalteten Erweiterungsbau beziehen. Angeboten werden modische Kollektionen der Damen- und Kinderoberbekleidung über Verkaufsbüros in allen wichtigen europäischen Textilzentren. Der Facheinzelhandel kann unter den aufeinander abgestimmten Kollektionen zwischen Blusen, Strickwaren, Shirts und Konfektion und hier wiederum unter verschiedenen Marken wählen.

Die Produktionsstätten sind über das Bundesgebiet Deutschland verstreut. Darüberhinaus wird im europäischen Ausland und in Südostasien produziert.

Das Angebots- und Vertriebssystem von Louis London zeichnet sich durch kurze Verkaufszeiten der einzelnen Kollektionen aus. Dazu einige kurze Stichworte:

Louis London: DOB	2 Saisonkollektionen mit den Schwerpunkten Strick- und Konfektionsoberteile. Zielgruppe ist die junge nach oben im Alter aber nicht abgrenzbare Frau.
Gang:	Jünger als Louis London. Modisch in der Aussage. Eine straffe Kollektion mit Strick, Shirts und Konfektion.
Sebastian:	Eine Programmkollektion, die preislich über Louis London liegt und zeitlich versetzt angeboten wird.
Complements:	Die erfolgreiche Girbaud-Kollektion zielt auf die Gruppe junger, avantgardistischer Kundinnen.
Louis London Kinder:	Diese modischen Kinderkollektionen profitieren von allen übrigen und sind aufgeteilt wie die Louis London DOB-Kollektionen.
Chiwitt:	Nach Programmen aufgebaute hochmodische Kollektion.

Sonanini: Noch hochwertiger und avantgardistischer als Chiwitt. Neben der Konfektion ist Leder ein wichtiger Bestandteil.

Jährlich werden je 2 komplette Kollektionen entwickelt. Schnelligkeit und Beweglichkeit ist aufgrund der kurzen Verkaufszeiten erstes Gebot für die Verwaltung. Das trifft sowohl für die Abteilungen Auftragsbearbeitung, Einkauf, Produktionsplanung als auch für die Daten- und Textverarbeitung als Serviceabteilungen zu.

Textverarbeitungssekretariat

Durch die saisonal unterschiedliche Auslastung der einzelnen Sekretariate ist man im Haus Louis London schon sehr früh dazu übergegangen, ein kleines aber leistungsfähiges zentrales Textverarbeitungssekretariat aufzubauen. Aufgabe ist es, aus den Fachabteilungen die allgemeine Korrespondenz nach Phonodiktat oder Vorlage, Form- und Bausteinbriefe, Formulare und sonstige Texte zu schreiben.

Zu den Formularen gehören beispielsweise Wechsel in Endlosform, Rechnungen und Aufträge, sofern sie nicht über die Datenverarbeitung abgewickelt werden und als Besonderheit die Auszeichnungsetiketten für die Musterkollektionen.

Aufgrund der technischen Möglichkeiten können aber auch kurzfristig Aktionsbriefe wie Einladungen für Messen und Modenschauen, Werbeaktionen u. ä. problemlos ausgeführt werden.

Nachdem die ersten Versuche von Formularschreiben für die Exportabteilung problemlos ausgeführt wurden, ist inzwischen die Abteilung mit gleichen Geräten ausgestattet und schreibt die Exportformulare über das Zentralsystem selbst.

Hard- und Software

Bei der Einrichtung des zentralen Schreibsekretariates wurde von Kugelkopfmaschinen auf IBM-Speicherschreibmaschinen 82 M bzw. 96 M umgestellt.

Mit dem Aufkommen der ersten leistungsfähigen Textsysteme wurden 2 Redactron-Anlagen mit Ganzseitenbildschirm und je 3 Kassettenstationen eingeführt. Mit den gewachsenen Anforderungen wurden diese Geräte durch Schreibsysteme IBM 6580 mit Bildschirm und Diskettenstationen ergänzt.

Um gespeicherte Informationen flexibler nutzen zu können, hat das Unternehmen Louis London im Januar 1984 ein Bürosystem IBM 5520 mit Festplatten und Diskettenstation installiert. Dieses wird über einen Leitbedienerbildschirm IBM 5253 gesteuert.

Die Sekretärinnen verfügen über IBM-PC's als Bildschirmstationen, die wiederum über ein Emulationsprogramm mit der Zentraleinheit 5525 verbunden sind und die zentrale Software, Texte und Dokumente sowie Adressen benutzen.

Der Vorteil liegt bei dem Bürosystem unter anderem darin, daß alle Informationen zentral gespeichert und nur einmal gepflegt werden müssen. Trotz der Möglichkeit, Dokumente gegen Mißbrauch zu schützen, kann der überwiegende Teil von jedem Arbeitsplatz aufgerufen und weiterverarbeit werden.

Der Ausdruck der Dokumente geschieht über Typenraddrucker IBM 5219, die mit wenigen Handgriffen von der Einzelblattzuführung in eine Endlosversion umgerüstet werden können.

Bei den PC's wurde die Standardtastatur gegen eine Sonderausführung ausgetauscht. Dadurch kann die Sekretärin alle Funktionstasten mit deutscher Beschriftung bedienen und muß nicht über Tastaturschablonen nach den einzelnen Befehlen suchen.

Das zentrale Sekretariat ist zur Zeit mit 5 IBM-PC's, die mit dem Mindesthauptspeicher von 64 KB und einem Monobildschirm ausgerüstet sind, über ein Twinaxkabel und der Emulationskarte mit dem Zentralsystem verbunden. Über ein zweites Twinaxkabel sind 3 Drucker einzeln ansteuerbar, auf denen unterschiedliche Briefbogen bzw. Formulare vorrätig sind.

Die Import- und Exportabteilung wird Mitte dieses Jahres zunächst mit zwei PC's und einem Drucker ausgestattet, über die mit Beginn der Herbstsaison alle Exportformulare wie AE'S, EUR1 oder EUR2, Ursprungszeugnisse bzw. T2 geschrieben werden können.

Fachabteilungen und Textverarbeitungssekretariat

Die Sachbearbeiter in den Fachbereichen diktieren über Mikrofone bzw. demnächst zusätzlich über das Telefon ihre Korrespondenz vom Arbeitsplatz aus. Die Aufnahme erfolgt in einer zentralen Diktatanlage im Textverarbeitungssekretariat. Hier wird zur Zeit ein System IBM 6:5 erfolgreich eingesetzt.

Für jeden Vorgang wird ein Tonträger benutzt. Der Vorteil für den Diktanten wie für die Sekretärin liegt in dem sofortigen Zugriff des Tonträgers nach Abschluß der Aufnahme. Alle Vorgänge werden in der Reihenfolge der Aufgabe geschrieben, so daß es normalerweise zu keinen Stauungen kommen kann. Die Erfassung der Dokumente und gegebenenfalls deren Korrektur erfolgt über die PC's und wird auf dem Bürosystem IBM 5520 verarbeitet. Danach erfolgt der Ausdruck über die Typenraddrucker, die bereits bei der Erfassung als Adresse angegeben worden sind.

Nach dem Ausdruck wird der Schriftverkehr an die Fachabteilung weitergeleitet, die ihn mit Unterschrift an die Poststelle gibt. Kurzfristig werden alle Schriftstücke im Bürosystem zwischengespeichert. Langfristig erfolgt eine Speicherung auf Mikrofilm, wobei die Fundstellen und der Suchbegriff in einer Datenbank auf dem zentralen EDV-System gespeichert werden.

Die Fachabteilung hat über ihr DV-Terminal jederzeit Zugriff auf diese Informationen und kann vom Arbeitsplatz aus gegebenenfalls eine Fotokopie des Mikrofilms über das Kodak Mikrofilmterminal IMT 150 anfordern.

Schreiben der Exportpapiere

Nachdem alle Exportformulare als Dokument im Bürosystem IBM 5520 gespeichert wurden, kann die Sachbearbeiterin an ihrer PC-Station die dafür vorgesehene Bildschirmmaske aufrufen und in die mit einer ausführlichen Beschreibung versehenen Felder die notwendigen Informationen eingeben. Falls ein Formular aus mehreren Seiten besteht, erhält sie automatisch die Folgemaske und kann den Vorgang in eine definierte Druckschlange übergeben.

Nachdem alle Vorgangsdaten erfaßt sind, werden in der vorgegebenen Reihenfolge alle Formulare auf einem Typenraddrucker ausgedruckt und können danach zu Vorgängen zusammengestellt werden.

Durch diese Vorgehensweise ist sichergestellt, daß alle Felder richtig ausgefüllt sind, daß keine Schreibfehler zum nochmaligen Ausfüllen der Formulare führen und letztlich ein sicheres und schnelleres Bearbeiten der Vorgänge möglich wird.

Telex/Teletex-Anwendung

Mit dem Bezug des Erweiterungsbaues werden die Wege aus den einzelnen Fachbereichen zur zentralen Telexstelle weiter. Deshalb werden die beiden Fernschreiber, die zur Zeit im Vertrieb bzw. Beschaffungsbereich stehen, zentral aufgestellt. Dadurch ist eine Oberwachung der Fernschreiber und eine Weiterleitung schnell möglich.

Die Fachabteilungen können ihre Fernschreiben zukünftig auf dreierlei Weise aufgeben.

1. Durch Benutzung des zentralen Schreibsekretariats. In diesem Fall wird durch ein Mikrofon bzw. das Telefon der Text in die Diktatanlage eingegeben und vom TV-Sekretariat vermittelt.

2. Durch persönliche Aufgabe des Fernschreibens in der Zentrale direkt oder ggf. über einen vorgestanzten Lochstreifen.

3. Eingabe über ein in der Fachabteilung stehendes Textsystem oder eine Speicherschreibmaschine.

Für diesen Zweck ist ein CAE-Telexcomputer 6-4 als Verbindung zwischen den Fernschreibern und den Schreibsystemen in den Fachabteilungen vorgesehen. Der Telexcomputer verfügt über eine Twinaxschnittstelle, über die das Bürosystem IBM 5520 angeschlossen ist, sowie über mehrere V.24 Schnittstellen, über die die Schreibsysteme IBM 6580, Speicherschreibmaschinen Hermes Top-Tronic 51 bzw. IBM PC's in den Abteilungen verbunden sind.

Ober diese Gerätetypen kann jederzeit ein Telex (Teletex) erfaßt und versendet werden. Eine Vorwahl der Uhrzeit ist ebenfalls möglich, um z. B. im Inland die günstigeren Nachttarife nutzen zu können.

Es ist ferner geplant, daß die eingehenden Telexe über die Fernschreiber zunächst in Papierform protokolliert und danach im Telexcomputer zwischengespeichert werden. Ein Masterplatz dient danach der Weiterleitung der Telexe an die Fachbereiche, die über 7 Etagen verteilt sind. Sofern der Absender die Adresse des empfangenden Gerätes in der Fachabteilung angibt, kann aber auch eine automatische Weiterleitung bis in den Fachbereich vorgenommen werden.

Die Einführung dieser Anwendung ist für die zweite Jahreshälfte geplant.

Anschluß an die zentrale Datenverarbeitung

Für das kommende Jahr ist geplant, das Bürosystem IBM 5520 an den zentralen Rechner anzuschließen. Unsere IBM-Anlage 3083 E wird unter VM und VSE betrieben. Die Bildschirmsteuerung erfolgt unter CICS, während die Dokumentenverwaltung das Lizenzprogramm DISOSS übernehmen wird.

Von den PC-Arbeitsplätzen der Sekretärinnen bzw. Sachbearbeiterinnen kann über das Bürosystem und eine 3270-Emulation auf die Infos zugegriffen werden. Außerdem kann auf Dateien und Datenbanken Rückgriff genommen werden. Eine Zwischenverarbeitung von Texten und Daten im DV-System ist möglich.

Die mit wachsendem Dokumentenvolumen steigenden Sicherungszeiten über Diskette, sowie der Programme und Formulare kann zukünftig über das zentrale System vorgenommen werden.

Zusammenfassung

Durch die Einrichtung eines zentralen Sekretariats für Textverarbeitung wurde im Hause Louis London eine Service-Abteilung für die Bereiche Vertrieb, Einkauf, Import-Export und Rechnungswesen geschaffen, die aufgrund der saisonal unterschiedlichen Anforderungen der verschiedenen Bereiche einerseits und einer leistungsfähigen Hard- und Software andererseits in der Lage ist, optimale Rahmenbedingungen für die Verwaltung anbieten zu können.

Durch das Bürosystem IBM 5520 ist von verschiedenen Arbeitsplätzen aus ein dezentraler Zugriff auf das Sammelsystem möglich. Die zur Zeit angeschlossenen Fachbereiche des zentralen Textverarbeitungssekretariates und die Import- und Exportabteilung können über gleiche Terminals auf das zentrale System zugreifen.

Der Einsatz von PC's als Bildschirmstationen erfolgte aus ergonomischen und preislichen Gründen. Die IBM-Bildschirmstationen 5253 sind erheblich größer als die PC's, und sind sowohl als Mietmaschine als auch als Kaufmaschine erheblich teurer als die in der Minimalkonfiguration eingesetzten PC's.

Durch die für die PC's angebotenen flachen Tastaturen ergab sich ein weiterer Vorteil, der durch das Eingravieren der Befehlstasten vom System 5520 das Arbeiten mit Tastaturschablonen überflüssig machte.

Durch einen Ausbau der PC-Speicher können alle Sekretärinnen weit verbreitete PC-Programme innerhalb ihres Aufgabengebietes mitbenutzen. Dazu gehört z. B. Multiplan oder Grafikprogramme. Aber auch als autonomes Textsystem ist der PC bei einer entsprechenden Speicherkapazität mit der am Markt verfügbaren Software, z. B. PC Text 2 von IBM, unabhängig vom Zentralsystem zu verwenden.

In diesen Fällen kann an den PC auch ein grafikfähiger Drucker, ein Thermodrucker oder ähnliches angeschlossen werden, wodurch die Einsatzmöglichkeit des Textsekretariates erheblich zunimmt. Die Anbindung des Bürosystems 5520 an künftige Netzwerke, z. B. Tokenring von IBM, erschien uns ebenfalls als Pluspunkt.

Letztlich kann durch die Anbindung des Bürosystems an das Telex/Teletexnetz sowie an die EDV-Anlage ein optimaler Service für alle Abteilungen des Unternehmens geboten werden.

Organisation

Risiken beim Einsatz von Personalcomputern (PC)

Felicitas Albers

Gliederung

1 Grundlegung

Der Einsatz von Personalcomputern (PC) stellt aufgrund seiner spezifischen Merkmale eigene Anforderungen an die technische und organisatorische Gestaltung entsprechender Systeme der automatisierten Datenverarbeitung (ADV). In gleicher Weise ergeben sich Spezifika bei der Gestaltung adäquater Sicherheitskonzepte für den PC-Einsatz. Es wäre abwegig anzunehmen, daß durch Miniaturisierung und vereinfachte Handhabung der Systeme der Sicherheitsaufwand sinkt, vielmehr implizieren beide Faktoren verstärkte Gefährungspotentiale.

1.1 Begriffliche Abgrenzung

Zum Verständnis der nachfolgenden Ausführungen ist es erforderlich, die Begriffe 'Datensicherheit' und 'Personalcomputer' zu definieren. Für beide Begriffe haben sich bisher noch keine einheitlichen Bedeutungsinhalte in der Literatur durchgesetzt. Diese ist vielmehr gekennzeichnet durch die synonyme oder aber semantisch differenzierte Verwendung einer Vielzahl nicht eindeutig definierter Begriffe.

1.1.1 Datensicherheit

Unter dem Begriff der Datensicherheit werden hier Anforderungen und Maßnahmen subsumiert, die sich ergeben aus:

* dem Gesetz zum Schutz vor Mißbrauch personenbezogener Daten (Bundesdatenschutzgesetz/BDSG),
* der Verarbeitungssicherheit aus der Sicht des Anwenders,
* den Anforderungen des Handels- und Steuerrechts sowie solchen an die Prüfbarkeit des Rechnungswesens aus der Sicht der Steuer- und Wirtschaftsprüfung.

1.1.2 Personalcomputer (PC)

Die Begriffsvielfalt im Bereich kleinerer ADV-Anlagen ist unüberschaubar. Die Bezeichnungen Minicomputer, Microcomputer, Heim- und Hobbycomputer, small business computer, low cost computer, Bürocomputer, Tischcomputer, Arbeitsplatzcomputer, Basisdatenverarbeitung und Anlagen der Mittleren Datentechnik sind Beispiele dafür. Der im vorliegenden Beitrag verwendete Begriff des 'Personalcomputers' subsumiert alle mit vorgenannten oder ähnlichen Begriffen belegten kleineren ADV-Systeme, wobei zwei Größenklassen unterschieden werden[1]:

Der ersten Gruppe gehören Einzelplatzsysteme mit einer Hauptspeicherkapazität von bis zu 64KB. Diese Systeme werden hier auch als Microcomputer bezeichnet. Unter dem Gesichtspunkt der praktischen Relevanz sind dieser Gruppe insbesondere kleine Bürocomputer (Abrechnungscomputer) zuzuordnen, zu deren durchschnittlicher peripherer Ausstattung Minikassetten und -disketten sowie Bildschirm- oder Fernsehmonitore gehören. Als Standardsoftware kommt überwiegend das Betriebssystem CP/M zur Anwendung. Diese Systeme eignen sich zur Durchführung einfacher, betriebswirtschaftlicher und technischer Anwendungen, wie z.B. Kalkulationen und Annuitätsberechnungen.

Der zweiten PC-Leistungsgruppe gehören Ein- und Mehrplatzsysteme mit einer Hauptspeicherkapazität von 64-512KB an. Diese Systeme werden hier auch als Minicomputer bezeichnet. Die Peripherie besteht im allgemeinen aus Diskettenlaufwerken, ggf. auch Floppy-Disks und Magnetplatten, des weiteren aus mindestens einem Bildschirmmonitor und einem Matrixdrucker. Hinzu kommen DFÜ-Einrichtungen. Als Betriebssystemsoftware kommen bei Einplatzsystemen CP/M und als MULTI-USER-Betriebssysteme z.B. UNIX, OASIS und MP/M in Betracht.

1.2 Spezifische Anwendungspotentiale von PC

Die spezifischen Anwendungspotentiale von PC lassen sich zum einen durch die typischen Zielgruppen des PC-Einsatzes und zum anderen durch unterschiedliche Strukturformen des PC-Einsatzes kennzeichnen.

1.2.1 Zielgruppen des PC-Einsatzes

Die mit dem Fortschritt der Informationstechnologie einhergehenden Miniaturisierung von ADV-Anlagen, die Verbesserung des Preis-/Leistungsverhältnisses der Hardware und die Erleichterung ihrer Handhabung machen Kleincomputer zunehmend sinnvoll betrieblich nutzbar in kleineren Wirtschaftseinheiten, denen der Einsatz solcher Systeme aus wirtschaftlichen Gründen oder mangels know-how bisher versagt blieb.[2)] Hier sind insbesondere drei Zielgruppen zu nenne:

* klein- und mittelbetriebliche Anwender,
* Fachabteilungen in Großunternehmungen,
* Sachbearbeiter und Führungskräfte, die mit Hilfe vernetzter Kleincomputer Zugang zu ADV-Großsystemen haben.

Für klein- und mittelbetriebliche Anwender bieten PC häufig die Möglichkeit der erstmaligen wirtschaftlich zweckmäßigen Anwendung moderner Informationstechnologie im betrieblichen Ablauf, mit der Option den durch den Einsatz der (Groß-) ADV-Technologie lange Zeit bestehenden Wettbewerbsnachteil gegenüber Großunternehmungen ausgleichen. Diese Anwendergruppe läßt sich im allgemeinen leiten von dem Ziel der Rationalisierung, um so dem allgemeinen Wettbewerbsdruck, der Kostenentwicklung und den in Teilbereichen vorliegenden personellen Engpässen zu begegnen.

Ebenso wie den Unternehmungsleitungen kleinerer Betriebe bieten Miniaturisierung, Preisverfall und vereinfachte Handhabung auch den Abteilungsleitern in Großunternehmungen die Möglichkeit, eigenverantwortlich über ADV-Kapazitäten zu verfügen. Die Kosten für solche Systeme können häufig über den abteilungseigenen Büromaschinenetat gedeckt werden, der Abschluß von Leasingverträgen schafft weitere Handlungsspielräume. In den skizzierten Fällen werden Personalcomputer eingesetzt als Insellösungen, die parallel zu zentralen Großsystemen und unabhängig von diesen betrieben werden. Diese Unabhängigkeit von zentralen ADV-Kapazitäten, die Möglichkeit der Schaffung abteilungsspezifischer Lösungen und Standards sind häufig die Gründe, die zur Installation der als Insellösung konzipierten PC-Anwendungen in Abteilungen von Großunternehmungen führen.[3)]

Die Integration am Arbeitsplatz von Führungskräften und Sachbearbeitern installierter Personalcomputer in das informationstechnologische Netz von Unternehmungen und damit der Ausbau der informationellen Infrastruktur der Betriebe bildet das dritte hier erörterte neue PC-Anwendungspotential.[4)] Die skizzierten Charakteristika der informationstechnologischen Entwicklung verringern weitgehend die Produktivitätsvorteile zentralisierter Verarbeitung gegenüber denen benutzernaher, dezentralisierter Anwendung. Damit wird automatisierte Datenverarbeitung in der gesamten Gestaltungsspanne zwischen straffer Zentralisierung und starker Dezentralisierung möglich. Da die technischen und wirtschaftlichen Restriktionen weitgehend abgeschwächt werden, sind nur noch die zu erfüllenden Aufgaben und das organisatorische Konzept ausschlaggebend für die Anwendungsformen der Klein- und Großcomputer umfassenden ADV-Technologie.

1.2.2 Strukturformen des PC-Einsatzes

Neben den zielgruppenspezifischen Anwendungspotentialen von PC ist die Anwendungsvielfalt als PC-Einsatzes durch die Möglichkeit der Realisierung unterschiedlicher, technisch-organisatorischer Strukturen gekennzeichnet. Die Ableitung entsprechender Strukturmodelle des PC-Einsatzes ermöglicht es, die Vielzahl dieser Anwendungsformen auf eine überschaubare Menge typisierter Formen zu reduzieren. Kriterien für eine solche Modellbildung sind:

*Anzahl der PC-Arbeitsplätze in einer Unternehmung (Einplatz-/Mehrplatzsystem),
*De-/Zentralisationsgrad des PC-Einsatzes (lokales-/verteiltes System),

*Kooperationsformen des PC-Einsatzes (autonomes/Verbundsystem).

Durch Kombination der Merkmalsausprägungen ergeben sich acht plausible Ausprägungen des PC-Einsatzes:[5)]

*Typ 1: Autonomes zentrales Einplatzsystem,
*Typ 2: Autonomes zentrales Mehrplatzsystem,
*Typ 3: Autonomes dezentrales Mehrplatzsystem,
*Typ 4: Zentrales Mehrplatzsystem mit Rechenzentrumsanschluß,
*Typ 5: Autonome, dezentrale Einplatzsysteme (Insellösungen),
*Typ 6: Zentrales Einplatzsystem mit Rechenzentrumsanschluß,
*Typ 7: Dezentrales Einplatzsystem mir Rechenzentrumsanschluß,
*Typ 8: Dezentrales Mehrplatzsystem mit Rechenzentrumsanshluß.

Im Fall der Vernetzung mehrere PC untereinander und bei Anschluß ein oder mehrere PC an einen zentralen Rechner lassen sich als mögliche Grundformen der Vernetzung die Stern-, Ring- und Busstruktur nennen, auf die hier im Hinblick auf ihre später erörterten unterschiedlichen Risikopotentiale verwiesen wird.[6)]

2 Risikosituation des PC-Einsatzes

Die Datensicherheitsproblematik entsteht dadurch, daß bestimmte Typen inhaltlich beschreibbarer Schadenereignisse (Gefahren) den bedarfsgerechten Einsatz eines Kleincomputers beeinträchtigen können.[7)] Die sich beim PC-Einsatz gegenüber dem Einsatz konventioneller ADV-Systeme ergebenden speziellen Sicherheitsrisiken werden nachfolgend erörtert.

2.1 Generelle Sicherheitsrisiken

Als generelle Sicherheitsrisiken werden solche verstanden, die für den PC-Einsatz relevant, aber nicht von ausschließlicher Bedeutung für diese Informationstechnik sind; sie haben vielmehr unabhängig von der Art der eingesetzten Technik generelle Bedeutung. Dabei ist von folgenden Typen inhaltlich beschreibbarer Schadenereignisse (Gefahren) auszugehen:[8)]

*höhere Gewalt,
*technisches Versagen
*menschliches Versagen,
*unbewußte Herbeiführung.

Die skizzierten Gefahren können einwirken auf:

*das Programmsystem (Software),
*die Daten und Dateien,
*das Hardwaresystem (Zentraleinheit, Ein- und Ausgabemedien, periphere Speicher, Datenübermittlungseinrichtungen).

Daraus ergeben sich folgende potentielle Schäden:[9)]

*Daten, Programmsysteme und Hardware sind nicht bedarfsgerecht verfügbar (mangelnde Verfügbarkeit),
*Datenbestände, Programmsysteme und Verarbeitungsergebnisse sind sachlich falsch (mangelnde Integrität),
*Datenbestände, Programmsysteme und Verarbeitungsergebnisse werden nicht vertraulich behandelt (mangelnde Vertraulichkeit),
*Programmsysteme und Hardwarekapazitäten werden für betriebsfremde Aufgaben genutzt (Zeit- und Softwarediebstahl).

2.2 Technologiespezifische Risiken

Technologiespezifische Risiken sind solche, die typisch sind für die PC-Technik, unabhängig von der Art ihrer individuellen Anwendung.

2.2.1 Verbilligung und vereinfachte Handhabung

Generell ist festzustellen, daß die zunehmende Verbilligung und vereinfachte Handhabung von ADV-Systemen zu einer wachsenden Verbreitung ihrer Anwendung und damit auch zu steigenden quantitativen und qualitativen Mißbrauchsmöglichkeiten führt. Durch die vereinfachte Handhabung der Systeme ist ihre Bedienung nicht mehr nur ein Privileg ausgewählter Spezialisten, sondern kann im Prinzip durch jeden erfolgen, der allgemeine Grundkenntnisse des PC-Einsatzes aufweist.

Die starke Verbreitung der Systeme führt dazu, daß sie für jedermann außerhalb der jeweils anwendenden Unternehmung zugänglich sind und dort für betriebliche Mißbräuche genutzt werden können. So können z.B. von einem Mitarbeiter außerhalb seiner Arbeitsstätte Datenträger mit manipulierten Daten erstellt werden, um sie dann im laufenden Betrieb mißbräuchlich zu verwenden.

Die Halbleitertechnologie ermöglicht die hardwaremäßige Realisierung von Programmsystemen als wirtschaftliche Alternative zu iher softwaremäßigen Realisierung. So werden heute insbesondere Betriebssystemfunktionen durch Microchips wahrgenommen. Da diese Chips grundsätzlich leicht auswechselbar sind, entsteht hier als zusätzliches Mißbrauchsrisiko die Gefahr der Verwendung manipulierter Chips.

Neben den Gefahren mißbräuchlichen Zugriffs implizieren die vereinfachte Handhabung der Systeme einerseits, und der häufig nur sehr geringe ADV-Kenntnissstand der Benutzer andererseits, Gefährungen durch unbeabsichtigte Fehlbedienung.

2.2.2 Risiken bei PC-Vernetzung

Bei Vernetzung mehrerer PC, ggfs. mit Anschluß an einen zentralen Rechner, ergeben sich spezifische Risikokategorien, die der

*übertragungsmedienspezifischen Risiken und die der
*netzwerkspezifischen Risiken.

Insbesondere für die Konstruktion der für den PC-Einsatz schwerpunktmäßig relevanten internen Netzen haben drei technische Medien Bedeutung erlangt: das verdrillte Kupferkabel (twisted pair), das Koaxialkabel (Coaxial Cable) und der Lichtwellenleiter (optical fiber).[10)]

Ohne auf die technischen Einzelheiten dieser Medien eingehenzuwollen, läßt sich anhand der für die Beurteilung von Sicherheitsrisiken relevanten Merkmale

*Abhörsicherheit und
*Störungsempfindlichkeit

folgende Bewertung der Medien vornehmen:

	verdrillte Kupferkabel	Koaxialkabel	Lichtwellenleiter
Abhörsicherheit	gering	gute Abschirmung möglich, Kabel jedoch anzapfbar	hoch
Störungsempfindlichkeit	Störungen durch elektromagnetische Wellen möglich	Störungen durch elektromagnetische Wellen möglich	nicht störempfindlich

Abb. 1: Übertragungsmedienspezifische Risiken[11)]

Bei der Risikobeurteilung der genannten Netzwerke Stern-, Ring- und Busstruktur ist zu unterscheiden zwischen

*Risiken durch Ausfall einer Station , ggfs. der Zentrale und
*Risiken durch Leitungsausfall zwischen zwei Stationen.

Auch hier soll auf die Darstellung technischer Einzelzheiten verzichtet werden. Es ergibt sich folgende netzwerkspezifische Risikobewertung:

	Stern	Ring	Bus
Risiken bei Stationsausfall	Totalausfall bei Ausfall der Zentrale, wenig Störungen bei Ausfall einer Teilnehmerstation	Teil- oder Totalausfall	keine Auswirkungen auf die übrigen Stationen
Risiken bei Leitungsausfall zwischen zwei Stationen	Ausfall der betroffenen Teilnehmerstation	Totalausfall	Totalausfall bei Ausfall des gemeinsamen Mediums

Abb. 2: Netzwerkspezifische Risiken[12)]

2.3 Anwendungsspezifische Risiken

Die anwendungsspezifischen Risiken des PC-Einsatzes sind solche, die aus den für diese Informationstechnik typischen Anwendungsformen resultieren.

2.3.1 Arbeitsplatzorientierter PC-Einsatz und eingeschränkte Funktionstrennung

Anwendungsspezifische Risiken resultieren zunächst aus dem primär arbeitsplatzorientierten Einsatz der Systeme. Hier ist insbesondere die integrierte Anwendbarkeit der Personalcomputer zu nennen. Diese ist aus organisatorischer Sicht wünschenswert, da sie die Straffung des Beleg- und Aktenflusses ermöglicht. Der Standort der Geräte am Arbeitsplatz, die eingeschränkte Funktionstrennung zwischen Datenverarbeitung und Sachbearbeitung sowie die eingeschränkte Funktionstrennung innerhalb der Datenverarbeitung erschweren jedoch die Kontrollierbarkeit und Prüfbarkeit des PC-Einsatzes. Der Verzicht auf die bislang erforderliche Trennung von System- und Anwendungsprogrammierung, Operating und Anwendung erlaubt den unkontrollierten Zugriff des Bedieners zum Betriebssystem und damit das Umgehen aller anwendungsprogrammspezifischen Sicherheitsmaßnahmen.

2.3.2 Zielgruppenspezifische Risiken

Eine spezifische Gefahr des PC-Einsatzes in kleinen Wirtschaftseinheiten birgt die geringe Mitarbeiterzahl solcher datenverarbeitenden Stellen in sich: Es ist nicht auszuschließen, das urlaubs- und krankheitsbedingt alle Mitarbeiter ausfallen, die mit dem PC-Einsatz vertraut sind. In diesen Fällen, aber auch bei Personalwechsel, wird dann der Geschäftsbetrieb stark beeinträchtigt bzw. nachhaltig gestört.

Die leichte Bedienbarkeit und die Möglichkeit der spurlosen Veränderung von Daten und Programmen sowie der Einsatz nicht standardisierter, spezieller Programmiersprachen und Betriebssysteme machen die Systeme für Außenstehende - und das kann ein ADV-mäßig nicht versierter Firmeninhaber oder Fachabteilungsleiter sein - unüberschaubar.

Als spezielles, anwendungsspezifisches Risiko ist bei Erstanwendern und solchen mit nur geringem Automatierungsgrad ein mangelndes Datensicherheitsbewußtsein festzustellen. Dies führt, häufig in Verbindung mit mangelnder Akzeptanz gegenüber Sicherheitsmaßnahmen, verursacht durch deren als unangemessen empfundenen Kosten, zwangsläufig zu einer Vernachlässigung von Datensicherheitserfordernissen.

Die im allgemeinen bei PC-Einsatz ungeregelte Systementwicklung im Hinblick auf Programmstandards- und Plausibilitätskontrollen sowie der häufige Einsatz von ggfs. selbst modifizierter Standardsoftware und die vielfach vernachlässigte Verfahrensdokumentation begründen weitere anwendungsspezifische Risiken.

Beim Einsatz von PC in Großunternehmungen, insbesondere im Falle ihrer autonomen Anwendung in Fachabteilungen, besteht die Gefahr isolierter Insellösungen, die sich zentraler Kontrolle entziehen.

2.3.3 Strukturformspezifische Risiken

Die bei der Erörterung spezifischer Anwendungspotentiale genannten Strukturformen des PC-Einsatzes sind durch entsprechende Risiken gekennzeichnet. Dabei sind insbesondere fünf Aspekte zu nennen:

*erhöhte Anzahl von Gefährdungsorten,
*Möglichkeit der Risikostreuung,
*Datenübertragungsrisiken,
*das Informationsverhalten wird schutzwürdiger Belang,
*Risiken der Datenverarbeitung im Auftrag.

Zunächst ist darauf hinzuweisen, daß mit der Anzahl von ADV-Arbeitsplätzen die Zahl der Orte zunimmt, an denen Sicherheitsgefährdungen auf das PC-System einwirken können. Dabei stehen neben den Risiken der Zerstörung - z.B. durch Feuer und Diebstahl - das Risiko des unberechtigten Zugriffs und hier insbesondere das der nicht autorisierten dezentralen Programmänderung im Vordergrund. Gerade bei zentraler Programmentwicklung stellt die dezentrale, unabgestimmte Programmänderung durch die jeweiligen Benutzer ein wesentliches Sicherheitsproblem dar.[13)]

Sofern bei Mehrplatzsystemen dezentral weitgehend redundanzfreie Datenbestände geführt werden, läßt sich eine im Vergleich zu zentralen Systemen verbesserte Datensicherheitssituation feststellen. Dies gilt insofern, als daß Anzahl und

Umfang der dezentral gespeicherten Dateien gering sind und entsprechend auch das Datenmißbrauchsrisiko abnimmt.[14)]

Bei nicht als Insellösungen konzipierten Mehrplatzsystemen sowie bei Anschlüssen an Rechenzentren entsteht das Datenübertragungsrisiko bzw. - bei Datenträgeraustauschsystemen - das Datentransportrisiko. Es beinhaltet sowohl die Gefahren der Vernichtung und Verfälschung als auch die mangelnder Vertraulichkeit der gespeicherten Daten und Verarbeitungsergebnisse.

Beim dezentralen PC-Einsatz als Elemente größerer Informationsnetze ergibt sich eine völlig neue Risikokategorie, der im Rahmen des herkömmlichen Datenschutzes und der Datensicherung noch keine besondere Bedeutung zukam.[15)] Neben dem Informationsinhalt ist nämlich auch das Informationsverhalten der Benutzer zu schützen.[16)] So kann man durch die Speicherung des Benutzerverhaltens (z.B. Kommunikationspartner, -zeitpunkt, -häufigkeit und -dauer) zu entsprechenden Kommunikationsprofilen gelangen. Das darin zum Ausdruck kommende Informationsverhalten läßt sogar ggf. Rückschlüsse auf die Informationsinhalte zu.[17)]

Unter dem Gesichtspunkt des Datenschutzes ist es von besonderer Bedeutung, ob Daten für eigene oder für fremde Zwecke verarbeitet werden. Nimmt der PC-Anwender Datenverarbeitungsaufgaben für andere wahr oder nutzt er zusätzlich die Leistungen eines Rechenzentrums, so ist es von entscheidender Bedeutung, ob der jeweilige Kooperationspartner der gleichen Rechtsperson angehört wie der PC-Anwender. Ist dies nicht der Fall, so gelten die verschärften Vorschriften des 4. Abschnittes des BDSG.

2.3.4 Sicherheitsempfindlichkeit ausgewählter Datenbestände

Die globale Beurteilung der Risikosituation des PC-Einsatzes muß relativiert werden hinsichtlich unterschiedlicher Anwendungsgebiete mit variierenden Sicherheitsempfindlichkeiten.

Als Indikator für die Anwendungsgebiete können die Art der jeweils zu verarbeitenden Datenbestände herangezogen werden. Solche Datenbestände sind z.B.:

*Personaldaten,
*Kundendaten,
*Lieferantendaten,
*Umsatzdaten,
*Kalkulationsdaten, Preislisten,
*Lohn- und Gehaltsdaten incl. Sozialversicherungsdaten,
*Lagerbestandsdaten,
*Auftragsdaten,
*Offene-Posten- und Incassodaten,
*Produktionsdaten,
*Forschungs- und Entwicklungsdaten.

Zunächst ist generell festzustellen, daß Datenbestände mit personenbezogenen Daten i.S.d. BDSG besonderen gesetzlichen Sicherheitsstandards unterliegen. Dies trifft in jedem Fall zu für Personaldaten sowie für die Lohn- und Gehaltsdaten. Darüber hinaus können Kunden- und Lieferantendaten personenbezogen i.S.d. BDSG sein, sofern es sich bei den jeweiligen Personengruppen um natürliche Personen handelt.

Die Ermittlung der Sicherheitsempfindlichkeit der Datenbestände unter dem Gesichtspunkt der Verarbeitungssicherheit aus der Sicht des Anwenders ist grundsätzlich im Einzelfall vorzunehmen, jedoch lassen sich einige Tendenzaussagen machen:

So ist davon auszugehen, daß Datenbestände, die unmittelbar der Aufrechterhaltung der betrieblichen Abläufe - wie Auftrags-, Produktions- und Lagerdaten - dienen, eine sehr hohe Sicherheitsempfindlichkeit, insbesondere im Hinblick auf die zeitliche Verfügbarkeit aufweisen im Verhältnis zu Personal-, Kunden- oder auch Umsatzzahlen. Unter dem Gesichtspunkt der Ordnungsmäßigkeit hingegen sind gerade alle buchhalterischen und weniger die den betrieblichen Ablauf betreffenden Daten als besonders sicherheitsempfindlich einzustufen.[18)]

3 Sicherheitsmaßnahmen für den PC-Einsatz

Nach der detaillierten Risikoanalyse des PC-Einsatzes sollten abschließend einige Anregungen zur Wahl geeigneter Sicherheitsmaßnahmen gegeben werden. Dabei wird auf die Erörterung umfangreicher Maßnahmenkataloge, wie sie vielfältig in der Literatur zu finden sind, verzichtet.[19] Vielmehr werden für

* Investionsentscheidung und Systementwicklung (Systemauswahl) sowie für
* Systemimplementierung und -einsatz (Systembetrieb)

gesonderte sicherheitsspezifische Gestaltungsempfehlungen gegeben. Die Aussagen verstehen sich als Maximalforderungen, die in Abhängigkeit der Sicherheitsempfindlichkeit der jeweiligen Anwendungen und der dabei verwendeten Datenbestände zu relativieren sind.

3.1 Sicherheitsmaßnahmen bei Systemauswahl

Die Phase der PC-Auswahl und der Auswahl bzw. der Eigenentwicklung der Software ist entscheidend für die Vermeidung von Fehlinvestitionen in diesem Bereich. Dies gilt sowohl für die Funktionsfähigkeit und die sachliche Zweckmäßigkeit des PC im allgemeinen, als auch für die der Datensicherheit im besonderen.

Wirkungsvolle Maßnahmen zur Vermeidung von Fehlinvestitionen sind die Erstellung eines Pflichtenheftes und die Durchführung einer Ausschreibung.[20]

Bestandteil des Pflichtenheftes und der Ausschreibungsunterlagen sollten unbedingt auch Anforderungen zur Datensicherheit sein.[21] Hier sind insbesondere zu nennen:

* hardwaremäßige Zugangskontrollen,
* betriebssystemmäßig realisierte Sicherungen,
* Ordnungsmäßigkeitstestate für buchhalterische Anwendungsprogramme,

* Prüfung von Referenzen und Einsatz umfangreicher Testdaten.

Der PC sollte hardwaremäßig durch Schlösser oder sonstige Zugangskontrolleinrichtungen gesichert sein, wobei alle Hardware-Komponenten, insbesondere jedes der Terminals, mithilfe unterschiedlicher Schlüssel zu bedienen sein sollten. Diese hardwaremäßige Schlüsselfunktion ist insbesondere dann von besonderer Wichtigkeit, wenn keine betriebssystemmäßig realisierten Zugangskontrollen existieren.

Insbesondere aus Kostengründen ist es erforderlich, daß unverzichtbare softwaremäßige Schutzmaßnahmen seitens des Herstellers bereitgestellt werden. Hier sind vor allem zu nennen die Realisierung von Identifikations- und Berechtigungsprüfungen sowie die Bereitstellung von log-journalen, die sämtliche Systemnachrichten und Bedieneraktivitäten automatisch aufzeichnen. Um die bereits skizzierte Gefahr der Ausschaltung von Sicherheitsroutinen innerhalb der Anwendungssoftware zu vermeiden, sollte das Betriebssystem ausreichende Möglichkeiten zur Datensicherheit zur Verfügung stellen.

Zur Wahrung der Ordnungsmäßigkeit - dies gilt insbesondere für den Einsatz der PC im kaufmännischen Rechnungswesen - ist dafür Sorge zu tragen, daß die eingesetzten Anwendungsprogramme den Buchführungsvorschriften entsprechen. Durch sachverständige Dritte erstellte Testate geben verbindliche Auskunft über die Ordnungsmäßigkeit der jeweiligen Programme und stellen darüber hinaus eine Exkulpationsmöglichkeit für den Anwender dar.[22)] Ein Gewinn an Sicherheit beim Einsatz testierter Programme ist allerdings nur gegeben, sofern sie unverändert eingesetzt werden bzw. sofern Programmänderungen ebenfalls testiert werden.[23)]

Entscheidend für die Wahl eines bestimmten Standardanwendungsprogramms sollte neben einem Ordnungsmäßigkeitstestat die positive Prüfung von Referenzen sein. Sie gibt Aufschluß über die betriebliche Zweckmäßigkeit der Programmsysteme.

Unabhängig davon kommt der sorgfältigen Programm- und Systemprüfung anhand umfangreichen Testdatenmaterials vor Programmabnahme große Bedeutung zu. Es ist unerläßlich, daß dieses Testmaterial alle potentiellen betriebsindividuellen Sonderfälle beinhaltet und die zu erwartende Anwendungsvielfalt möglichst exakt simuliert. Nur dann kann von der Funktionsfähigkeit der Programme ausgegangen und können fehlerhafte Abläufe mit hoher Wahrscheinlichkeit vermieden werden.

Werden die Anwendungsprogramme nicht gekauft, sondern - ggfs. unter Beauftragung von Externen - selbst erstellt, ist dringend zu empfehlen, daß die Programme zentral entwickelt und gesondert überwacht werden. Die damit realisierte Funktionstrennung zwischen Systementwicklung und Systembetrieb ermöglicht ein unverzichtbares Mindestmaß an Datensicherheit.

3.2 Sicherheitsmaßnahmen bei Systembetrieb

Für die Sicherheit des PC-Betriebes sind insbesondere die Sicherheit der Anwendungsprogrammsysteme und die der Daten und Datenträger zu nennen.[24)]

Bezüglich der Programme ist sicherzustellen, daß ausschließlich freigegebene Programme in unveränderter Fassung zum Einsatz gelangen. Dies muß anhand automatisch erstellter log-journale überprüft werden. Um Mißbräuche gänzlich auszuschalten - etwa die Manipulation von log-journalen -, sollten die autorisierten Programmversionen als Referenzprogramme archiviert werden. Im maschinellen Vergleich sind diese Referenzprogramme von Zeit zu Zeit den tatsächlich im Einsatz befindlichen Programmversionen gegenüberzustellen.

Programmänderungen dürfen nur gemäß eines exakt zu definierenden Prozedere erfolgen, das insbesondere die verbindliche Freigabe und Dokumentation neuer Programmversionen beinhalten muß.

Die datenmäßige Sicherheit des PC-Einsatzes erfordert die lückenlose Dokumentation aller Zugriffe auf die Datenbestände, um eine wirksame Kontrolle in diesem Bereich zu gewährleisten.

Die systematische Dopplung der Datenbestände ist unabdingbare Voraussetzung für die ständige Betriebsbereitschaft des PC-Systems im Falle der Vernichtung oder Unauffindbarkeit bereits erfaßter Daten.

Die Verwaltung der Datenträger muß stark formalisiert erfolgen, um die Wiederauffindbarkeit einzelner Datenbestände unverzüglich zu ermöglichen. Datenträger sind so zu kennzeichnen und zu inventarisieren, daß jederzeit überprüft werden kann, ob alle Datenträger vorhanden sind und ob die vorhandenen tatsächlich dem Anwendungsbereich zuzuordnen sind.

4 Schlußbemerkung

Abschließend sei darauf hingewiesen, daß bei der Gestaltung von Datensicherheitsmaßnahmen zur Bewältigung der skizzierten Risiken des PC-Einsatzes stets die Maximen der Wirtschaftlichkeit und der Benutzerfreundlichkeit Berücksichtigung finden müssen. Ersteres besagt, daß die Kosten von Sicherheitsmaßnahmen in einem angemessenen Verhältnis zum angestrebten Schutzzweck stehen sollten. Desweiteren ist dafür Sorge zu tragen, daß die für PC durch arbeitsplatzorientieren Einsatz und leichte Bedienbarkeit realisierte Benutzerfreundlichkeit, die zweifellos Ursache für spezifische Risiken des PC-Einsatzes ist, nicht durch Sicherheitsmaßnahmen neutralisiert werden.

Literaturverzeichnis

Die Ausführungen basieren auf:
ALBERS, Felicitas: Datensicherheit beim Einsatz von Kleincomputern. In: Datensicherheit und Datenschutz. Hilfen zur Bestimmung eines eigenen Standpunktes, hrsg. von Wolfgang Heilmann und Günter Reusch, Wiesbaden (1984), S.43-70.

1) Diese Differenzierung hat sich in dem am Betriebswirtschaftlichen Institut für Organisation und Automation an der Universität zu Köln (BIFOA) im Auftrag des Bundesministeriums für Forschung und Technologie (BMFT) durchgeführten Projektes EDAS als zweckmäßig erwiesen. GROCHLA, Erwin; ALBERS, Felicitas; RÜSCHENBAUM, Ferdinand: Entwicklung eines Datenschutz- und Datensicherungskonzeptes für den Einsatz von Personal Computern und MDT-Anlagen. Forschungsbericht. Bonn 1984; dieselben: Einsatz von Kleincomputern in Klein- und Mittelbetrieben. Ein datenschutzrechtliches und datensicherungstechnisches Problem. Ergebnisse einer empirischen Untersuchung. Datenschutz und Datensicherung, o.Jg. 1983, S. 187. Zu dieser Differenzierung siehe auch PLEIL, Gerhard J.: Entscheidungshilfen bei der Auswahl von Micro- und Bürocomputern (1. Teil). BTS systematisch, 28. Jg. 1982, S. 2

2) Vgl. GROCHLA, Erwin: Betriebliche Konsequenzen der informationstechnologischen Entwicklung. Angewandte Informatik, 24. Jg. 1982, S. 62ff.

3) Vgl. ALBERS, Felicitas: Datenschutz: Das Risiko liegt in den Fachabteilungen. Diskussionsbeitrag. Computerwoche, o.Jg. 30. April 1982, S. 5

4) Vgl. WEBER, Helmut: Computerverbundsysteme. In: Handwörterbuch der Organsation, 2. Aufl., hrsg. von Erwin Grochla, Stuttgart 1980, Sp. 413ff.; HÖRING, Klaus; BAHR, Knut; u.a.: Interne Netze für die Bürokommunikation. Technik und Anwendungen digitaler Nebenstellenanlagen und von Local Area Networks (LAN). Heidelberg 1983, S. 12ff.

5) RÜSCHENBAUM, Ferdinand: Anforderungen des Datenschutzes an die technische Gestaltung von Kleinrechnern. Vortrag anläßlich der 7. Datenschutzfachtagung "Datenschutzmanagement und Kostendruck" am 9. November 1983, im Rahmen des Workshop 6 "Btx und Microcomputer". Manuskript lt. Tagungsmappe, S. 6

6) Vgl. HÖRING, Klaus; BAHR, Knut; u.a.: Interne Netze ..., a.a.O., S. 64ff.; KAUFFELS, Franz-Josef: Lokale Netze: Überblick, Topologien, Protokolle, Beispiele und Leistungen. ONLINE '83. 6. Europäische Kongreßmesse für Technische Kommunikation. 8.-11. Februar 1983, Düsseldorf, S. 1R-3ff.

7) Vgl. GARBE, Helmut: Inhalt und Wirkungen von materiellen Risiken betrieblicher Datenbestände. In: Datenschutz und Datensicherung bei automatisierter Datenverarbeitung. BIFOA-Arbeitsbericht Nr. 73/4. Köln (1974), S. 28

8) Vgl. ZUR MÜHLEN, Rainer A.H. von: Computer - Kriminalität. Gefahren und Abwehrmaßnahmen. (Neuwied - Berlin 1972), S. 13ff.

9) Vgl. HOSS, Hermann Josef: Datenschutz: Das Risiko liegt in den Fachabteilungen. Diskussionsbeitrag. Computerwoche, o. Jg. 30. April 1982, S. 8

10) HÖRING, Klaus; BAHR, Knut; u.a.: Interne Netze ..., a.a.O., S. 55

11) Ebenda S. 62

12) KAUFFELS, Franz-Josef: Lokale Netze ..., a.a.O., S. 1R-3ff

13) WEYER, Heinrich; PÜTTER, Stefan: Organisation und Technik der Datensicherung. Empfehlungen aus der Kontrollpraxis. (Köln 1983), S. 30

14) Ebenda, S. 121

15) Vgl. zu den damit grundsätzlich verbundenen Risiken BERGER, Peter u.a.: Datenschutz bei rechnerunterstützten Telekommunikationssystemen. DARUTHS. Berlin 1980

16) Siehe hierzu und zum folgende GROCHLA, E.; WEBER, H.; ALBERS, F.; WERHAHN, Th.: Ein betriebliches Informationsschutzsystem - Notwendigkeit und Ansatzpunkte für eine Neuorientierung. Angewandte Informatik, 25. Jg. 1983, S. 191f.

17) Diese Problematik wurde bisher fast ausschließlich im Hinblick auf Personalinformationssysteme diskutiert. Vgl. RÜßMANN, Karl Heinrich: Der total gespeicherte Mitarbeiter. Manager Magazin, 11. Jg. 1981, Heft 7, S. 46ff.

18) Zur Sicherheitsempfindlichkeit ausgewählter Datenbestände vgl. VOßBEIN, Reinhard: Technik und Datenschutzbewußtsein. Ergebnisse einer empirischen Untersuchung. Vortrag anläßlich der 7. Datenschutzfachtagung "Datenschutzmanagement und Kostendruck" am 9. November 1983, im Rahmen des Workshop 6 "Btx und Microcomputer". Manuskript lt. Tagungsmappe, S. 4

19) GROCHLA, Erwin; SCHACKERT, Hans Rolf: Datenschutz im Betrieb. Organisation und Wirtschaftlichkeitsaspekte, Braunschweig - Wiesbaden (1982), S. 100ff.; SZYPERSKI, Norbert; GROCHLA, Erwin; HOMBERGER, Hans-Joachim: Datensicherung für die betriebliche Praxis. Ein Maßnahmenkatalog von der Zugangskontrolle bis zur Organisationskontrolle. Köln (1982); GROCHLA, Erwin; ALBERS, Felicitas; RÜSCHENBAUM, Ferdinand: Entwicklung eines Datenschutz- und Datensicherungskonzeptes ..., a.a.O., S. 138ff.

20) Vgl. z.B. GROCHLA, Erwin u.a.: Handbuch der Computeranwendung. Auswahl und Einsatz der EDV im Klein- und Mittelbetrieb. Braunschweig - Wiesbaden (1979); JAMIN, Klaus: Klein-Computer auch für Ihren Betrieb? Mittelstandsbroschüre 7. Deutsche Bank (Frankfurt 1983)

21) ALBERS, Felicitas u.a.: "10 Gebote" für den Einsatz von Microcomputern. Empfehlungen einer vom Kuratorium Deutsche Altershilfe einberufenen Expertengruppe. Das Altenheim o.Jg. 1983, S. 209

22) Vgl. die Bemühungen des TÜV-Bayern. BREUTMANN, Bernd: Datensicherung bei Mehrbenutzer-Betriebssystemen von Minirechnern. In: Datenschutzfachtagung 6. DAFTA 27. bis 29. Oktober 1982. Tagungsband. Referate und Ergebnisse, hrsg. von Hans Gliss, Bernd Hentschel und Georg Wronka (Köln 1983), S. 211ff.; FACHAUSSCHUß FÜR MODERNE ABRECHNUNGSSYSTEME: Entwurf einer Verlautbarung: Minicomputer im Rechnungswesen - Besonderheiten des internen Kontrollsystems und der Prüfung. Fachnachrichten des Instituts der Wirtschaftsprüfer. Heft 4/1983, S. 86ff., PAFFEN, Klaus: Anforderungen der Wirtschaftsprüfung an den ADV-Einsatz im Krankenhaus, das Krankenhaus, Heft 4/1984, S. 165-170

23) WEYER, Heinrich; PÜTTER, Stefan: Organisation und Technik der Datensicherung ..., a.a.O., S. 125

24) Ebenda, S. 121ff.

PC und Datenschutz
Problematik des Datenschutzes bei der Einbettung von PCs in ein organisatorisches Gesamtkonzept

Karl Theodor Weise

Gliederung

1 Einleitung

1.1 Die Diskussion über die Verwirklichung des Datenschutzes beim PC-Einsatz ist noch nicht zum Abschluß gekommen, d.h. es gibt noch keine allseits anerkannten Regeln und Grundsätze hierzu. Dies ist auch nicht verwunderlich, weil es sich sowohl beim Datenschutz als auch beim PC um junge, sich weiterentwickelnde Themen handelt.

Auf dem 3. Deutschen Personal Computer Kongreß wurden deshalb Thesen formuliert, die Lösungsansätze bieten sollten. Diese Thesen wurden erläutert und diskutiert. Nachstehend werden die Thesen - systematisch gegliedert - im Wortlaut wiedergegeben und anschließend kommentiert, wobei die auf dem Kongreß geführte Diskussion berücksichtigt wird.

1.2 These 1: Zwischen Datenschutz und PC besteht ein gespanntes Verhältnis:

Datenschutz erfordert Kontrolle der Verarbeitung personenbezogener Daten (Vieraugenprinzip) - der PC scheint sich der Kontrolle zu entziehen ("Zweiaugenprinzip").

Kommentar:
Hiermit ist die Kernproblematik bereits umrissen. Das in den 70er Jahren entstandene Bundesdatenschutzgesetz (BDSG) orientiert sich am Bild eines ordnungsgemäß als Closed-Shop geführten Rechenzentrums, bei dem zwischen Fachabteilung, Systementwicklung, Datenerfassung, Datenarchiv und Rechnerbedienung saubere Funktionstrennungen bestehen. Im Wesen des PCs liegt es, daß typischerweise alle diese Grenzen nicht mehr bestehen. Der Sachbearbeiter nutzt für seine eigenen Fachaufgaben einen voll funktionsfähigen Rechner.

Wenn nun - wie es sich im BDSG darstellt - die Sicherstellung des Datenschutzes von der Realisierung einiger auf dem Prinzip der Funktionstrennung beruhender Kontrollen abhängt, dann muß eine in dieser Weise nicht mehr kontrollierbare Verarbeitung personenbezogener Daten verunsichern.

1.3 These 2: Datenschutz ist beim PC zwar anders, aber insgesamt nicht schlechter (lösbar)

Kommentar:
Die These stellt das Leitmotiv des Beitrags dar. Es kommt darauf an, daß ein Kleben an den Modellvorstellungen eines Großrechenzentrums für die Sicherstellung des Datenschutzes nicht notwendig ist, auch wenn die auf dem Prinzip der Funktionstrennung beruhenden Kontrollen nicht einfach übertragen werden können.

Es kommt also nach dieser These nicht darauf an, daß der Datenschutz gleichartig realisiert wird, sondern allein darauf, daß er gleichwertig gestaltet wird. Nicht die Kontrolltechniken, sondern allein der Schutz der Daten des Betroffenen ist für die Bewertung des Datenschutzes maßgebend. Würde man bei den eher zufälligen technologischen Gegebenheiten der Entstehungszeit des BDSG für alle Zeiten stehenbleiben, dann wäre mittelbar der technische Fortschritt behindert.

1.4 These 3: Der PC steht als Repräsentant für die IDV (individuelle Datenverarbeitung); z.B. Workstation, Bürokommunikation, APL, TSO und Endbenutzersprachen

Kommentar:
Auch dieser Begriff wird in seinen Abgrenzungen noch nicht einheitlich verstanden. Worauf es an dieser Stelle ankommt, ist das Maß der "persönlichen" Nutzung der Datenverarbeitung. Je selbständiger der einzelne Nutzer für sich allein die Möglichkeiten der Datenverarbeitung nutzen kann, desto näher steht aus dem Blickwinkel der Kontrolltechniken seine Arbeitsweise der Nutzung eines (isolierten) PC. Je stärker die Eigennutzung eingeschränkt und durch Anbindung an zentrale Ressourcen gesteuert wird, desto weniger ist die für unsere Kernproblematik entscheidene Fremdkontrolle organisierbar. Deshalb ist es zulässig, auch weiterhin vom PC zu sprechen, weil hierdurch die spezifische - bei den übrigen Formen der IDV mehr oder weniger deutlich gegebene - mangelnde Kontrollierbarkeit durch einen Dritten am prägnantesten repräsentiert wird.

1.5 These 4: Solange der PC für die Verarbeitung von Sachdaten eingesetzt wird, ist das BDSG (Bundesdatenschutzgesetz) nicht anwendbar; hinsichtlich der bloßen Identifikationsdaten und der bestimmbaren Daten sollte ein Mißbrauchsprinzip gelten.

Kommentar:
Scheinbar ist der erste Satz dieser These eine Selbstverständlichkeit. Gilt doch das BDSG nach dem Gesetzestext selbst (vgl. § 1 BDSG) für die in Dateien gespeicherten oder unmittelbar aus Dateien übermittelten Daten. So einfach kann man es sich allerdings nicht machen. Eben weil - wie oben schon skizziert wurde - der PC sich den typischen Kontrolltechniken weitgehend entzieht, tritt die Befürchtung auf, daß gar nicht festgestellt werden kann, ob personenbezogene Daten auf einem PC verarbeitet wurden. Auf dieses Problem wird noch einzugehen sein. An dieser Stelle muß es bei der dem Gesetz entsprechenden Feststellung der These bleiben: erst wenn tatsächlich personenbezogene Daten verarbeitet werden, kann das BDSG angewendet werden.

Unter Identifikationsdaten sollen solche Daten verstanden werden, die keine persönlichen oder sachlichen Verhältnisse einer Person beschreiben, sondern die Identifikation der Daten einer Person in einem Datenbestand ermöglichen (Name, Nummer). Derartige Daten werden bei der Verarbeitung von Sachdaten oft zwangsläufig mit anfallen (Bearbeiterkennzeichen, Zugriffcodes, Autorenchiffre u.s.w.). Daß es sich dabei um personenbezogene Daten handelt, kann nach der Rechtsprechung des Bundesarbeitsgerichts nicht mehr zweifelhaft sein. Man kann - hier dem § 2 BDSG folgend - den Rahmen noch weiter ziehen und alle auch nur auf eine bestimmbare Person bezogenen oder beziehbaren Sachdaten in den Datenschutz mit einschließen (angesichts denkbarer Kontrollen des Verhaltens und der Leistung gar nicht unsinnig). Aber man käme dann zu einer so uferlosen Datenschutzbürokratie, daß speziell beim Einsatz von PCs nicht mehr von Angemessenheit und Zumutbarkeit gesprochen werden könnte.

Für diesen gesamten Bereich sollten also die formellen Vorschriften des BDSG nicht bürokratisch angewendet werden. Es sollte bei einem Mißbrauchsprinzip bleiben, d.h. bei der Ahndung festgestellter Verstöße, durch die schutzwürdige Belange eines Betroffenen verletzt wurden.

Es darf allerdings nicht verschwiegen werden, daß das BDSG aufgrund seiner einseitigen Orientierung am Großrechenzentrum eine derartige Sonderregelung nicht kennt. Die These ist also zugleich ein Vorschlag zur zeitgemäßen Fortschreibung des Gesetzes.

2 Der PC und das Recht auf informationelle Selbstbestimmung

2.1 These 5: Die Anforderungen an den Datenschutz müssen im Lichte des Volkszählungsurteils des Bundesverfassungsgerichts formuliert werden:

- Grundrecht auf informationelle Selbstbestimmung
- Die BDSG-Novellierung kommt
- Drittwirkung der Grundrechte
- Nur Praktiker können praktikable Lösungen bringen.

Kommentar:
Grundlage jeder Betrachtung über den Datenschutz muß seit dem Volkszählungsurteil des Bundesverfassungsgerichts das Recht des Einzelnen sein, grundsätzlich selbst über die Preisgabe seiner persönlichen Daten zu bestimmen. Kein Zweifel, daß dieses Recht nicht absolut gilt (das BVerfG führt dies selbst aus). Es kommt aber darauf an, sich ganz klar zu machen, daß der Ausgangspunkt immer dieses Recht ist. Hält sich die Verarbeitung personenbezogener Daten in diesem Rahmen, so entstehen keine Schwierigkeiten. Eine Beschränkung dieses Rechts ist an strenge Voraussetzungen gebunden (vgl. These 6).

Das Urteil des Bundesverfassungsgerichts muß zur Neufassung zahlreicher datenschutzrechtlich relevanter Gesetze und nach allgemeiner Auffassung auch zur Novellierung des BDSG führen.

Wenngleich Grundrechte zunächst nur im Verhältnis Bürger zu Staat gelten, so ist - wie insbesondere die jüngste Rechtsprechung des BAG deutlich machte - der Rechtsgedanke des Grundrechts auch für die außerstaatliche Rechtsordnung maßgebend.

So wichtig diese Einsichten sind, so gefährlich wäre es, vom grünen Tisch (oder vom Richterstuhl) aus den Datenschutz beim PC festlegen zu wollen. Akzeptanz und Realisierbarkeit sind Grundvoraussetzungen guter Lösungen; sie können nur vor dem Hintergrund eingehender praktischer Erfahrungen entstehen.

2.2 These 6: Die Forderungen der Verfassung lauten:

- Transparenz für den Betroffenen
- Beschränkung auf rechtmäßige Datenverarbeitung
- Organisatorische und verfahrensmäßige Vorkehrungen gegen eine Verletzung des Persönlichkeitsrechts.

Diese bewußt schlagwortartig formulierten Grundsätze müssen sichergestellt werden. Wir werden ihnen im einzelnen noch begegnen.

2.3 These 7: Eine Ausklammerung des PCs aus dem BDSG ist nicht machbar:

- Lt. BVerfG gibt es im Zeitalter der modernen EDV keine "belanglosen" Daten
- Eine Abgrenzung zur großen EDV ist nicht möglich
- Die Gefährdungshaftung wird kommen: der Inhaber haftet für Schäden, die einem Betroffenen mithilfe des PCs zugefügt wurden.

Kommentar:
Man hat versucht, der oben dargestellten Kernproblematik dadurch auszuweichen, daß man den PC einfach aus dem Anwendungsbereich des BDSG ausklammert. Dieser Versuch würde für viele Fälle - wie sich noch zeigen wird - zwar keine schlechte Lösung darstellen, es ist aber nicht möglich, eine Grenze zu ziehen. Jeder hier Anwesende weiß, daß es kaum ein DV-Problem gibt, welches man nicht prinzipiell auch auf einem PC (oder gar auf einem Home-Computer) lösen könnte. Wir alle wissen, daß die Leistungsfähigkeit der PCs mehr und mehr an die der gegenwärtigen Groß-EDV heranreichen wird.

DV-Prozesse sind für den Betroffenen undurchschaubar. Es nimmt daher nicht Wunder, daß es starke Bestrebungen gibt, eine Haftung des für die Datenverarbeitung Verantwortlichen zu schaffen, die diesen zu einer Organisation zwingt, die Schäden für andere praktisch ausschließt. Beim PC verlagert sich das aus der fehlenden Kontrollmöglichkeit resultierende Risiko dann ggfs. vom Nutzer auf den Inhaber des PC.

3 Datenschutz - anders, nicht schlechter

3.1 These 8: Der Datenschutz muß - und kann - beim PC-Einsatz anders gelöst werden als bei der Groß-EDV

- Die Funktionstrennung (das Vieraugenprinzip) widerspricht dem Wesen des "persönlichen" Computers.
- Die für die Groß-EDV gefundenen technischen und organisatorischen Lösungen sind beim PC

  o teils wirkungslos
  o teils unwirtschaftlich
  o teils nicht möglich.

Kommentar:
Jeder Versuch, dem PC-Einsatz künstlich eine auf der Funktionstrennung basierende Kontrollorganisation aufzupfropfen, führt entweder dazu, daß die entscheidenden Vorteile des PC (Einheit von Verantwortung und Kompetenz für die Sachaufgabe einerseits und EDV-Verantwortung und -kompetenz andererseits) verloren gehen oder doch stark beeinträchtigt werden oder die aufgebauten Kontrollen sind wenig wirksam. Letzteres ist etwa dann der Fall, wenn man den PC-Nutzer zu seinem eigenen Kontrolleur macht. Bei einem loyalen Nutzer ist das überflüssig, bei einem unredlichen nützt es nichts.

3.2 These 9: Der PC hat - im Vergleich zur Groß-EDV - nicht nur Risiken, sondern auch Chancen.

Es gilt, die Chancen zu nutzen und die Risiken zu meiden; d.h. gezielter PC-Einsatz auch unter Datenschutzgesichtspunkten.

Kommentar:
Diese These wird in den nachfolgenden Thesen noch weiter ausgebaut, so daß es an dieser Stelle ausreicht, die wichtige Folgerung und Zielsetzung deutlich zu machen, die sich daraus ergibt: Es gibt weite Gebiete, bei denen der PC schon deshalb vom Datenschutz nicht behindert werden darf, weil personenbezogene Daten nicht gefährdet sind. Es gibt aber darüber hinaus auch datenschutzrelevante Gebiete, bei denen sich der Einsatz von PCs empfiehlt.

3.3 These 10: Vorteile des PCs im Vergleich zur Groß-EDV (aus Datenschutzsicht):

- Die Kenntnis der Daten bleibt auf den Sachbearbeiter beschränkt (das Vieraugenprinzip ist auch ein Risiko!)
- Die individuelle PC-Organisation erschwert es einem Unbefugten, die Daten zu nutzen
- Der Datenumfang ist begrenzt
- Die Sicherung gegen Unbefugte ist leicht
- Die Gefahr der Kontrolle von Leistung und Verhalten des PC-Nutzers fehlt.

Kommentar:
Beim PC-Einsatz wird eine sehr ursprüngliche Situation wiederhergestellt: jeder einzelne Sachbearbeiter erledigt seine Sachaufgaben mit den ihm zur Verfügung stehenden Mitteln. Kein Systementwickler analysiert und plant seinen Arbeits-

ablauf, kein Datenerfassungsbüro bekommt seine Daten zu sehen, kein Operator hat die Chance, seine Daten zu sehen und schließlich kann kein Mitarbeiter der Datennachbearbeitung beim Ausdruck von Listen sich eine Kopie machen. Diese nur andeutungsweise dargestellten Risiken der durch die Groß-EDV gebotenen Einschaltung weiterer Kräfte in den Arbeitsablauf zeigen schon deutlich auf, daß das vielgepriesene Vieraugenprinzip auch erhebliche Risiken enthält. Viele der Kontrollmaßnahmen der Groß-EDV sind ja gerade darauf gerichtet, die vielen (funktionsgetrennten) Mitwirkenden an der Kenntnisnahme der Daten oder an ihrer Entfernung oder Veränderung zu hindern.

Ein Eindringen in eine fremde Anwendung erfordert immer auch eingehende Kenntnisse. Bei der Groß-EDV sind diese weit verbreitet, durch - auch betriebliche - Handbücher und Dokumentationen auch für einen irgendwie sachkundigen Unbefugten erforschbar. Nicht so beim eigenprogrammierten PC: der Fluch der individualisierten (unkontrollierbaren) Organisation wird unter diesem Aspekt zum Segen.

Im Vergleich zur Groß-EDV sind auf dem PC im Einzelfall weniger Daten gespeichert. Daher wirkt sich der Verlust oder Mißbrauch dieser wenigen Daten relativ wenig aus im Vergleich zu einem Eindringen in die Datenbestände eines Großrechenzentrums.

Im Gegensatz zu weitverbreiteten Auffassungen ist die Sicherung des isolierten PCs leicht: er wird mit der gleichen Sorgfalt (und fast mit den gleichen Methoden) gesichert, wie dies bei den manuell bearbeiteten Informationen gleichen Vertraulichkeitsgehalts getan wird (z.B. Einschließen der Disketten oder des Computers selbst).

Ein vielbeachteter Aspekt ist auch die Kontrolle von Leistung und Verhalten von Mitarbeitern. Diese Sorge beschäftigt besonders auch die Gewerkschaften bei der immer stärkeren Durchdringung der Arbeitswelt mit Computern. Das BAG hat sich kürzlich mehrfach mit dieser Thematik befaßt. Beim isolierten PC darf man unbesorgt sein. Kontrolle ist immer auch Kontrolle von Menschen. Die totale Überwachung der Datenverarbeitung würde zu einem total überwachten Datenverarbeiter führen - eine Gefahr, die beim PC nicht besteht.

3.4 These 11: Die Kontrolle beim PC - wenn auch unter Mitwirkung des Betroffenen - ist nicht völlig unmöglich.

Die Kontrollmöglichkeiten beim PC sind besser als ihr Ruf - die Kontrollen bei der Groß-EDV sind schlechter als ihr Ruf.

Kommentar:
Man muß sich immer verdeutlichen, daß beim PC der Nutzer im Mittelpunkt aller Überlegungen, also auch zum Datenschutz und zur Kontrolle stehen muß. Sowenig ein Sachbearbeiter, der seine Informationen manuell verarbeitet, sich jeder Kontrolle entziehen kann, so wenig ist dies dem PC-Nutzer möglich. Die Gesamtergebnisse seiner Arbeit sind überprüfbar, man kann Überraschungsprüfungen durchführen (Disketteninhalte) - kurz, es geht im Prinzip um gleiche oder ähnliche Prüfungen wie bei der manuellen Sachbearbeitung.

Andererseits sind die Kontrollmöglichkeiten bei der Groß-EDV gar nicht so gut, wie es oft im Vergleich zum PC dargestellt wird. Zunächst nützt das Vieraugenprinzip gar nichts, wenn diese Augen blind sind. Der normale Sachbearbeiter (Operateur, Datenerfasser) hat weder den Auftrag, noch die Zeit, noch die Kenntnisse, die durch ihn unterstützten und abgewickelten Arbeitsabläufe auch noch zu kontrollieren. Eine Kontrolle, die diesen Namen verdient, müßte eine kritische Auseinandersetzung mit dem Stoff sein. Man sagt oft, daß bei einer funktionsteiligen Arbeitsorganisation mehrere unabhängige Personen zusammenwirken müßten, um einen Schaden zu stiften. Tatsächlich werden die meisten Arbeitsgänge - oft bis zur Scheckunterschrift - ganz schematisch auf der Basis der von vorgelagerten Stellen durchgeführten Arbeitsvorgänge nachvollzogen.

Auch die vielgerühmte Protokollierung der Groß-EDV wird oft überschätzt. Was nützt es, wenn protokolliert wird, daß eine befugte Stelle eine bestimmte Datei bearbeitet hat, wenn die Art der verarbeiteten Daten oder der Grund der Verarbeitung nicht mit protokolliert werden? Welchen Wert hat eine Flut von Sysout-Protokollen für die Feststellung von Datenmißbräuchen (vom Ausnahmefall einer nachträglichen Klärung eines schon entdeckten Datenmißbrauchs einmal abgesehen)?

3.5 These 12: Aus Datenschutzsicht sollte der PC dort bevorzugt werden, wo seine Vorteile großes Gewicht haben (z.B. beim Werksarzt).

Kommentar:
Gerade bei Tätigkeiten, die einem Berufs- oder Amtsgeheimnis unterliegen, ist der Gesichtspunkt wesentlich, daß beim (isolierten) PC dieses Geheimnis in jedem Falle besser gewahrt werden kann, als bei jeder Einschaltung der Groß-EDV. Kein Zugriffskontrollsystem ist in der Lage, den intelligenten Systemprogrammierer am Datenzugriff zu hindern.

3.6 These 13: Aus Datenschutzsicht sollte der PC vermieden werden, wenn sein Hauptnachteil der bedingten Kontrollmöglichkeiten überwiegt: z.B. kein breiter Zugriff auf ein Personalinformationssystem.

Kommentar:
Wenn man sich an die oben erwähnten Anforderungen des Bundesverfassungsgerichts an den Datenschutz und die dabei als Erstes genannte Transparenz für den Betroffenen erinnert, dann ist klar, daß diese Transparenz beim PC nicht leicht gegen den Nutzer zu realisieren ist. Ein Verdacht auf unrechte Nutzung kann nie mit letzter Sicherheit ausgeräumt werden. Es wäre also problematisch, in großem Maßstab sensible personenbezogene Daten zur Verarbeitung auf einem PC freizugeben, erst recht, wenn ein unkontrollierter Abfluß durch Diskettenkopien befürchtet werden muß.

3.7 These 14: Wechseldatenträger sollten vermieden werden, wenn gleichzeitig Zugriff auf sensible personenbezogene Datenbestände gegeben ist und von der Interessenlage her die mißbräuchliche Weitergabe der Daten wahrscheinlich ist. Schwerpunkt des PC-Einsatzes ist die Verarbeitung von Sachdaten.

Kommentar:
Natürlich ist der vollfunktionsfähige PC mit einer Wechseldatenträgerstation ausgerüstet (allein schon wegen des Ladens wichtiger Standardsoftware). Aber solange gegen ein unkontrolliertes Kopieren der gespeicherten Daten keine wirksamen Mittel bestehen, sollte man den PC vorzugsweise zur Verarbeitung von Sachdaten einsetzen. Zwar besteht auch dann die Möglichkeit, sich (widerrechtlich) Bestände mit personenbezogenen Daten anzulegen. Wenn diese aber nicht über Datenträger oder Zugriffe auf zentrale Bestände zur Verfügung gestellt werden, müßte schon ein Fleiß für die Dateneingabe über die Tastatur aufgewendet werden, der angesichts des Nutzens solcher Daten unwahrscheinlich ist. Wenn ein Zugriff - etwa von einer Workstation - auf ein Personalinformationssystem erforderlich ist, dann wird es oft um die Erstellung von

Statistiken gehen (die Datenbestände könnten dann anonymisiert verarbeitet werden). Sonst wäre zu prüfen, die Diskettenstation stillzulegen oder zu versiegeln.

4 Die Organisation des Datenschutzes beim PC-Einsatz

4.1 These 15: Für die Organisation des Datenschutzes sind folgende Fälle zu unterscheiden:

- der PC als (einzige) EDV des Kleinbetriebs
- PCs als Werkzeuge von Sachbearbeitern
- privat genutzte PCs.

Kommentar:
Aus Datenschutzsicht sind die genannten Einsatzfälle ganz unterschiedlich anzugehen. Vieles vom bisher Gesagten gilt zwar für die im Rahmen einer größeren Organisation eingesetzten PCs, nicht aber für den im Kleinbetrieb oder im Privatbereich verwendeten. Andererseits können manche Erfahrungen aus diesen Bereichen nicht leicht auf den großbetrieblichen PC-Einsatz übertragen werden.

4.2 These 16: Ein Betrieb, der seine personenbezogenen Daten auf einem PC verarbeitet, hat die Vorschriften des BDSG zu beachten.

Einen Datenschutzbeauftragten braucht er zwar nicht zu bestellen - der Chef selbst ist aber für den Datenschutz verantwortlich.

Kommentar:
Das Bundesdatenschutzgesetz (BDSG) richtet sich an die speichernden Stellen, also jene Stellen und Personen, die personenbezogene Daten in Dateien verarbeiten. Sie sind der Normadressat des Gesetzes und haben seine Vorschriften einzuhalten. Das Gesetz macht keinen Unterschied hinsichtlich der Menge der verarbeiteten Daten, der Zahl der betroffenen Personen oder der Art der Daten.

Allerdings ist im nicht-öffentlichen Bereich ein betrieblicher Datenschutzbeauftragter erst dann zu bestellen, wenn bei der Verarbeitung personenbezogener Daten wenigstens fünf Personen ständig beschäftigt sind. Das wäre für den Kleinbetrieb untypisch. Die Verantwortung zur Sicherstellung des Datenschutzes gilt aber ungeschmälert, auch wenn kein Datenschutzbeauftragter zu bestellen ist - sie trifft den Leiter des Betriebs selbst.

4.3 These 17: Die Vorschriften des BDSG sind nicht schwer zu erfüllen; vor allem sind zu beachten:

- §§ 23 - 25 BDSG
  Datenverarbeitung nur in zulässigem Umfang
  - o Vertragszweck
  - o vertragsähnliches Vertrauensverhältnis
  - o berechtigtes Interesse ohne Beeinträchtigung schutzwürdiger Belange
  - o vorrangige Rechtsvorschriften
  - o Einwilligung des Betroffenen

- § 26 BDSG
  Benachrichtigung bei erstmaliger Speicherung, Auskunft
  - o Beim Einsatz von Mitarbeitern: Sorgfaltspflichten
  - o Sicherung gegen Unbefugte (z.B. Verschließen der Daten).

Kommentar:
Es ist hier nicht der Ort, gewissermaßen einen Abriß des BDSG und der daraus folgenden Datenschutzorganisation zu geben. Der Interessierte kann sich im reichhaltigen Schrifttum informieren; die GDD (Gesellschaft für Datenschutz und Datensicherung) bietet im Zusammenhang mit den jährlich stattfindenden Datenschutzfachtagungen auch entsprechende Seminare an. Man erkennt aber bereits aus der Aufzählung der Zulässigkeitsgründe, daß alle in der normalen betrieblichen Praxis vorkommenden Fälle ohne weiteres lösbar sind, und zwar selbstverständlich auch beim PC-Einsatz. Insofern wirkt es sich als Vorteil aus, daß das BDSG keine technologischen Unterschiede macht.

Auch die Benachrichtigung und Auskunft ist in der wirtschaftlichen Praxis kein Problem, weil der Geschäftspartner regelmäßig Kenntnis von der Datenverarbeitung hat (Kopien des Schriftwechsels, Belege).

Eine Verpflichtung von Mitarbeitern auf das Datengeheimnis und die entsprechenden Unterrichtungen sind Bestandteil jeder normalen Arbeitseinweisung. Oft entfallen sie beim Kleinbetrieb schon deshalb, weil die Verarbeitung der personenbezogenen Daten dem Chef vorbehalten bleibt. Über die Sicherungsmöglichkeiten wurde oben bereits gesprochen.

4.4 These 18: Beim PC-Einsatz in Großbetrieben liegt der Schwerpunkt der Datenschutzorganisation bei

- Information und Verpflichtung der am PC tätigen Mitarbeiter (was ist erlaubt, was ist verboten)
- Keine Verbindung von PIS (Personalinformationssystemen) mit PC + Wechseldatenträger
- Wenn Mitarbeiterdaten auf einem PC geführt werden, nur mit Transparenz für die Betroffenen
- Die Datenübersicht (§ 29 Ziff 1) kann nicht in Form einer Datenübersicht geführt werden
- Für die Trivialdatenverarbeitung sollten Pauschalregelungen getroffen werden (Verteilerlisten etc.).

Kommentar:
Der Mitarbeiter, dem ein PC zur eigenständigen Nutzung überlassen wird, übernimmt eine entsprechende Verantwortung. Das setzt voraus, daß er darüber auch informiert und auf die Einhaltung dieser Verantwortung verpflichtet wird. Je weniger er kontrolliert werden kann, desto wichtiger ist seine Motivation. Nicht zuletzt kann es auch notwendig sein, neben den evtl. möglichen strafrechtlichen Konsequenzen arbeitsrechtliche Sanktionen anzudrohen, falls bewußte Verstöße gegen den Datenschutz oder die zu seiner Sicherung angeordneten Maßnahmen festgestellt werden.

Beim PC-Einsatz kann es zur flüchtigen, temporären Dateibildung und -löschung kommen. Zu denken ist dabei vor allem an Verteilerlisten, Verzeichnisse von Besprechungsteilnehmern, an Zuständigkeiten u.a.m.. Es wäre unzumutbar, alle diese Dateien zentral registrieren zu wollen. Das ist auch vom BDSG gar nicht gefordert. Dieses spricht nur von einer Übersicht über die Art der gespeicherten personenbezogenen Daten. Wenn - was allerdings wichtig ist - der Standort der einzelnen PCs bekannt ist (und die verantwortlichen Nutzer), dann ist es leicht, die Art der mit den entsprechenden Aufgaben verbundenen Daten in pauschaler Form anzugeben.

4.5 These 19: Für den privaten PC sind die BDSG-Vorschriften nicht gemacht und nicht geeignet:

- niemand muß gegen sich selbst geschützt werden

- das wichtigste Gebot der Transparenz für den Betroffenen ist bei den typischen Anwendungen erfüllt
- bei Arbeiten für Vereine etc. sollte der private PC-Nutzer nicht als Service-Betrieb (Meldung bei der Aufsichtsbehörde!), sondern als ehrenamtlicher Mitarbeiter des Vereins angesehen werden.

Kommentar:
Das BDSG enthält keine speziellen Vorschriften für den PC. Aber nicht deshalb, weil man ihn der vollen Breite aller gesetzlichen Regelungen unterwerfen möchte, sondern weil zu jener Zeit noch gar nicht an den PC zu denken war. Wenn also manche Vorschriften des Gesetzes praktikabel sind, dann ist es gut. Wenn andere - besonders beim privat genutzten PC - nicht praktikabel sind, dann muß man andere Lösungen finden. Zugegebenermaßen ist das durch die steigende Leistungsfähigkeit der Geräte nicht leicht.

Dennoch ist selbstverständlich, daß der Betroffene mit seinen eigenen Daten - in Ausübung seines informationellen Selbstbestimmungsrechts - machen kann, was er will (auch mit einem PC). Die typischen Anwendungen mit personenbezogenen Daten (im privaten Bereich) - wie Vokabeltraining, Geburtstagslisten, Anschriften von Bekannten u.s.w. - enthalten regelmäßig Daten, die diese Betroffenen kennen.

Nach dem Text des Gesetzes müßte jeder, der seinen PC nicht nur gelegentlich zur Datenverarbeitung für andere nutzt, sich als Service-Rechenzentrum bei der Aufsichtsbehörde für den Datenschutz anmelden (und einen Datenschutzbeauftragten bestellen!). Aus dieser unzumutbaren Vorschrift sieht man am deutlichsten, daß das BDSG den PC (im privaten Bereich) zwar formal erfaßt, aber nicht ernsthaft meinen kann. Deshalb gibt es vernünftige Vorschläge, diesen Bereich (entsprechend den Regelungen beim Urheberschutz) ganz aus der Geltung der BDSG-Vorschriften herauszunehmen.

5 Schluß

5.1 These 20: Mit zunehmender Leistungsfähigkeit, Vernetzung und Kompatibilität der PCs wachsen die Risiken. Eine herstellerseitige Verbesserung der Datenschutztechnik (z.B. Chipkarte bei der Nutzung, ROM-Routinen für sensible Nutzungen) könnte Risiken mindern.

Kommentar:
Wenn in diesem Beitrag auch eine positive Haltung zum PC unter Datenschutzgesichtspunkten eingenommen wurde, so darf das nicht dahin mißverstanden werden, daß die Hersteller nicht aufgerufen wären, Verbesserungen - auch optionale - zu schaffen, die die verbleibenden Risiken noch deutlicher vermindern. Der weiteren Verbreitung der PCs wäre das sehr förderlich. Zum Teil müssen heute noch bestimmte Anwendungsbereiche dem PC vorenthalten werden.

5.2 These 21: Beim PC steht und fällt der Datenschutz mit der Person, die den PC nutzt.

Der Mensch gilt zwar als die größte Schwachstelle - der richtig motivierte Mensch ist aber deshalb auch die größte Chance für den Datenschutz.

Auch die PC-Nutzung ist die freie Entfaltung der Persönlichkeit, sie ist kein Feind des Datenschutzes.

WESTLB-Schulungskonzepte für Endbenutzer

Joachim Minnemann

Gliederung

Ausgangssituation

Die WestLB hat fast parallel mit der Einführung der ersten Online-Systeme für Bank-Anwendungen ein System zur individuellen Nutzung der Datenverarbeitung implementiert. Damit liegt heute die Erfahrung von mehr als 10 Jahren Endbenutzer-Schulung bei verschiedenen Anwendungsarten der Datenverarbeitung vor. Endbenutzer, wenngleich nicht immer unter diesem Begriff, sind nach wie vor alle Benutzer von technologiegestützten Systemen, die nicht zum Personal der DV-Abteilung gehören.

Bisherige Konzepte und Erfahrungen

Bei (zukünftigen) Benutzern von Bank-Anwendungssystemen und besonders bei erstmaliger Nutzung von EDV-Systemen am Bildschirm, stellte der Abbau vorhandener Berührungsängste eine wesentliche Schulungsaufgabe dar. Mangels Erfahrung, speziell wegen der Konzentration auf EDV-technische Aspekte, ist dies in manchen Fällen sicher nicht unmittelbar gelungen. Schulung bedeutete primär Einweisung am Arbeitsplatz und Erläuterung von Funktionsdetails der EDV-Nutzung. Zunehmende Nutzung von Online-Systemen in den Fachabteilungen bewirkt jedoch in der Regel zunehmende Erleichterung bei den Schulungsbemühungen. Heute ist die Integration EDV-technologischer Unterstützung in die vorhandenen oder neugestalteten Arbeitsabläufe fast durchweg abgeschlossen, was sich u.a. in der Anzahl der eingesetzten Bildschirme zeigt. Schulungen für Endbenutzer können daher in aller Regel von anderen Grundvoraussetzungen ausgehen, als noch vor einigen Jahren.

Auf dem Gebiet der individuellen Datenverarbeitung (IDV) wurde in der WestLB bereits 1972 die Eigenentwicklung eines (mathematischen) Methodenbank-Online-Systems mit der Bezeichnung MAMBO betrieben. Dieses System hat heute ca. 200 aktive Benutzer. Im Laufe der Jahre hat sich ein ausgereiftes Informations-, Schulungs- und Betreuungssystem entwickelt, das folgende Stufen umfaßt:

- Akquisition
  - Erstinformation
  - MAMBO-Demonstration
- Anwendbarkeitsprüfung
- Benutzerbetreuung
  - Einführung
  - Benutzer-Handbuch
  - Eingabe-Ringbuch
  - MAMBO-Praktika
  - MAMBO-Seminare
  - MAMBO-Profi-Meeting
  - Einzelbetreuung

Akquisition im eigenen Hause für Produkte der zentralen DV-Abteilung gehört bei den meisten Unternehmungen gerade nicht zum innerbetrieblichen Maßnahmenkatalog. Es zeigt sich jedoch, daß durch die Verbesserung des Informationsstandes über die vorhandenen EDV-Möglichkeiten ein erheblicher Teil des Drucks von Fachabteilungen abgefangen oder auf eine bessere Diskussionsbasis gebracht werden kann. Im Fall des Produktes MAMBO wurde eine mehrseitige Informationsschrift aufgelegt, die in verständlicher Sprache anhand einfacher Beispiele einen Einblick in das System ermöglicht. Gleichzeitig wird das Angebot unterbreitet, an einer Präsentation des Systems teilzunehmen und zwecks Terminabstimmung eine bestimmte Stelle anzurufen.

Die Demonstration des Systems MAMBO dauert in der Regel zwei Stunden. Klarsichtfolien können die Funktionsweise eines Systems in aller Regel nur unzureichend verdeutlichen. Die Demonstration am Bildschirm mit gleichzeitiger Projektion auf eine große Leinwand hat sich als beste Lösung erwiesen. Sofern es die Gegebenheiten eines Systems zulassen, sollte den Teilnehmern die Möglichkeit gegeben werden, selbst am Bildschirm zu "spielen".

Endbenutzer-Schulungsmaßnahmen sollen einen Beitrag zur Problemlösung bringen. Einer Produktschulung muß daher eine Anwendbarkeitsprüfung im Sinne einer Beratung vorausgehen. Erst wenn der zukünftige (MAMBO-) Anwender überzeugt ist, daß seine Probleme oder Teile mit dem betrachteten System lösbar sind, wird er mit Interesse und Erfolg an einer Schulung teilnehmen.

MAMBO-Schulung bedeutet eintägige Einweisung in die Systembenutzung anhand detaillierter Erläuterungen und praktischer Übungen im Kreis von max. 5 Teilnehmern. Gerade zu dieser Einführungsschulung sind in der Vergangenheit verschiedene Ansätze zur Abwicklung gewählt worden. Kleinere Teilnehmerzahlen sind aus wirtschaftlichen Gründen kaum sinnvoll; größere Teilnehmerzahlen erlauben normalerweise keine optimale Betreuung. Selbst bei 5 Teilnehmern ist neben dem Instruktor bereits ein zweiter Betreuer für die Schulungsteile erforderlich, die eigene Arbeit der Teilnehmer beinhalten. Der Fortschritt in der Systemanwendung und letztlich die Akzeptanz eines Systems werden wesentlich dadurch bestimmt, ob der (potentielle) Benutzer bereits Erfahrung mit der Nutzung von Online-Systemen hat oder nicht. Erstnutzer von EDV-Systemen erhalten daher bei der MAMBO-Einführung auch eine Erläuterung der Tastatur des Bildschirmgerätes. Unsere Beobachtungen haben deutlich gezeigt, daß zunächst die Hürde des Umgangs mit den realtechnischen Gegebenheiten genommen sein muß, damit sich ein Schulungsteilnehmer auf den eigentlichen Schulungsgegenstand, das EDV-Anwendungssystem konzentrieren kann.

Die Benutzer-Betreuung beschränkt sich im Beispiel des Systems MAMBO nicht auf die Überlassung oder Aktualisierung eines Handbuchs; der erfahrene MAMBO-Anwender erhält zusätzlich ein sog. Eingabe-Ringbuch, damit er nicht immer in einem 600-Seiten starken Benutzer-Handbuch blättern muß, um seine Problemlösungen zu realisieren.

Praktika werden als Ergänzungsveranstaltungen angeboten, um Gelegenheit zur Klärung von Problemen bei der Nutzung des Systems zu bieten. Seminare behandeln spezielle Themenstellungen wie Anwendung von Prognosetechniken, Erstellung von kleineren Online-Systemen durch den Endbenutzer oder die optimale Nutzung vorhandener Tabellengestaltungsmöglichkeiten. Ein vierteljährlich stattfindendes Profi-Meeting gestattet die Vorstellung und Diskussion von Systemerweiterungen und den Ausbau von Anwendungserfahrungen. Teilnehmer dieser Einrichtung sind ein oder maximal zwei Vertreter aus jeder Anwendungsabteilung. Diese Veranstaltung hat sich als besonders zweckmäßig erwiesen; sie bietet ausgezeichnete Feed-Back-Möglichkeiten und schafft die Basis für eine verbesserte Software-Ergonomie.

Ausbau der individuellen Datenverarbeitung

Die heutigen EDV-technischen Möglichkeiten, die sich insbesondere in einer weiter zunehmenden Dezentralisierung und Individualisierung von DV-Anwendungen und speziell in Gestalt von PC zeigen, erfordern erweiterte Strategien zu ihrer sinnvollen betrieblichen Nutzung und zur Steuerung der weiteren Technologie-Unterstützung. Gleichzeitig müssen erweiterte Schulungskonzepte zur Verfügung stehen.

Da die Benutzungs- und Gestaltungsmöglichkeiten bei EDV-Anwendungssystemen grundsätzlich vom Anwendungscharakter bestimmt werden, hat die WestLB zunächst eine Abgrenzung zwischen zentral organisierter Datenverarbeitung einerseits und individueller Datenverarbeitung andererseits festgelegt. Damit besteht für das gesamte Haus ein Orientierungsrahmen, der die vorgesehenen IDV-Realisierungsformen, Zuständigkeiten und andere Aspekte herausstellt. Kernpunkt der Abgrenzung von IDV und zentral organisierter Datenverarbeitung ist der Ausschluß jeglicher Einwirkung auf bankzentrale Datenbestände und die dezentrale Verantwortung. Besondere Erwähnung finden Wirtschaftlichkeitsüberlegungen, Revisionsprüfungsmöglichkeiten, Datenschutznotwendigkeiten und allgemeine Vorschriften zum Hardwaregebrauch.

Individuelle Datenverarbeitung wird heute sowohl mit Zentralrechnersoftware als auch mit PC-Software betrieben. Bei PC-Software werden z.Z. vier Produkte angeboten. Bei der Zentralrechnersoftware wird eine Entscheidung zugunsten eines zusätzlichen Systems fallen.

Konzepterweiterungen, Pläne, Probleme

Basis aller Überlegungen zur Erweiterung des Endbenutzer-Schulungskonzeptes ist die Annahme, daß bis 1990 annähernd jeder zweite Arbeitsplatz mit einem Bildschirmgerät ausgerüstet sein wird. Nur der geringere Teil dieser Arbeitsplätze kommt für die individuelle Datenverarbeitung in Betracht. Der Trend zu individueller Datenverarbeitung dürfte jedoch auch dadurch gefördert werden, daß die Geräte zunehmend mit sogenannter Intelligenz ausgestattet sein werden. Die heute noch klaren Grenzen zwischen Bildschirmgerät und PC (ohne Zentralrechnerverbund) werden nicht mehr existieren.

Zunahme der Endbenutzer-Zahlen und die neuen Möglichkeiten der Technologie-Unterstützung waren Anlaß zur Entwicklung einer funktionsorientierten Endbenutzer-Ausbildungskonzeption. In einem Projekt, das gemeinsam mit BIFOA durchgeführt wurde, sind mittels einer bankinternen Interview- und Fragebogenaktion und nach eingehender statistischer Analyse zunächst verschiedene Endbenutzerklassen definiert worden. Diese Klassen unterscheiden sich primär durch das unterschiedliche Aufgabenspektrum der verschiedenen Endbenutzer. Da jede Klasse einen typischen Endbenutzer annimmt, wird ein bestimmter Endbenutzer sich ggfs. zu mehreren Klassen zugehörig fühlen.

Das generelle Ziel der Schulung von Endbenutzern besteht darin, allen Endbenutzern die heutigen EDV-Möglichkeiten näherzubringen, die Zusammenarbeit mit der zentralen Datenverarbeitung zu verbessern und individuelle DV-Anwendungen konzeptionsgerecht zu fördern. Bei zentral organisierter Datenverarbeitung ist insbesondere die Information über existierende Online- und Batch-Systeme zu verbessern, und es ist eine geeignete Anwendungsschulung zu betreiben.

Zu allen EDV-Möglichkeiten gibt es jetzt diesbezügliche Informationen in den WestLB-Hausmitteilungen für alle Mitarbeiter der Bank. Mitarbeiter, die bereits ein bestimmtes Online-System nutzen, können auf dem Bildschirm eine einseitige Kurzinformation über Aufgaben, Möglichkeiten und Zuständigkeiten für jedes einzelne Online-System abrufen. Daneben werden 4-seitige Faltblätter zu jedem System angeboten, die auch Anwendungsbeispiele beinhalten. Hierbei hat sich als besonders wichtig erwiesen, daß derartige Informationsschriften über EDV-Systeme gemeinsam mit den betroffenen Fachabteilungen erstellt werden, damit einerseits Sprachbarrieren überwunden werden und andererseits die Verantwortung oder Mitverantwortung für bestimmte Systeme zum Ausdruck kommt.

Im Bereich der IDV sind die durch MAMBO etablierten Verfahrensweisen entsprechend ergänzt bzw. erweitert worden. Alle o.g. Angebote existieren weiterhin. Eine Zusammenstellung aller Maßnahmen, in die die Endbenutzer-Schulung eingebettet ist bzw. die in ihrer Gesamtheit die Endbenutzer-Schulung ausmachen, zeigt folgende Punkte:

- Information
  - IDV-Anweisung/-Info
  - Endbenutzerseminare (Klassen-Konzept)
- IDV-"Probierstube"
- IDV-Beratung
- Endbenutzer-Betreuung
  - Einführung (in Systeme)
  - Einzelbetreuung
- IDV-Meeting

Im Rahmen der Endbenutzer-Informationsprogramme gibt ein ca. 2-stündiges IDV-Seminar einen Überblick über die IDV, d.h. es werden Möglichkeiten, bankinterne Regelungen und insbesondere die weitergehenden Informationsmöglichkeiten aufgezeigt und diskutiert. Diese Veranstaltung ist lediglich ein Angebot an alle, die einen ersten Überblick gewinnen wollen. Ein Beispiel für ein spezielles Endbenutzer-Seminar ist eine Veranstaltung mit dem Inhalt "Führen von Karteien, Verzeichnissen und Terminen mit IDV". Insgesamt werden z.Z. 6 verschiedene Programmvarianten vorbereitet, die sich an verschiedene Endbenutzergruppen wenden.

Mit unserem Konzept der "IDV-Probierstube" bieten wir allen Interessierten die Möglichkeit, sich selbst, abhängig von den jeweiligen Vorkenntnissen, mit bestimmten Vorgehensweisen und Lösungen, sowohl mit PC- Software als auch Zentralrechner-Software vertraut zu machen. Gleichzeitig wollen wir damit aber die gelegentlich feststellbare "PC-Euphorie" auf die Erkennung der realen Gegebenheiten zurückführen.

Bei der IDV-Beratung wird der zukünftige Anwender gebeten, sein Anwendungsproblem zu schildern, damit die für ihn bestmögliche Lösung gefunden werden kann. Es ist dabei eine Auswahl zu treffen zwischen der Zentralrechner-Software und verschiedenen PC-Softwarepaketen.

Die Einführung in Systeme wird insbesondere anhand einfacher Beispiele vorgenommen. Diese Beispiele sollten nicht sehr extrem aus dem Aufgabenfeld des Schulungsteilnehmers herausfallen. Die Dauer dieser produktorientierten Veranstaltungen hängt primär vom Produkt selbst ab; sie liegt bei PC-Software bei mindestens 2 Tagen. Dabei sollten die Teilnehmer möglichst frühzeitig mit eigenen Arbeiten betraut werden.

Einzelbetreuung schließlich bedeutet individuelle Unterstützung bei der selbständigen Systementwicklung durch den Endbenutzer. Grundsätzlich darf keine IDV-Anwendung vom Benutzer-Service-Zentrum vollständig realisiert werden, da sonst eine zentrale Entwicklung vorläge. Die Beteiligung des IDV-Services schwankt daher zwischen 5 und 95 % in Abhängigkeit vom Kenntnisstand und den weiteren Anwendungswünschen des Benutzers.

Bei allen Maßnahmen zur IDV-Schulung werden die Interessenten bzw. Anwender darauf aufmerksam gemacht, daß es sich um Anwendungen Individueller Datenverarbeitung handelt und diese ausschließlich in Eigenverantwortung der jeweiligen Fachabteilung erfolgt. Diese Verantwortung schließt alle zu einem geordneten Betrieb gehörenden Maßnahmen ein, wie z.B. die Dokumentation und die Abwicklungsregelung im Vertretungsfall.
Es kann sich dabei nur um einen Hinweis auf diese Punkte handeln, denn die strengen Vorschriften für die zentral entwikkelten DV-Anwendungssysteme sollen bei IDV gerade nicht gelten.

Probleme kann es bei Individueller Datenverarbeitung immer dann geben, wenn Anwendungsbereiche abgedeckt werden (sollen), die nach allgemeiner Auffassung oder auch spezieller Auffassung z.B. einer EDV-Revision, den EDV-Anwendungen zugerechnet werden (können), deren Entwicklung, Bereitstellung und Betrieb in Verantwortung einer zentralen ORG/DV-Abteilung erfolgt.
Die Erfahrung zeigt, daß sich Kriterien zur Abgrenzung von Individueller und zentral organisierter Datenverarbeitung zwar finden lassen, diese aber stets interpretierbar sind.

Werden betriebliche Belange, die bislang nicht EDV-gestützt abgewickelt werden - wie z.B. das Erstellen von Statistiken aber auch die Gewinnung und Aufbereitung spezieller und neuer Steuerungsinformationen - mit Hilfsmitteln der Individuellen Datenverarbeitung (Zentralrechnersystemen oder PC-Software) bearbeitet, so wird manchmal automatisch ein revisionspflichtiger Tatbestand vermutet, wie er bei zentraler DV-Lösung gegeben wäre. Dies steht einer breiten Auslegung des Begriffs der Individuellen Datenverarbeitung jedoch entgegen. Andererseits muß aber auch die Individuelle Datenverarbeitung die Gesetztgebung beachten, beispielsweise das Datenschutzgesetz. Schulung für Endbenutzer darf sich daher nicht auf eine Produkt- oder System-Schulung beschränken; es ist vielmehr das gesamte betriebsspezifische Umfeld einzubeziehen.

PC-gestützte Technikausbildung

Michael Kantel

Gliederung

1 Einleitung

Mit zunehmender Verfügbarkeit von Computern in nahezu allen Bereichen der Industrie werden auch deren Anwendungen und Einsatzmöglichkeiten immer vielfältiger. Gerade dort, wo Informationen schnell, sicher und rationell verarbeitet werden müssen, nehmen Rechner bereits einen festen Platz ein. Für den großen Bedarf an Informationsverarbeitung haben bis jetzt vor allem kaufmännische Bereiche den Computer für sich entdeckt. So werden dort große Datenmengen von vielen Mitarbeitern täglich über Terminals eingegeben, vom Computer verarbeitet und in modifizierter Form wieder ausgegeben. Den meisten Systemen ist die direkte, starre on-line Koppelung an einen zentralen Rechner gemein.

In den letzten Jahren zeichnet sich jedoch - bedingt durch die günstige Kostenentwicklung - die Tendenz ab, daß immer mehr Personalcomputer (PC) die unintelligenten on-line Terminals ersetzen und damit eine individuellere, störungsfreie und wartungsunabhängige Datenverarbeitung ermöglichen. Sind diese Personalcomputer zudem noch netzwerkfähig, so stehen jedem Unternehmen universell einsetzbare Werkzeuge zur Verfügung.

In kaufmännischen Bereichen werden diese universellen Werkzeuge bereits als Arbeitsplatzcomputer, z.B. für die Bearbeitung von Texten, für die Verwaltung von Kundenstammdateien, zur Finanzbuchaltung und vielen anderen Diensten mehr herangezogen.

Im technischen Bereich hingegen steht man erst am Anfang einer Entwicklung, die eine Vielzahl von möglichen Computeranwendungen hervorbringen wird. Hier wird - bedingt durch die stürmische Entwicklung der Mikroelektronik einerseits und der Notwendigkeit zu immer weiter gehender Automatisierung, andererseits - der Personalcomputer auch zur Optimierung von Steuerungsprozessen herangezogen werden. Industrietaugliche PC's sind dazu jedoch Voraussetzung. Diesem rasanten Fortschritt in der Steuerungstechnologie und der Mikrocomputertechnologie, mit dem nur hochqualifizierte Mitarbeiter Schritt halten werden, können staatliche Ausbildungsinstitutionen mit Ihren Lehrangeboten und Lehrplänen nur schwer folgen. Zudem stehen den Unternehmen selbst zur Qualifizierung ihrer eigenen Mitarbeiter immer kürzere Ausbildungszeiten bei immer größer werdenden Wissensinhalten zur Verfügung. Die industrielle Steuerungstechnik ist eine moderne Schlüsseltechnologie, für die der Bedarf an qualifizierten Mitarbeitern und deren permanente Fortbildung ständig wächst. FESTO DIDACDIC hat sich als professioneller Ausbilder das Ziel gesetzt, ein vollständiges Bildungsangebot für das gesamte Gebiet der industriellen Steuerungstechnik zu entwickeln, zu fertigen und auf internationaler Ebene in den wichtigsten Sprachen und Standards anzubieten.

Dieses Bildungsangebot ist vom Grundkonzept her modular aufgebaut, die Lerninhalte sind systematisiert und Lernziele aufeinander abgestimmt. Das Konzept erlaubt einen Aufbau zu einem umfassenden "Lernsystem Steuerungstechnik".

Im Folgenden wird eine in dieses Lernsystem integrierte PC-Anwendung beschrieben, wie sie bei der Ausbildung in der Steuerungstechnik von FESTO DIDACTIC eingesetzt wird.

2 Der Personalcomputer aus methodisch-didaktischer Sicht

Dem Personalcomputer fallen beim Einsatz in der Ausbildung verschiedene Funktionen zu. So kann z.B. die Demonstration von Abläufen methodisch von großem Vorteil sein, wenn man bei der Einführung einer Programmiersprache Abläufe des Programms auf dem Rechner demonstriert. Die Ergebnisse solcher Abläufe lassen sich dann in der Gruppe diskutieren und als Grundlage für neue Lerninhalte nutzen. Bei einer solchen Anwendung wird der Computer als Objekt in den Unterricht integriert. Die selbständige Arbeit ermöglicht dem Lernenden nach eingehender Problemanalyse und -lösung, Programme zu erstellen, diese zu testen, zu korrigieren und funktionsfähig zu machen, z.B. Lösen einer schwierigen mathematischen Funktion. Der Rechner ist Werkzeug bei der Lösung von Problemen. Bei einer dritten Art der Nutzung greift der Schüler i.d.R. auf ein schon vorliegendes Programmpaket zurück und arbeitet dieses selbständig und interaktiv an einer Dialogstation ab. Für diese Art liegen didaktische Prämissen bei schnellem Dialog, geeigneten Dialogstationen und beim Programmpaket (Lernprogramm) selbst. Der Rechner fungiert hier als Mittler von Lerninformationen, als Medium.

Der PC findet seine Aufgaben demzufolge als

- Objekt
- Werkzeug
- Medium

im Unterricht.

2.1 Der Personalcomputer als Objekt

Wird der Computer als Gegenstand (Objekt) in den Unterricht einbezogen, so dient er vorrangig zur Erklärung seiner selbst.
(Funktionsweise, Hardwarefragen, Softwarefragen).

2.2 Der Personalcomputer als Werkzeug

Unter dem Computer als Werkzeug versteht man solche Einrichtungen, die in der Hand des Schülers und/oder des Lehrers die bestimmten Aufgaben im Unterrichtsprozess bei unterschiedlichen Unterrichtsphasen mit festgelegten didaktischen Zielsetzungen übernehmen können.
Als Werkzeug kann man den Computer zu folgenden Diensten heranziehen:

- Werkzeug zur Datenverarbeitung,
- Werkzeug zur graphischen Darstellung,
- Werkzeug zur Meßwerterfassung,
- Werkzeug zur Demonstration und Simulation,
- Werkzeug zur Steuerung und Regelung.

2.3 Der Personalcomputer als Medium

Werden dem Computer Medienfunktionen für die Unterstützung von Lernprozessen übertragen, so unterscheidet man zweckmäßigerweise:

- Der PC als autonomes Medium zur Speicherung und Präsentation von Lehrinformationen (Informationssystem, Auskunftssystem, elektronisches Lexikon).
- Der PC in Kombination mit AV-Medien. AV-Medien zeichnen sich durch ihre Fähigkeit aus, auditive, visuelle und audiovisuelle Informationen präsentieren zu können. Kombiniert man ein solches Medium mit einem Computer, so kann neben der Steuerung der AV-Medien und einer voll automatischen Vermittlung von Lehrinformationen auch ein interaktiver Lehr- und Kommunikationsprozess bewirkt werden. Besonderer Bedeutung kommt dabei einem "integrierten System" von Videotechnik und Computer zu.
- Der PC im Rahmen eines Medienverbundes zum rechnerunterstützten Lernen. Dem Ausbilder stehen für die Gestaltung seines Unter-

richts eine Fülle von Medien als Hilfsmittel zur Verfügung. Durch die Einführung neuer Technologien in der beruflichen Bildung ergeben sich auch für den Computer (da selbst neue Technologie) Einsatzmöglichkeiten als zusätzliches Hilfsmittel im Unterricht bei der Vorbereitung auf diese Technologien. In Kombination mit anderen Medien wie Bücher, Folien, Modellen u.v.m. ist der PC damit in der Lage, Lehrfunktionen in Teilgebieten zu übernehmen.

Die Integration des PC's in einen Lernprozess, sei es als Objekt, als Werkzeug oder als Medium bedarf bei der Entwicklung einer geeigneten Lehrstrategie der Beachtung von vier grundsätzlichen Forderungen.

- Der Rechnereinsatz ist nur sinnvoll im Rahmen eines Medienverbundes.
- Der Computer soll im Unterricht nur partielle Lehrfunktionen übernehmen. - Vollcomputerisierter Unterricht ist abzulehnen. -
- Die Lernsoftware muß gezielt auf die Lernbedürfnisse des Anwenders abgestimmt sein.

3 Die Entwicklung von Lernsoftware.

3.1 Die Gestaltung rechnerunterstützter Lehrstrategie.

- Spezifikation der Adressaten.
  Hier ist die Frage: Wer bildet den Adressatenkreis? Einschätzungen der Adressaten nach Alter, Vorkenntnissen, kognitiver Leistungsfähigkeiten, Belastungen und Beanspruchungen.
- Auswahl und Aufbereitung des Problemwissen.
  Dieser Punkt betrifft die Auswahl, die Begrenzung, die Operationalisierung des Lernstoffs - das WAS im Lernprozess.
- Didaktischer Entwurf der Lernmethode.
  Die Frage lautet hier: welche Lehrstrategie soll angewandt werden? Wie soll Wissen vermittelt, die Lernkontrolle angelegt und durchgeführt werden?

- Dialogmodellierung und Spezifikation der Kommunikationsform. Die Dialogführung ist hier im einzelnen zu planen, insbesondere Umfang und Art der Aktivitäten, die der Benutzer entfalten soll.
- Die technische Gestaltung der Benutzerschnittstelle. Besondere Bedeutung bei der Gestaltung der Benutzerschnittstelle muß u.a. dem Terminal (flimmerfrei), dem Bildschirmaufbau (didaktisch sinnvoll), der Benutzerführung (Übersichtlicher Programmaufbau) und der Dialogmodellierung (Form der Benutzereingabe) beigemessen werden.
- Spezifikation der Leistungen des Rechnersystems. Die Auswahl der Rechner muß so vorgenommen werden, daß die vorgegebenen Leistungsgrenzen auch durch künftige Software-Erweiterungen nicht voll ausgeschöpft werden.
- Organisatorische und wirtschaftliche Überlegungen. Hier ist zu prüfen, ob sich der Einsatz eines Rechners zum Rechnerunterstützten Lernen u.U. an ein bereits eingerichtetes System ankoppeln läßt oder ob man versucht, Einplatzrechner mit lokaler Intelligenz zu installieren.
  Des weiteren muß geprüft werden, ob eine ausreichende Anwendung der Lernsoftware gewährleistet ist. (Kosten-Nutzen-Vergleich).

3.2 Projektierung

Der Designprozess einer PC-Lehrstrategie läßt sich aufgrund der inhaltlichen Vielschichtigkeit von einer Person nur schwer durchführen. Aus diesem Grund wird für die Entwicklung und Projektierung von Lernprogrammen für die Technikausbildung ein Team von Spezialisten benötigt, die ihr Wissen und ihre Fähigkeiten zu den o.g. Punkten einbringen müssen.

- Ingenieure: Abgrenzung der Wissensgebiete, Sachlogik der Inhalte, Terminologien.
- Softwarespezialisten: Softwarefragen.
- Psychologen: Lernverhalten, Formulieren der Lerndialoge, Kommunikationsformen, Motivation.
- Pädagogen: Lernzieldefinition, Strukturierung des Lernstoffs, methodisch-didaktische Vorgehensweisen, Lernzielkontrolle.

Jede Person mit ihren eigenen fachlichen know-how trägt zur Realisierung eines guten Lernprogramms bei.

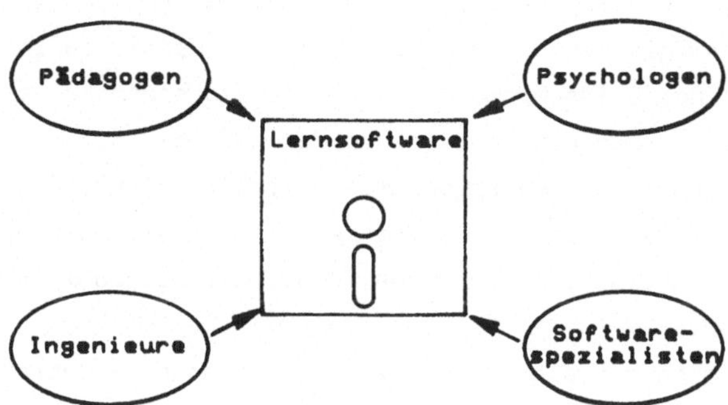

Abb. 1 Projektierung von Lernprogrammen

3.3 Lernprogramme

Für die innere Struktur von interaktiven Lernprogrammen sind folgende Organisationsformen unabläßlich = Mindestanforderungen.

- Ein interaktives Lernprogramm soll seinen Inhalt strukturiert präsentieren.
  Anfang und Ende sollen eindeutig markiert sein.
- Der Benutzer soll im Inhalt des Programms herumwandern können.
- Teile sollen wiederholbar sein als auch ausgelassen werden können.
- Der Benutzer soll jederzeit auf legale Weise abbrechen können.
- Der Benutzer bestimmt, wann eine neue Einheit präsentiert werden soll.

Um diesen Forderungen nachkommen zu können, gibt es sogenannte Autorensysteme (Softwarepakete zur Erstellung von Lernprogrammen).

3.4 Autorensysteme

Autorensysteme sind Softwarewerkzeuge, die es Lernprogrammautoren ermöglichen, komplexe Lernprogramme für Computer-Based-Training zu entwerfen und zu präsentieren. Dazu sind seitens der Autoren keine besonderen Program-

mierkenntnisse erforderlich.
Die Autorensysteme haben feste Strukturen, in denen sich der Autor bewegt. So kann er z.B. Macros aufrufen um Lerninformationen eingeben zu können, andere Macros erlauben die Antizipation und Analyse von Schülerantworten, wiederum andere ermöglichen durch Eingaben von Bildschirmdefinitionen die Verknüpfung einzelner Bildschirme und Lektionen zu einem Lernprogramm.
Gute Autorensysteme haben die Mindestanforderung (vgl. 3.3.), die an die Organisationsstruktur eines Lernprogramms gestellt werden, als feststehende Programmroutinen bereits integriert,so daß sich der Autor auf die inhaltliche und didaktische Vorgehensweise bei der Programmformulierung konzentrieren kann.
Weiterhin lassen sich mit diesen Autorensystemen gängige Lehrstrategien des CBT realisieren. Sie unterstützen dabei die Formulierung von

- Tests,
- Übung,
- Tutorielle Unterweisung,
- Simulation,
- Problemlösen,
- Kontrollierte Datenbank,
- Informationssysteme.

Das eingesetzte Lernprogramm in der in Punkt 4. ff beschriebenen PC-Anwendung im Lernsystem Steuerungstechnik wurde mit einem solchen Autorensystem entwickelt. Als CBT-Lehrstrategie zur Unterstützung des Lernprozesses wurde eine Kombination aus Simulation und tutorieller Unterweisung gewählt.

4 Der Personalcomputer im Lernsystem Steuerungstechnik von FESTO DIDACTIC

4.1 Das Lernsystem Steuerungstechnik

Die abstrakter werdenden Anforderungen an das Verständnis für programmierbare technische Systeme erfordern eine Einführung des Facharbeiters in algorithmische Denkweisen und Strategien des Problemlösens mit Software. Trotz unterschiedlicher beruflicher Schwerpunkte ergeben sich in der Steuerungstechnik viele gemeinsame Anforderungen bei Metall- und Elektroberufen. Diese Gemeinsamkeiten sollen genutzt werden, um Wirkungsorientierung und analytisch abstrakte Denkweisen zu erschließen.
In der modernen Technik wird die Verzahnung von Wissen und konkretem

Handeln immer bedeutsamer. Dies macht eine zeitgemäße Labor- und Werkstattaustattung unverzichtbar.
Will man Steuerungstechnik im Unterricht erfolgreich vermitteln, so ist die Integration von praktischer Fachkunde unabläßlich.

Das Lernsystem Steuerungstechnik setzt sich aus acht Lernpaketen zu acht verschiedenen Technologiebereichen zusammen.

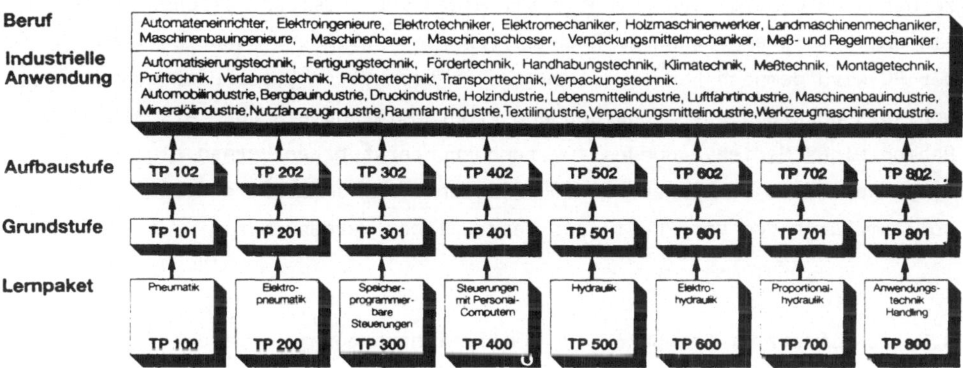

Abb. 2 Das Lernsystem Steuerungstechnik

Alle Lernpakete (Trainingspakete - TP's) sind in Grundstufe und Aufbaustufe untergliedert. Jede Stufe kann bei geregelter Ausbildung in ca. 40 Stunden durchlaufen werden. Zur Unterstützung des Lernprozesses stehen in den Lernpaketen verschiedene Hilfmittel zur Verfügung.

- Medien:
  - Printmedien (Lehrbücher, Aufgabensammlungen),
  - Foliensätze,
  - Klarsichtmodelle/Schnittmodelle,
  - Video,
  - Computer-Based-Training (PC).
- Hardwarekomponenten:
  - Laborwagen,
  - Komponenten der Sensorik,
  - Komponenten der Prozessorik (PC's),
  - Komponenten der Aktorik.
- Seminare:
  - zu den einzelnen Trainingspaketen.

Komplexe steuerungstechnische Abläufe und Prozesse haben einen großen Bedarf an Rechenleistung. Es müssen in großem Umfang Signale von Sensoren erfaßt, mit einem Sollzustand verglichen und an Aktoren weitergeleitet werden. Ausgangspunkt für den PC-Einsatz in der Technikausbildung bei FESTO DIDACTIC ist deshalb die Erkenntnis, daß die Mitarbeiterqualifizierung sich sowohl auf die Steuerungstechnologie als auch auf die damit eng verbundene Computertechnologie beziehen muß. Es erscheint deshalb zwingend notwendig, daß zur Objektivierung der unterschiedlichen Lernziele ein universell einsetzbarer Rechner für die Ausbildung benötigt wird. Der PC wird demnach konsequenterweise im Lernsystem Steuerungstechnik sowohl als Werkzeug zur Steuerung und Programmierung als auch als Medium im Rahmen eines Medienverbundes zum rechnerunterstützten Lernen eingesetzt. Am Beispiel des Lernpakets TP 300 "Speicherprogrammierbare Steuerungen" soll im Folgenden der PC-Einsatz verdeutlicht werden.

4.2 PC-Einsatz im Lernpaket TP 300 "Speicherprogrammierbare Steuerungen"

Speicherprogrammierbare Steuergeräte sind nach ihrem Aufbau Informationsverarbeitungssysteme, die auf die besonderen Bedürfnisse der Steuerungstechnik zugeschnitten sind. Betrachtet man eine Steuerung etwas näher, so hat diese im wesentlichen drei Funktionen:

- Aufbereitung der Signale von Sensoren und Befehlsgeräten, (Signaleingabe)
- Verknüpfen der eingegebenen Signale (Signalverarbeitung),
- Aufbereitung der verknüpften Signale für die Aktoren und Stellglieder (Signalausgabe).

Abb. 3 Signalflußplan

Der Hardwareaufbau einer SPS ist immer gleich. Spezielle Baugruppen erfassen die ankommenden Eingangssignale; andere geben Ausgangssignale, die aufgrund der ausstehenden Eingangssignale und der im Programm angeführten Befehle im Prozessor der SPS entstehen, an Aktoren weiter. Die Befehle für die logische Verknüpfung der Signale werden von einem vorher eingegebenen

Programm in der Zentraleinheit der SPS verarbeitet. Das Programm, das die spätere Funktion der Anlage bestimmt, muß vom Automatisierungstechniker entwickelt und mit Hilfe eines Programmiergerätes in die SPS eingegeben werden. D.h., der Facharbeiter muß in zunehmendem Maß sachverständig mit programmierbaren Geräten arbeiten. Schwerpunkt seiner Arbeit bleibt dabei das Lösen technischer Anwendungsaufgaben und die Handlungskompentenz im Umgang mit Steuerungssystemen.
Im Lernpaket TP 300 dient ein handelsüblicher Personalcomputer (IBM-PC, XT und kompatible Geräte) als Werkzeug zur Programmierung der SPS.

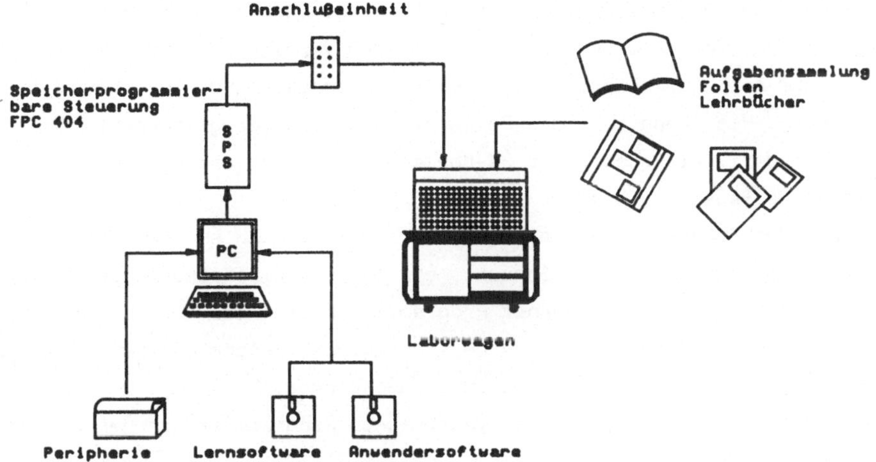

Abb. 4 PC-gestützte Technikausbildung

Der Objektivierung der TP Lernziele

- Erfassen, Beschreiben und Lösen einer steuerungstechnischen Problemstellung,
- Aufbau der Steuerung,
- Programmieren einer SPS in verschiedenen Programmiersprachen zur Inbetriebnahme der Steuerung,
- Wartung / Kontrolle / Fehlerdiagnose und -beseitigung

liegt eine Systematik zugrunde, bei der sich aus der Sicht des Lernenden vier Problemebenen offerieren:

- PC-Hardwarehandhabung,
- PC-Softwarehandhabung,
- Speicherprogrammierbare Steuerung (SPS),
- Aktorik / Sensorik der Steuerungstechnik.

Arbeitsmethoden und Begriffe der Steuerungstechnik müssen vom Anfang der Ausbildung an berücksichtigt werden. Hier bietet sich an, die Funktionsweise einfacher Steuerungen mit Methoden der Digitaltechnik zu beschreiben. Dabei sollte betont werden, daß die Funktionstabelle, die Funktionsgleichung und der Schaltplan nur unterschiedliche Darstellungsformen des gleichen Sachverhalts sind.

Die Umsetzung von Steuerungen mit Hilfe neuer Technologien kann bereits parallel bei der Vermittlung von Grundlagen verwirklicht werden. Dies gilt nicht nur für kombinatorische Steuerungen, sondern auch für Steuerungen mit Speichern. Hier kann z.B. das Selbsthalteschütz oder gegebenenfalls das 4/2 Wegeventil als statischer RS-Speicher interpretiert und durch entsprechende Bausteine ersetzt werden.
Die Art der Programmierung einer SPS orientiert sich am Anwender. So ist es während der Ausbildung oft sinnvoll, ein und dasselbe steuerungstechnische Problem mit Hilfe verschiedener Programmiersprachen zu lösen. Der Vorteil für den Auszubildenden liegt in der Erkenntnis, welche Programmiersprache sich für welche Problemstellung am besten eignet.
Im Lernpaket TP 300 stehen vier verbreitete Programmiersprachen zur Verfügung:

- die Anweisungsliste (AWL),
- der Funktionsplan (FUP),
- der Kontaktplan (KOP),
- Basic (FESTO BASIC).

Die vier Programmiersprachen sind in ein Softwarepaket (PCT 404) integriert und erlauben wahlweise die Programmierung in der einen oder anderen Sprache. Zur Erstellung der Programme für die SPS wird der PC verwendet. Mit diesem werden Programme in der jeweiligen Programmiersprache eingegeben, geändert, gespeichert und dokumentiert. Das fertige Programm wird dann über ein Kabel oder durch direkte Übertragung auf den Speicher der SPS in das Steuergerät überspielt.

In der Anweisungliste werden Anweisungen zu einer "Liste" zusammengefasst (DIN 19239).

Der Funktionsplan ist - vereinfacht gesagt - eine graphische Darstellung der logischen Verknüpfung von Ein- und Ausgangssignalen und dem durchzuführenden schrittweisen Ablauf der Maschine. (DIN 40700 und 40719).

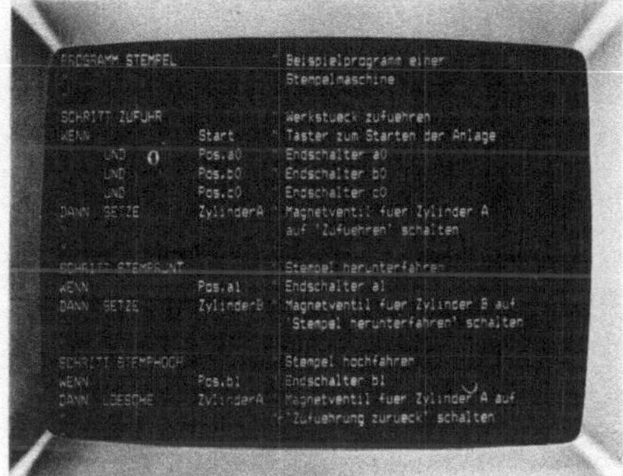

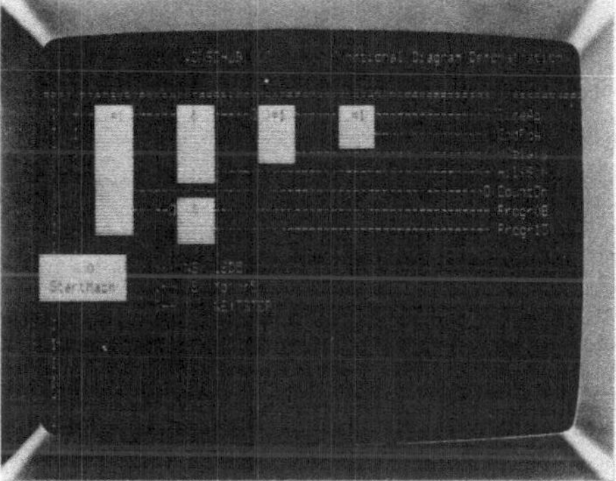

Abb 5 und 6 Anweisungsliste und Funktionsplan

Der Kontaktplan entstand aus der Übertragung von Stromlaufplänen aus der Elektrotechnik auf SPS. Verknüpfungen werden in dieser Technik übersichtlich graphisch dargestellt. (DIN 19239).

Die FESTO SPS (FPC 404) besitzt einen Basic-Interpreter, bei dem spezielle BASIC Befehle für die Steuerungstechnik im Basic der Steuerung integriert sind.

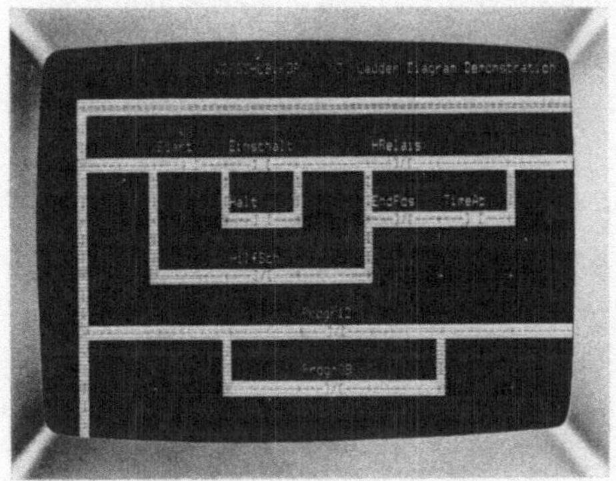

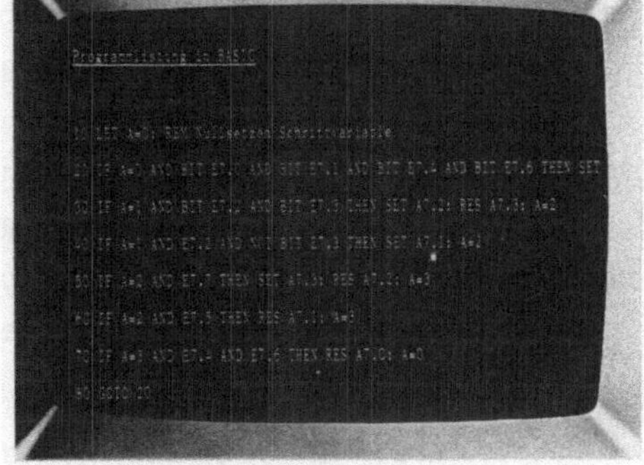

Abb. 7 und 8 Kontaktplan und Basic

Um einen Lernprozess auf allen zuvor beschriebenen Problemebenen methodisch zu unterstützen, kommt es auch zum Einsatz anderer, in der Einleitung bereits erwähnter Medien. Besondere Bedeutung kommt dabei u.a. den Print-Medien zu.
Durch eine umfangreiche Aufgabensammlung (20 Aufgaben pro Trainingspaket) werden praxisgerechte Problemstellungen definiert. Der Lernende analysiert die jeweilige Aufgabenstellung und baut mit Hilfe einer Lageplanskizze und der selbsterstellten Schaltplanskizze die dazugehörende Steuerung am Laborwagen auf. Nachdem alle Eingänge und Ausgänge der SPS definiert und in den Ein- und Ausgangsbelegungslisten schriftlich niedergelegt wurden, muß das Programm geschrieben und am Personalcomputer eingegeben werden.
Welche Programmiersprache nun verwendet wird, hängt vom Anwender selbst ab. Er formuliert dann sein Problem entweder in KOP, FUP, AWL oder Basic und gibt sein Programm ein, dokumentiert es und lädt es anschließend in die SPS, um dann eine Funktionsprüfung des Steuerungsaufbaus vorzunehmen.

Durch Lehrbücher, Folien und Videos wird der theoretische Teil der Wissensvermittlung abgedeckt. Ergänzt wird die Wissensvermittlung durch den Referenten / Ausbilder in Form von Lehrgesprächen in Seminaren. Es besteht aber auch die Möglichkeit, einen vorbereiteten Lehrgang in Buchform autodidaktisch zu durchlaufen.

Neben dem Erlernen theoretischer Grundlagen für die SPS-Programmierung ist es nicht minder wichtig, sich die Programmiersprachen für die SPS-Programmierung anzueignen. Hierfür wurden Lernprogramme entwickelt, die es den Auszubildenden ermöglichen, den Personalcomputer nicht nur als Werkzeug für die SPS-Programmierung zu nutzen, sondern ihn gleichzeitig als Medium zum interaktiven Lernen (Lernen im Dialog mit dem Rechner) heranzuziehen. Die im Softwarepaket PCT 404 integrierten Programmiersprachen KOP/FUP und AWL besitzen je einen eigenen Editor, der den Entwurf des SPS-Programms am Bildschirm ermöglicht. Jeder Editor besitzt eine gewisse Anzahl von Befehlen, Befehlsfolgen und Regeln (ähnlich einem Texteditor, wie z.B. Wordstar oder TDP), die beherrscht werden müssen. Zum Erlernen dieser Editorfunktionen werden nun die Lernprogramme den Anwenderprogrammen zeitlich vorgeschaltet und erlauben so dem Lernenden eine individuelle und effiziente Gestaltung seines Lernprozesses am Bildschirm.

Das Programm ist in verschiedene Lektionen untergliedert, die sich nach den Hauptfunktionen der jeweiligen Editoren richten. Die Befehle und Regeln werden simuliert und sind mit Lerntexten versehen. Der Lernende wird am

Anfang des Lernprogramms recht rigid geführt, so daß er am Ende des Lernprogramms selbständig einen Kontaktplan, einen Funktionsplan oder eine Anweisungsliste erstellen kann.

Im Pflichtenheft für die Entwicklung der Lernprogramme wurde festgelegt, daß der Schüler maximale Bewegungsfreiheit im Lernprogramm haben soll. Es soll ebenfalls sichergestellt sein, daß Wissensvermittlung über den PC und praktische Übungen direkt miteinander verknüpft werden können. Lernziel der Lernprogramme ist die Beherrschung aller Befehle, Befehlsfolgen und Regeln der Anwenderprogramme. Dies bedeutet, daß praktische Übungen nur in der realen Umgebung der Anwenderprogramme durchgeführt werden können.

Das Besondere an diesen Lernprogrammen ist nun, daß der Lernende zwischen dem Lernprogramm und dem Anwenderprogramm beliebig wechseln kann. Jede simulierte Befehlsfolge des Lernprogramms kann sofort im Anwenderprogramm unter realen Bedingungen geübt werden. Unterstützt wird dieser Wechsel zwischen Lernmodus und Anwendermodus durch eine Menueführung, die es erlaubt, durch einen Tastendruck an jeder beliebigen Stelle den Lernmodus zu verlassen und in den Anwendermodus zu springen. Ebenso ist die Rückkehr aus dem Anwendermodus in den Lernmodus möglich. Es bleibt dabei dem Anwender überlassen, ob er genau an die Stelle im Lernmodus möchte, die er zuvor verlassen hat oder ob er sich für eine andere Lektion entscheiden möchte. Der Sprung vom Lernmodus in den Anwendermodus erlaubt jedoch nicht nur das Entwerfen des SPS-Programms (z.B. Kontaktplan) unter realen Bedingungen, sondern lässt auch das Laden des Programms in die SPS und deren Inbetriebnahme in Verbindung mit der auf dem Laborwagen aufgebauten Aktorik und Sensorik zu.

Diese Kombination des PC's als Medium und Werkzeug in der Ausbildung erlaubt dem Anwender die lerninhaltliche Abdeckung der vier bereits erwähnten Problemebenen, integriert die Wissensinhalte von Steuerungstechnik und Computertechnik und lässt zudem eine "Durchgängigkeit" vom Lernen bis zur realen Praxisanwendung zu.

Das so gestaltete Konzept ermöglicht nach meiner Auffassung maximale Ausnutzung des PC's bei der SPS-Ausbildung und kommt gleichzeitig den Forderungen nach, daß der PC als Wekzeug und Medium nur partielle Lehrfunktionen im Unterricht übernehmen und nur im Medienverbund eingesetzt werden soll.

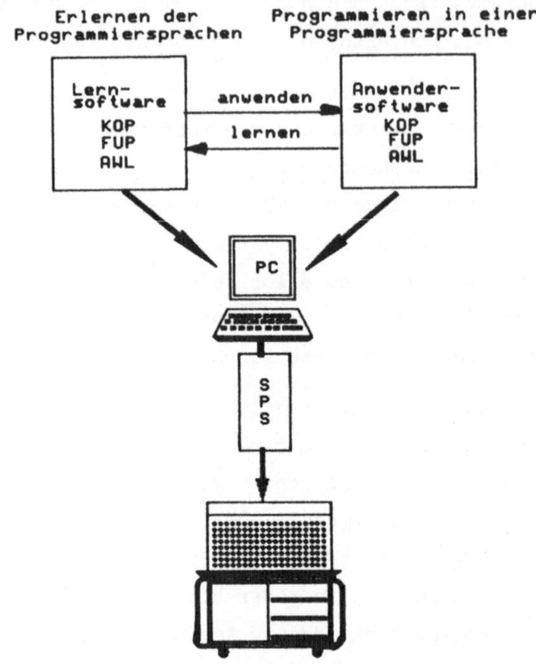

Abb. 9 Interaktives Lernen mit dem Personalcomputer

5 Zusammenfassung

Im TP 300 "Speicherprogrammierbare Steuerung" wird der Personalcomputer zur Programmierung einer SPS eingesetzt. Ein Softwarepaket unterstützt den Anwender bei der Programmierung eines Steuerprozesses. Gleichzeitig kann der Anwender die dafür notwendigen Programmiersprachen am Personalcomputer mit Hilfe eines Lernprogramms erlernen.

Durch die Integration des PC's im Lernsystem Steuerungstechnik als zusätzliches Hilfsmittel bei der Unterstützung von Lernprozessen wird eine zukunftsorientierte Anwendung des PC's in der Technikausbildung demonstriert. Bei dieser Strategie wurde versucht, die wichtigsten Forderungen an den Rechner im Unterricht zu berücksichtigen. D.h., der Ausbilder wählt seine Hilfsmittel (Medien) zur Gestaltung seines Unterrichts aus. Er stellt sie seinen Schülern in einer Form zur Verfügung, die es ihnen erlaubt, sowohl den Lehrer als auch technologische Hilfsmittel zur Unterstützung des Lernprozesses als Ressourcen zu nutzen.. Die "Durchgängigkeit" vom Lernprogramm (Erlernen der Programmiersprachen) zum Anwenderprogramm (Programmieren in der Programmiersprache) erlaubt die direkte Übung des Erlernten am praktischen Beispiel und garantiert so einen hohen Lernerfolg.

Betrachtet man das Gesamtkonzept "Lernsystem Steuerungstechnik", so konzentriert sich der Schwerpunkt der PC-gestützten Technikausbildung künftig auf die Vermittlung von Grundlagenwissen aller Technologien durch dialogorientiertes Lernen und auf die Integration von Lernsoftware in die einzelnen Lernpakete als zusätzliche Trainingstools für den Auszubildenden.

Welche Bedeutung zukünftig das interaktive Lernen im Selbststudium am PC erlangen wird, hängt nicht unwesentlich von der Fähigkeit der Autoren ab. Es gilt die verschiedenen Medien sinnvoll in ein einheitliches und sich ergänzendes Lernsystem einzubinden und die Stärken des interaktiven Lernens pädagogisch gut zu gestalten.